काव्य गौरव

सम्पादक

डॉ. रामदरश मिश्र

वाणी प्रकाशन

वाणी प्रकाशन
4695, 21-ए, दरियागंज, नयी दिल्ली 110 002

शाखा

अशोक राजपथ, पटना 800 004

फ़ोन : +91 11 23273167 फ़ैक्स : +91 11 23275710

www.vaniprakashan.in
vaniprakashan@gmail.com
sales@vaniprakashan.in

KAVYA GAURAV
Edited by Dr. Ramdarash Mishra

ISBN : 978-93-5072-237-4
Collection of Poetry

संस्करण 2012
आवृत्ति 2018

मूल्य : ₹ 95

एम.एस. प्रिंटर्स, दिल्ली-110 093 में मुद्रित

वाणी प्रकाशन का लोगो मक़बूल फ़िदा हुसेन की कूची से

क्रम

हिन्दी कविता का विकास

मनुष्य के सौन्दर्य-बोध की सर्वोत्तम अभिव्यक्ति कविता है। सौन्दर्य-बोध न तो सरल है न अपरिवर्तनीय। इसके केन्द्र में रागात्मक अनुभव रहता है किन्तु रागात्मक अनुभव स्वयं में सरल न होकर सघन और संश्लिष्ट है। यह विचारों की संक्रान्ति से और भी संश्लिष्ट हो उठता है। सौन्दर्य-बोध का रूप बदलता रहता है अतः कविता की चेतना और अभिव्यक्ति-पद्धति भी बदलती रहती है। इस बदलाव के पीछे युग और समाज होता है। हमारे सौन्दर्य-बोध की निर्मित समाज के बीच होती है और समाज युग के साथ बदलता रहता है। इस तरह हमारा सौन्दर्य-बोध हमारा निजी बोध मात्र नहीं होता वह सामाजिक होता है और वह युग के साथ परिवर्तित होता है। सौन्दर्य-बोध को व्यक्त करने वाली कविता या कला मात्र की सामूहिक चेतना को युग विशेष के संदर्भ में पहचानते हैं। यानी व्यक्तिगत विशेषताओं के बावजूद कला की एक सामूहिक विशेषता होती है जो युग विशेष में व्याप्त होती है। इसी के आधार पर हम एक युग की कविता या कला को चेतना, विषय दृष्टि आदि के आधार पर एक नाम दे देते हैं, फिर बदले हुए समय की कला को दूसरा नाम देते हैं। साहित्य के काल-विभाजन के पीछे यही दृष्टि काम करती है। यानी काल-विभाजन के पीछे एक वैज्ञानिक आधार है।

हिन्दी साहित्य के इतिहासकारों ने हिन्दी साहित्य का काल-विभाजन काल की दृष्टि से भी किया है और प्रवृत्ति की दृष्टि से भी। काल की दृष्टि से आदि-काल, मध्यकाल (पूर्वमध्यकाल, उत्तरमध्यकाल) तथा आधुनिक काल नाम दिया गया है तथा प्रवृत्ति की दृष्टि से वीरगाथा काल, भक्तिकाल, रीतिकाल और आधुनिक काल (चेतना के रूप में)। वीरगाथा काल नाम बाद में सही प्रतीत नहीं हुआ और उसके स्थान पर प्रवृत्तिमूलक कोई और नाम नहीं स्वीकार्य हो सका इसलिए इसे आदिकाल ही कहा जाता है। आदिकाल और भक्तिकाल की समय-सीमा के बारे में भी मतभेद है। इन मतभेदों के बावजूद संप्रति जो नामकरण और समय सीमा सामान्यतः मान्य है वह अग्रलिखित है—

आदिकाल (वीरगाथा काल)—७६९-१३१८ ई०
पूर्वमध्यकाल (भक्तिकाल)—१३१८-१६४३ ई०
उत्तर मध्यकाल (रीतिकाल)—१६४३-१८४३ ई०
आधुनिक काल (गद्यकाल) —१८४३—अब तक

आदिकाल (वीरगाथा काल)

इस काल के प्रारम्भ, अन्त: और नामकरण को लेकर काफी मतभेद है। आचार्य रामचन्द्र शुक्ल इस काल का प्रारम्भ १०८३ ई० से मानते हैं। मिश्र बन्धु ६८३ ई० से मानते हैं। वास्तव में शुक्ल जी का काल-विभाजन ही बहुमान्य हो उठा है किन्तु यदि सरहपाद को हिन्दी का प्रथम कवि माना जाय तो हिन्दी कविता का प्रारम्भ ७६९ ई० से मानना पड़ेगा। हिन्दी अपभ्रंश से निकली भाषा है। अपभ्रंश से ही बोलचाल की भाषा निकली और उससे अलग होकर उसके समानान्तर साहित्य रचना का माध्यम बन गई है। यह भाषा पुरानी हिन्दी या अवहठ्ठ या उत्तर अपभ्रंश कही गई। वास्तव में यह हिन्दी ही थी जो साहित्यिक अपभ्रंश से अलग हटकर बोलचाल की भाषा बन रही थी और धीरे-धीरे साहित्य का माध्यम बन रही थी। सरहपाद अपभ्रंश के कवि थे लेकिन उनकी कुछ कविताएँ ऐसी हैं जो पुरानी हिन्दी में हैं। वे ८४ सिद्धों में से एक थे। सिद्ध साहित्य से नाथ साहित्य विकसित हुआ और नाथ साहित्य का प्रभाव हिन्दी के भक्तिकालीन सन्त साहित्य पर पड़ा इसलिए भाषा और चेतना दोनों दृष्टियों से सरहपाद को हिन्दी का प्रथम कवि कहा जा सकता है। ग्रियर्सन, शिवसिंह, मिश्रबन्धु, हजारीप्रसाद द्विवेदी, रामकुमार वर्मा आदि इस तथ्य से काफी दूर तक सहमत हैं। इस काल की अन्तिम सीमा के बारे में भी विद्वान एकमत नहीं हैं। कोई उसकी सीमा १४०० ई० मानता है, कोई १३४३, कोई १२९०। आचार्य शुक्ल अन्तिम सीमा १३१८ ई० मानते हैं।

इस काल के नामकरण को लेकर भी काफी मतभेद है। शुक्ल जी ने इसे आदिकाल तो कहा ही है, साथ ही वीरगाथा काल भी कहा है। अन्य इतिहासकारों ने अलग-अलग नाम दिए हैं। किसी ने चारणकाव्य (ग्रियर्सन) कहा

है तो किसी ने प्रारम्भिक काल (मिश्रबन्धु)। किसी ने संधि-काल और चारण-काल (रामकुमार वर्मा) कहा है तो किसी ने सिद्ध सामंतकाल (राहुल सांकृत्यायन)। किसी ने वीरकाल (विश्वनाथ प्रसाद मिश्र) कहा है तो किसी ने आदिकाल (हजारीप्रसाद द्विवेदी) आचार्य शुक्ल का नामकरण प्रचलित तो बहुत हुआ किन्तु बाद की खोजों से यह नामकरण अपना औचित्य खोने लगा। उन्होंने उस काल की प्राप्त कृतियों के आधार पर यह नामकरण किया था। प्राप्त कृतियों में वीरगाथाएँ वर्णित थीं इसलिए शुक्ल जी ने यह नाम दिया। बाद की खोजों से एक तो इनमें से अधिकांश कृतियाँ जाली प्रतीत हुईं, दूसरे अन्य अनेक ऐसी कृतियाँ मिलीं जिनमें वीरगाथाएँ नहीं वर्णित थीं बल्कि उनका स्वर धार्मिक और शृंगारिक था। और विद्वानों द्वारा दिए गए नाम भी सही प्रतीत नहीं हुए। उनकी अपनी असंगतियाँ हैं। इसलिए अन्ततोगत्वा इसे आदि काल कहना ही उचित माना जाने लगा है।

तत्कालीन परिस्थितियाँ

यह समय हर दृष्टि से बहुत उथल-पुथल का था। हर्षवर्धन की मृत्यु के बाद भारत को एकता के सूत्र में बाँधने वाला कोई राजा नहीं रहा, देश खंड-खंड होने लगा। इस्लाम का उदय होने लगा और हिन्दू सत्ता धीरे-धीरे पराभव की ओर जाने लगी, खंड-खंड टुकड़ों में बंटे हुए राजे विदेशी आक्रमणकारियों से तो लड़ते ही थे, उससे अधिक आपस में लड़ते थे। इस परिस्थिति में यह स्वाभाविक था कि स्वाभिमान से जीने के लिए कुछ लोग वीरता का धर्म अपनाते और यह भी स्वाभाविक था कि कुछ लोग विरक्त होकर धर्म की ओर झुकते। दोनों ही प्रतिक्रियाएँ हुईं। एक ओर वीर वर्ग से जुड़ा हुआ कवि वीर गाथाएँ लिख रहा था, दूसरी ओर सिद्ध साहित्य, नाथ साहित्य आदि धार्मिक साहित्य का विकास हो रहा था। धर्म और समाज के क्षेत्र में भी काफी गड़बड़ी फैली हुई थी। जनता शासन और धर्म दोनों से दुःखी थी। वह राजाओं के युद्ध से भी परेशान थी तो धर्म से भी पीड़ित थी। दोनों ही उसकी कोई सहायता नहीं कर पा रहे थे।

जहाँ तक साहित्यिक परिवेश का प्रश्न है इस काल में संस्कृत, अपभ्रंश और हिन्दी तीनों ही के साहित्यों की धाराएँ बह रही थीं किन्तु इस काल का

अपना नवीन परिदृश्य यही था कि हिन्दी भाषा और उसके साहित्य का उदय हो रहा था। इस काल में भाषा की दृष्टि से हिन्दी कविता के दो रूप थे। एक रूप वह था जो अपभ्रंश से प्रभावित था जैसे सिद्ध साहित्य, नाथ साहित्य, हम्मीर रासो आदि। दूसरा रूप वह था जो अपभ्रंश के प्रभाव से मुक्त था, इसे हम शुद्ध हिन्दी का रूप कह सकते हैं जैसे पृथ्वीराज रासो, बीसलदेव रासो, खुमान रासो, ढोलामारू रा दुहा, खुसरो की पहेलियाँ, विद्यापति की पदावली।

वस्तु के दृष्टिकोण से देखें तो इस काल की कविताओं को सिद्ध साहित्य, जैन साहित्य, नाथ साहित्य, रासो साहित्य और लौकिक साहित्य के वर्गों में विभाजित किया जा सकता है। सिद्ध साहित्य वह साहित्य है जिसे सिद्धों ने बौद्ध धर्म की बज्रयानी शाखा के प्रभाव में लिखा। यह साहित्य सरहपा से शुरू होता है। सरहपा के अतिरिक्त इस धारा के अन्य उल्लेखनीय कवि लुईपा, शबरपा, डोम्भिपा, कड़हपा आदि हैं। जैन साहित्य जैनियों ने लिखा, इस धारा की कविताएँ आचार्य, रास, फागु, चरित आदि शैलियों में मिलती है। इसके उल्लेखनीय कवि हैं चन्दनबाला रास, श्रावकाचार्य, भरतेश्वर 'वाहुबलि रास' स्थूलिभद्र रास, रेवन्तगिरि रास। नाथ साहित्य मुख्यत: हठयोग साधना का साहित्य है और यह सिद्धों की भोग-प्रधान योग-साधन की प्रतिक्रिया में शुरू हुआ था। इस साहित्य ने आगे चलकर भक्तिकाल के सन्त कवियों को बहुत प्रभावित किया। ये कवि भोगविलास और नारी साहचर्य के विरोधी थे। इस धारा के सबसे प्रमुख और प्रवर्तक कवि हैं गोरखनाथ। इनकी कविताएँ गोरखवाणी में संकलित हैं। रासो साहित्य वीरगाथापरक है। कवियों ने अपने आश्रयदाताओं की वीरता की कहानियाँ कही हैं। मूलत: इनमें इनके शौर्य तथा अन्य गुणों की प्रशंसाएँ ही मुख्य हैं। इनमें वीर रस के साथ-साथ श्रृंगार की भी धारा बही है। इन ग्रन्थों की प्रामाणिकता के बारे में संदेह किया गया है। ये ग्रन्थ मूलत: प्रामाणिक रहे होंगे किन्तु बाद में इतने प्रक्षिप्त अंश जोड़ दिए कि ये अप्रामाणिक लगने लगे। इस धारा के प्रमुख काव्य ग्रन्थ हैं खुमान रासो, बीसलदेव रासो, हम्मीर रासो, परमाल रासो, पृथ्वीराज रासो। लौकिक साहित्य वह साहित्य है जिसमें लौकिक विपयों को लेकर स्वच्छन्द रूप से काव्य रचना हुई है। इस धारा के प्रमुख काव्य ग्रन्थ हैं—ढोलामारू रा दुहा, जयचन्द्र प्रकाश और जयमयंक, जसचन्द्रिका, वसन्तविलास, विद्यापति की पदावली तथा खुसरो की पहेलियाँ।

पूर्वमध्यकाल (भक्तिकाल)

"हिन्दी साहित्य के संदर्भ में भक्तिकाल से तात्पर्य उस काल से है जिसमें मुख्यतः भागवत धर्म के प्रचार तथा प्रसार के परिणामस्वरूप भक्ति आन्दोलन का सूत्रपात हुआ था और उसकी लोकोन्मुखी प्रकृति के कारण धीरे-धीरे लोक-प्रचलित भाषाएँ भक्ति भावना की अभिव्यक्ति का माध्यम बनती गईं और कालान्तर में भक्ति-विषयक विपुल साहित्य की बाढ़-सी आ गई। परन्तु यह भावना वैष्णव धर्म तक ही सीमित न थी—शैव, शाक्त आदि धर्मों के अतिरिक्त बौद्ध और जैन सम्प्रदाय तक इस प्रवाह से प्रभावित हुए बिना न रह सके।"[1]

मध्यकाल में बहुत से धर्म थे किन्तु हिन्दू, इस्लाम दो प्रधान धर्म थे। हिन्दू धर्म लगातार इस्लाम के सम्पर्क में आ रहा था और उसमें व्यक्तिगत साधना के स्थान पर सामूहिक साधना का स्वर उभर रहा था। वास्तव में भक्तिकाल में हिन्दू धर्म का वैष्णव धर्म ही अधिक सशक्त रूप से उभरा। यह मुख्यतः भक्तिप्रधान है। वैष्णव धर्म में अनेक आचार्य उभरे जिन्होंने अनेक सिद्धान्त निरूपित किए जैसे द्वैतवाद, द्वैताद्वैतवाद, विशिष्टाद्वैतवाद, शुद्धाद्वैतवाद आदि।

"इस्लाम धर्म में शरा और बेशरा दो प्रकार की कोटियाँ हैं। इनमें से शरा सनातनी है और बेशरा मस्तमौला फकीर जो कभी-कभी पीर-पैगम्बर के चमत्कारपूर्ण करिश्मों का आश्रय लिया करते हैं। ये अपने क्रिया-कलापों में इस्लाम के मूल सिद्धान्तों की उपेक्षा तक कर दिया करते हैं···भारतीय सूफी दार्शनिक बेशरा सम्प्रदाय के हैं जो इस्लाम के अनुयायी होकर भी सनातन पंथी मुसलमानों से सब समय मेल नहीं खाते।"[2]

आचार्य रामचन्द्र शुक्ल ने भक्तिकाल का उदय तत्कालीन सामाजिक और राजनीतिक परिस्थितियों का परिणाम माना है। देश में मुसलमानों का राज्य प्रतिष्ठित हो गया था। हिन्दुओं के सामने ही उनके देव-मन्दिर गिराए जाते थे, देव-मूर्तियाँ तोड़ी जाती थीं, उनके पूज्य पुरुषों का अपमान किया जाता था किन्तु यह सब देखते हुए भी वे कुछ नहीं कर सकते थे। उनका सारा गर्व और वीरता का उत्साह चूर-चूर हो गया था। अतः ऐसी असहाय परिस्थिति में

भगवान की शरण में जाने के अतिरिक्त और कोई चारा नहीं था। दक्षिण की ओर से भक्ति की जो धारा क्रमशः उत्तर की ओर आ रही थी उसे राजनीतिक परिस्थिति के कारण निराश और त्रस्त हो गए हृदयों के बीच खुलकर फैलने का अवसर मिल गया।

किन्तु हजारीप्रसाद द्विवेदी जैसे विद्वान यह मानते हैं कि भक्तिकाल की भक्ति तत्कालीन राजनीतिक परिस्थितियों की प्रतिक्रिया मात्र नहीं है बल्कि वह भारतीय भाव और विचार-परम्परा का सहज विकास है। यहाँ तक कि कबीर आदि निर्गुणवादी कवियों की कविताओं में जाति-पाँति खण्डन, मूर्तिपूजा-विरोध, वेद-विरोध, रूढ़ि-विरोध से सम्बद्ध स्वर मिलते हैं, वे नए नहीं हैं या कि मुसलमानी सभ्यता के प्रभाव से उद्भूत नहीं हैं, वे स्वर तो अपभ्रंश काल से लक्षित होते आ रहे हैं। इन स्वरों का मूल आदि काल से ही पूर्वी प्रदेशों के आर्यों में दिखाई पड़ता है। अतः द्विवेदी जी के मत से यदि यह राजनीतिक उथल-पुथल न भी हुई होती तो भी भक्ति-साहित्य का बारह आना वैसा ही रहता जैसा कि है।

हिन्दी साहित्य के इतिहासकारों ने भक्तिकाव्य के दो भेद किए हैं—(१) निर्गुण भक्तिकाव्य (२) सगुण भक्तिकाव्य। निर्गुण भक्तिकाव्य के भी दो भेद किए गए (१) ज्ञानमार्गी शाखा (२) प्रेममार्गी शाखा। ज्ञानमार्गी शाखा को सन्तकाव्य और प्रेममार्गी को सूफीकाव्य कहा गया। वास्तव में निर्गुण और सगुण का अन्तर तात्विक नहीं व्यावहारिक है। तात्विक रूप से ये दोनों ही मार्ग ब्रह्म के मूल स्वरूप को मानते हैं लेकिन सगुण भक्ति ब्रह्म का अवतार करा देती है यानी उसके ब्रह्म मानव रूप धारण कर संसार में आते हैं और अपने को जनसामान्य के समक्ष प्रत्यक्ष करते हैं। निर्गुण भक्ति का आलम्बन निराकार है और सगुण भक्ति का साकार। इसलिए सगुण भक्ति जनसामान्य के लिए अधिक सुलभ जान पड़ती हैं।

निर्गुण धारा : सन्त काव्य

निर्गुण धारा के सन्त मार्ग को ज्ञानाश्रयी शाखा भी कहा गया है। बल्कि यों कहा जाय कि ज्ञानाश्रयी शाखा की साधना-पद्धति के भीतर आने वाले साधकों को सन्त तथा उनके काव्य को सन्त काव्य कहा गया है। माना जाता

है कि ये सन्त लोग भक्ति के प्रेम-पथ को छोड़कर निर्गुण निराकार ब्रह्म और जीव जगत से सम्बद्ध ज्ञान की बातों का उपदेश देते थे। अतः उन्हें ज्ञानमार्गी कहा गया है। दूसरी बात यह भी है कि ये भगवान को प्राप्त करने के लिए राग के स्थान पर ज्ञान को प्रधानता देते थे। इन सन्तों के मतों पर कभी-कभी विदेशी विचारों के प्रभाव का आरोप लगाया जाता है। किन्तु हजारीप्रसाद द्विवेदी ने इस बात का खण्डन करते हुए उन्हें शुद्ध भारतीय परम्परा से जोड़ा है। "यदि कबीर आदि निर्गुण मतवादी सन्तों की वाणियों की बाहरी रूपरेखा पर विचार किया जाय तो मालूम होगा कि यह सम्पूर्णतः भारतीय है और बौद्ध धर्म के अंतिम सिद्धों और नाथपंथी योगियों के पदादि से उसका सीधा सम्बन्ध है। वे ही पद, वे ही राग-रागिनियाँ, वे ही दोहे, वे ही चौपाइयाँ कबीर आदि ने व्यवहार की हैं जो उक्त मत के मानने वाले उनके पूर्ववर्ती सन्तों ने की थीं। क्या भाव, क्या भाषा, क्या अलंकार, क्या छन्द, क्या पारिभाषिक शब्द, सर्वत्र वे ही कबीरदास के मार्गदर्शक हैं। कबीर की ही भाँति ये साधक नाना मतों का खण्डन करते थे, सहज शून्य में समाधि लगाने को कहते थे, दोहों में गुरु के ऊपर भक्ति करने का उपदेश देते थे।" जहाँ तक प्रश्न उनके ज्ञानमार्गी होने का है यह बात भी आत्यंतिक रूप में सही नहीं कही जा सकती। ये कवि भी निर्गुण निराकार ब्रह्म के साथ एक रागात्मक सम्बन्ध जोड़ लेते हैं जैसे कबीर अपने का राम की बहुरिया मानते हैं। वे पति-पत्नी के अनेक लौकिक प्रतीकों के माध्यम से अपनी मधुरा भक्ति की तीव्रता को व्यक्त करते हैं। भक्त होने के नाते इनमें ज्ञान के साथ पर्याप्त रागात्मकता भी है। कबीर इस धारा के सर्वाधिक सशक्त कवि हैं। इस धारा के ही नहीं बल्कि हिन्दी के शीर्षस्थ कवियों में हैं। इस धारा के अन्य सशक्त कवि हैं रैदास, गुरु नानक, दादू दयाल, सुन्दरदास, मलूकदास आदि।

निर्गुणधारा : प्रेममार्गी (सूफी) शाखा

निर्गुण उपासक भक्तों की दूसरी शाखा प्रेममार्गी सूफी कवियों की है जिन्होंने प्रेम प्रबन्धों के माध्यम से ईश्वर को मिलाने वाले प्रेम-तत्वों का निरूपण किया गया है। लौकिक प्रेम-कथाओं के द्वारा अलौकिक प्रेम का संकेत देना इस शाखा के कवियों की विशेषता है। इन प्रेम-कथाओं में लोक जीवन

के प्रचलित सामान्य विषय ही गृहीत हुए हैं—जैसे किसी राजकुमार का किसी राजकुमारी के रूप पर आसक्त होकर घर से निकल जाना और अनेक मुसीबतों को सहन करने के बाद अन्त में उसे प्राप्त करना। किन्तु इन कथाओं में जो प्रेम की पीर व्यंजित होती है वह ऐसी विश्व व्यापी दिखलाई पड़ती है कि लौकिक के माध्यम से अलौकिक ध्वनित हो पड़ता है। इन कवियों ने खण्डन-मण्डन की तार्किक पद्धति न अपना कर हिन्दू-मुसलमान दोनों के हृदयों को एक करने वाले रागात्मक तत्वों को चित्रित किया। इन कवियों की भाषा ठेठ अवधी है तथा छन्द दोहा-चौपाई है। इन कवियों ने हठयोग की कुछ बातों का भी समावेश किया है। फारसी पद्धति के आधार पर इन्होंने ब्रह्म को प्रेयसी और आत्मा को प्रियतम माना है। मलिक मोहम्मद जायसी इस धारा के सबसे बड़े कवि तथा उनका पद्‌मावत सबसे सशक्त ग्रन्थ है। इनके अतिरिक्त कुतबन, मंझन, उसमान, शेखनबी, कासिम शाह, नूर मोहम्मद इस धारा के प्रमुख कवि हैं।

सगुण काव्यधारा—कृष्णभक्ति शाखा

शंकराचार्य ने मायावाद और विवर्तवाद की स्थापना कर भक्ति को अविद्या या भ्रान्ति सिद्ध किया था। शंकर के अनुसार केवल निरुपाधि, निर्गुण ब्रह्म की सत्ता पारमार्थिक है। रामानुज से लेकर वल्लभाचार्य तक सारे भक्तों ने शंकर के इस दर्शन का खण्डन किया। भक्तिकाल में देश में व्याप्त होने वाले वैष्णव धर्म के आन्दोलन के प्रवर्तकों में मुख्य थे वल्लभाचार्य। उनके अनुसार सारी सृष्टि ब्रह्म की लीला है। श्री कृष्ण परब्रह्म हैं जो सारे दिव्य गुणों से भूषित होकर पुरुषोत्तम कहलाते हैं। पुरुषोत्तम कृष्ण नित्य लीलाएँ करते हैं। वे अपने भक्तो के लिए व्यापी वैकुण्ठ में अनेक लीलाएँ करते हैं। व्यापी वैकुण्ठ का ही एक खंड है गोलोक जिसमें यमुना, वृन्दावन, निकुंज आदि नित्य भाव से विराजमान हैं। कृष्ण की नित्य लीला में प्रविष्ट होना ही जीव की सर्वोत्तम गति है। जीव को लीला में प्रविष्ट होने की प्रवृत्ति और शक्ति भगवान के अनुग्रह (पुष्टि) से ही प्राप्त होती है। इसलिए इस मार्ग को पुष्टिमार्ग भी कहा गया है। इस धारा के सर्वश्रेष्ठ कवि हैं सूरदास। अन्य सशक्त कवि हैं नन्ददास, मीराबाई, कृष्णदास,

कुम्भनदास, परमानन्ददास, चतुर्भुजदास, रसखान, छीतस्वामी, गोविन्ददास, हितहरिवंश।

सगुण काव्यधारा—रामभक्ति शाखा

मर्यादा पुरुषोत्तम रामचन्द्र के अलौकिक चरित्र ने भारतीय जनमानस को प्रागैतिहासिक युग से ही प्रभावित किया है। वेदों में राम शब्द का प्रयोग हुआ है। महाभारत में भी रामकथा का वर्णन हुआ है। वाल्मीकि रामायण तो रामकथा है ही, उपनिषदों और पुराणों में भी भक्ति भावना के साथ रामकथा का उल्लेख है किन्तु एक व्यापक आन्दोलन के रूप में रामभक्ति का प्रवाह भक्तिकाल में ही बहा। रामानुजाचार्य ने विशिष्टाद्वैत का सिद्धान्त स्थापित किया। इस सिद्धान्त के अनुसार संसार के सारे प्राणी चिद्चिद् विशिष्ट ब्रह्म से उत्पन्न होते हैं और उसी में लीन होते हैं। जीवों के उद्धार के लिए यह आवश्यक है कि वे इस ब्रह्म की भक्ति द्वारा उसका सामीप्य लाभ करें। रामानुज ने विष्णु या नारायण की उपासना का मार्ग चलाया। रामानन्द इसी सम्प्रदाय में हुए। रामानन्द जी रामानुजाचार्य के अनुयायी होकर भी कुछ स्वतन्त्र पद्धति पर चले। इन्होंने वैकुण्ठवासी विष्णु के स्थान पर लोक में लीला करने वाले उनके अवतार राम को अपनाया। राम इनके आराध्य देव हुए और राम नाम इनका मूल मंत्र हुआ। रामानन्द ने भक्ति के क्षेत्र में सबको समान समझा। इन्होंने सारी जातियों को रामभक्ति की दीक्षा लेने का अधिकार दिया। गोस्वामी तुलसीदास इस धारा के श्रेष्ठ कवि हैं, उन्होंने शक्ति, शील और सौंदर्य के प्रतीक राम की भक्ति की। उनके राम लोक जीवन के बीच व्याप्त राम हैं। वे धर्म और सत्य की स्थापना के लिए लोक में व्याप्त अधर्म और असत्य से संघर्ष करने वाले राम हैं अर्थात् उनके आराध्य राम का स्वरूप भक्त मन का रंजन करने वाला तथा लोक-मंगल करने वाला दोनों है। इस धारा के अन्य उल्लेखनीय कवि हैं—स्वामी अग्रदास, नाभादास, हृदयराम, प्राणचन्द चौहान आदि, कुछ लोग 'रामचन्द्रिका' लिखने के कारण केशवदास को भी इस धारा में सम्मिलित करते हैं।

उत्तर मध्यकाल (रीतिकाल)

कुछ आचार्यों ने रीतिकाल को शृंगार काल भी कहा है क्योंकि जैसे भक्ति

काल में भक्ति कविता का मुख्य विषय रही वैसे ही रीतिकाल में शृंगार। रीतिकाल नाम पड़ने का विशेष कारण यह है कि इस काल में अधिकांश कवियों ने साहित्य-शास्त्र की रीतियों का निरूपण किया और उन्हीं की लीक पर कविताएँ लिखीं। अर्थात ये कवि आचार्य की तरह पहले साहित्य में लक्षणों का वर्णन करते थे फिर उनके दृष्टान्तस्वरूप अपनी कविताएँ देते थे। अतएव ये कविताएँ विषय, अलंकार, वर्णन-पद्धति सभी दृष्टियों से प्रायः एक चेहरे वाली दिखाई पड़ती हैं। आचार्य के रूप में इन कवियों ने संस्कृत के काव्य सिद्धान्तों का ही पिष्टपेषण किया। इसलिए काव्य-लक्षण और काव्य-लक्ष्य दोनों ही दृष्टियों से इनमें प्रतिभा का नवोन्मेष दिखाई नहीं पड़ता। इस परम्परा का सूत्रपात करने का श्रेय कृपाराम को है।

इस काल में शृंगार रस की प्रधानता का कारण विद्वानों ने यह बतलाया कि सामन्ती काल में बादशाह और राजे निश्चिन्त होकर विलासी हो गए थे। राजनीतिक दृष्टि से यह काल मुगलों के शासन के वैभव के चरमोत्कर्ष और उसके बाद उत्तरोत्तर ह्रास, पतन तथा विनाश का युग कहा जा सकता है। शाहजहाँ तक मुगल दरबार वैभव और विलास का केन्द्र था। औरंगजेब विलासी नहीं था किन्तु उसके धार्मिक आग्रहों के कारण उसका साम्राज्य निरन्तर कलह और विघटन से दरकता गया और मुगल साम्राज्य का पतन शुरू हो गया। उसके उत्तराधिकारी पुरुषार्थ से अपने साम्राज्य का विकास करने के स्थान पर अपनी स्थितियों में सीमित रहे और भोग-विलास करते रहे। मुगल साम्राज्य के टूटने से जो अनेक राजे और सामन्त स्वतन्त्र हुए वे भी मुगल साम्राज्य के अनुकरण पर विलासिता में डूब गए। विलास के उपकरणों की खोज तथा सुरा-सुन्दरी की आराधना उनका लक्ष्य बन गया। सामाजिक दृष्टि से भी यह घोर पतन का काल था। सामन्तवाद के सारे दोष उजागर हो गए थे। रूढ़ियों और प्रचलित ढर्रों पर चलना हर क्षेत्र में जीवन का लक्ष्य बन गया था। जन सामान्य की दशा बड़ी ही शोचनीय थी। उसकी आर्थिक और सामाजिक दुर्दशा की ओर न तो सत्ताधारियों का ध्यान था और न ही कवियों का। इन्हीं परिस्थितियों में कविताएं लिखी गईं। दरबारों में पलने वाले कवि आश्रयदाता राजाओं और सामन्तों की विलासी वृत्ति को उकसाने और तृप्त करने के लिए शृंगारिक कविता लिखते थे। यह शृंगार स्थूल और मांसल था। संयोग और

वियोग दोनों अवस्थाओं में नायक-नायिकाओं की शारीरिक उछल-कूद ही अधिक दिखाई पड़ती है, मानसिक व्यथा या उल्लास कम।

इस काल में तीन तरह के कवि थे : (१) रीतिबद्ध, (२) रीतिसिद्ध, (३) रीतिमुक्त। लक्षण देकर काव्य लिखने वाले कवि रीतिबद्ध थे। ये कवि परिपाटीबद्ध काव्य लिखने के कारण अधिक स्थूल दिखाई देते हैं। रीतिसिद्ध वे थे जो लक्षण लिखते तो नहीं थे किन्तु उनकी दृष्टि में लक्षण रहता था। ऐसे कवि रीतिमुक्त होने की अवस्था में बहुत उच्चकोटि का काव्य लिख जाते थे। रीतिमुक्त कवि स्वच्छन्द कवि थे जो हृदय की प्रेरणा से कविता लिखते थे। रीतिबद्ध प्रमुख कवि हैं चिन्तामणि, मतिराम, जसवन्तसिंह, देव, श्रीपति, भिखारीदास, पद्माकर, ग्वाल आदि। रीतिसिद्ध प्रमुख कवि हैं बिहारी और रीतिमुक्त कवि हैं घनानन्द, ठाकुर, द्विजदेव, आलम, रसनिधि। "आचार्य शुक्ल के शब्दों में कहा जा सकता है कि इन रीतिग्रन्थों के कर्त्ता भावुक, सहृदय और निपुण कवि थे। इनका उद्देश्य कविता करना था न कि काव्यांगों का शास्त्रीय पद्धति पर निरूपण करना।" अत: उनके द्वारा बड़ा भारी कार्य यह हुआ कि रसों और अलंकारों के बहुत ही सरस और हृदयग्राही उदाहरण अत्यन्त प्रचुर परिमाण में प्रस्तुत हुए।

श्रृंगार के अतिरिक्त अन्य विषयों और भावों पर भी इस काल में कविता लिखी गई। भक्ति और नीति की पारम्परिक धारा तो चलती ही रही, इस काल के श्रृंगारिक कवियों ने भी भक्तिपरक और नीतिपरक कविताएँ लिखीं। भूषण और सूदन जैसे कवियों ने वीररस की कविताएँ लिखीं। गिरिधर कविराय, दीनदयाल गिरि ने नीति-विषयक कविताएँ लिखीं। प्रकृति के उद्दीपनकारी रूपों के वर्णन के साथ-साथ उसके स्वच्छन्द आलंबनगत रूपों का भी विधान हुआ। सेनापति का नाम इस क्षेत्र में विशेष उल्लेखनीय है।

आधुनिक काल (गद्यकाल)

आधुनिक काल का विधिवत प्रारम्भ भारतेन्दु से होता है। भारतेन्दु का जन्म १८५० ई० में हुआ। अत: आधुनिक काल का आरम्भ इसके बाद (हाँ कुछ की दृष्टि में १८६२ से, कुछ की दृष्टि में १८६८ में) मानना चाहिए। १८४३ से लेकर १८६२ या ६८ तक की अवधि को पृष्ठभूमि के रूप में स्वीकारा जाना चाहिए।

भारतेन्दु काल (सन् १८६२ से १९०० तक)

आधुनिक हिन्दी कविता का प्रारम्भ भारतेन्दु हरिश्चन्द्र से होता है। वे आधुनिक काव्य का द्वार खोलने वाले पहले समर्थ कवि थे। भारतेन्दु जिस समय साहित्य के मंच पर आए, वह समय नवजागरण का था। गुलाम देश में जागृति की एक नई लहर उठ रही थी। समाज, संस्कृति, धर्म, राजनीति सभी क्षेत्रों में नई चेतना उत्पन्न हो रही थी। ब्राह्म समाज, प्रार्थना समाज, आर्य समाज, रामकृष्ण परमहंस और विवेकानन्द के विचारों तथा थियोसाफिकल सोसायटी के सिद्धान्तों से समाज प्रभावित हो रहा था। हिन्दी साहित्य के क्षेत्र में समाज और राष्ट्र से सम्बन्धित नई मनीषा भारतेन्दु और उनके सहयोगियों के माध्यम से मुखर हुई।

जयशंकर प्रसाद ने अपने निबन्ध 'छायावाद और यथार्थवाद' में लिखा है कि आधुनिक साहित्य की मूल प्रवृत्ति है यथार्थवाद और यथार्थवाद की विशेषताओं में से एक प्रमुख विशेषता है लघुता की ओर दृष्टिपात। उन्होंने यथार्थवादी साहित्य की यात्रा का आरम्भ भारतेन्दु से ही माना है। आचार्य शुक्ल ने भी भारतेन्दु साहित्य की यथार्थवादी प्रवृत्ति को रेखांकित किया जब कहा कि इन्होंने साहित्य को एक नये मार्ग पर खड़ा किया। "लोग साहित्य को छोड़कर आगे बढ़ गए थे। इन्होंने हमारे जीवन के साथ हमारे साहित्य को लगा दिया।" जीवन और साहित्य के विच्छेद को दूर कर साहित्य को जीवन के करीब ला दिया और इस प्रक्रिया में उन्होंने सामाजिक, सांस्कृतिक और राष्ट्रीय सन्दर्भों के अनेक नये और उपेक्षित विषयों पर कविताएँ तथा अन्य रचनाएँ लिखीं। ये विषय कलावादी दृष्टि से अकाव्यात्मक माने जा सकते हैं किन्तु जीवन की दृष्टि से इनका बहुत महत्त्व है।

यह ध्यान देने की बात है कि भारतेन्दु ने भक्ति और शृंगारमूलक कविताएँ भी लिखीं और परिमार्जित ब्रजभाषा में लिखीं। उनमें भक्ति और शृंगार के अच्छे कवियों की कविताओं का सा लालित्य और माधुर्य है किन्तु वे कविताएँ उस भारतेन्दु की अस्मिता की पहचान नहीं करातीं जिनके नाम पर आधुनिक काल के द्वार भारतेन्दुकाल का नामकरण हुआ। उनकी अस्मिता की पहचान राष्ट्रीय, सामाजिक और सांस्कृतिक क्षेत्र में उत्पन्न गिरावट, विसंगतियों

और यातना से टकराने वाली चिन्ता और उन्हें नये रूप की ओर ले जाने वाली चेतना के आधार पर ही होती है। आधुनिक काल विश्व-सन्दर्भ में वैज्ञानिक काल माना जाता है। डार्विन के विकासवाद ने चिन्तन के क्षेत्र में एक नई क्रान्ति पैदा कर दी। उसने अज्ञात सत्तामूलक-आध्यात्मिक चिन्तन के स्थान पर भौतिक चिन्तन को जन्म दिया। मानवतावाद का भी उदय उसी काल में हुआ। दैवी सत्ता की महत्ता के प्रति अविश्वास और मानवीय सत्ता के प्रति विश्वास पैदा हुआ। धीरे-धीरे पश्चिम की इस नई भौतिकवादी चेतना से हमारा परिचय हुआ और सामाजिक क्षेत्र के साथ-साथ साहित्यिक क्षेत्र में यह चेतना आई। हम पराधीनता के अभिशाप से तो लड़ ही रहे थे, अपनी मध्यकालीन सामाजिक, सांस्कृतिक कुरीतियों और जड़ताओं से भी टकराने लगे और एक नये राष्ट्र और समाज की चिन्ता करने लगे।

हिन्दी साहित्य के आधुनिक काल के आरम्भिक कई चरणों में भौतिकवाद अन्य यथार्थवाद आध्यात्मिक सत्ता से सर्वथा छूट नहीं सका किन्तु यह बात ध्यान देने की है कि उस आध्यात्मिक सत्ता या ईश्वर का सम्बन्ध अपनी राष्ट्रीय और सामाजिक आवश्यकताओं के साथ जोड़ दिया गया। अर्थात् ईश्वर व्यक्तिगत साधना का आराध्य नहीं रह गया, वह हमारी राष्ट्रीय और सामाजिक दुर्दशा के सन्दर्भ में याद आने लगा और उस दुर्दशा को दूर करने के लिए उसका आह्वान किया जाने लगा।

नई चेतना के तहत भारतेन्दु और उनके साथियों ने देशभक्ति, लोकहित, समाज सुधार, मातृभाषा का उद्धार, चुंगी-टैक्स, पुलिस, बेकारी, अकाल, गरीबी आदि अनेक विषयों पर कविताएँ लिखीं तथा साहित्य को जनसमाज के करीब लाने का प्रयत्न किया। अभिव्यक्ति के क्षेत्र में भी लोक-जीवन उन्हें प्रभावित करता रहा इसलिए उन्होंने ब्रजभाषा,. अवधी, खड़ी बोली आदि कई भाषाओं में कविताएँ लिखीं, जिनमें संस्कृत, अंग्रेजी, उर्दू और कई बोलियों के भी शब्द आवश्यकतानुसार खूब आए। इसी प्रकार उन्होंने कवित्त, सवैया, रोला, छप्पय के साथ-साथ आल्हा, कजली, लावनी, मुकरी, ठुमरी, गजल जैसे लोकप्रचलित छन्दों का भी प्रयोग कर काव्यशिल्प की नई सम्भावनाओं को जगाया। समस्यापूर्ति पैरोडी हास्य-व्यंग्य, गाली आदि शैलियों का भी प्रयोग किया।

आचार्य शुक्ल की शिकायत है कि भारतेन्दु को प्रकृति से उतना लगाव नहीं

था जितना नर-प्रकृति से था किन्तु ठाकुर जगमोहन सिंह ने लोकजीवन में व्याप्त प्रकृति के प्रति गहरा प्रेम दिखाकर प्रकृति-काव्य का भी अच्छा दृष्टान्त उपस्थित किया। इस काल के प्रमुख कवि हैं—भारतेन्दु, प्रतापनारायण मिश्र, श्रीधर पाठक, चौधरी बदरीनारायण प्रेमघन, अम्बिकादत्त व्यास, ठाकुर जगमोहन सिंह।

द्विवेदी काल (सन् १९०१ से सन् १९२० तक)

द्विवेदी काल भारतेन्दु काल का ही विस्तार और उन्नयन है। इस काल की कविता के सन्दर्भ में एक खास बात यह हुई कि उसे खड़ी बोली की भाषा प्राप्त हुई। भारतेन्दु काल में भी खड़ी बोली में कविताएँ लिखी गई थीं किन्तु प्रयोग के तौर पर। द्विवेदी काल में खड़ी बोली सिद्धान्त के रूप में काव्य-भाषा स्वीकार की गई और वह मुख्य काव्य-भाषा बनी। इसलिए नये राष्ट्रीय और सामाजिक विषयों को अपनी अभिव्यक्ति के लिए पारम्परिक मँजी हुई, सुकुमार भाषा के स्थान पर एक नई खुरदरी और ऊर्जामयी भाषा मिली। इस भाषा को अभी काव्यात्मक गौरव प्राप्त नहीं था किन्तु उसके भीतर समकालीन चेतना को व्यक्त करने की शक्ति थी और निहित थी भावी शक्तिमयी काव्य-भाषा की सम्भावना। मैथिलीशरण गुप्त, हरिऔध, रामचरित उपाध्याय जैसे अनेक समर्थ कवि खड़ी बोली को काव्य-भाषा के रूप में प्रयुक्त करने और उसकी सम्भावनाओं तथा शक्तियों के उपयोग में तत्पर हुए। आचार्य महावीरप्रसाद द्विवेदी काव्य-भाषा खड़ी बोली को व्याकरण की दृष्टि से सजा-सँवार कर एक मानक भाषा का रूप देने में तत्पर हुए।

राष्ट्रीयता का स्वर इस काल में अधिक मुखर हुआ। भारतेन्दु काल में राजभक्ति और देशभक्ति के बीच एक द्विधा बनी हुई थी किन्तु द्विवेदी काल में देशभक्ति का स्वर निर्भ्रान्त हुआ और बहुत तीव्रता से फूटा। मैथिलीशरण गुप्त की 'भारत-भारती' इस सन्दर्भ में बहुत महत्त्वपूर्ण रचना है। वह बहुत लोकप्रिय हुई। भारत के अतीत गौरव की स्मृति दिलाते हुए कवि ने समकालीन राष्ट्रीय और सामाजिक अधःपतन का बहुत ज्वलन्त चित्र खींचा, साथ ही भविष्य की चिन्ता व्यक्त की। रामनरेश त्रिपाठी, शंकर, ठाकुर गोपालशरण सिंह, राय देवीप्रसाद पूर्ण, मन्नन द्विवेदी, गयाप्रसाद शुक्ल सनेही आदि कवियों ने

राष्ट्रीय स्वर मुखर किया। मैथिलीशरण गुप्त, हरिऔध, रामनरेश त्रिपाठी आदि ने अपने प्रबन्ध काव्यों में भी बहाने से राष्ट्रीय चेतना को अभिव्यक्ति दी। गुप्त और हरिऔध ने तो पौराणिक प्रसंगों को चुनकर अतीत के गौरवमय चरित्रों और क्रियाओं का प्रकाश फैलाया और उनके आलोक में वर्तमान की हीनता को देखने और दूर करने की चेष्टा की। रामनरेश त्रिपाठी ने काल्पनिक कथाओं द्वारा देश-प्रेम को, देश-सेवा को सबसे अच्छा कर्म निरूपित किया और उसके आगे संन्यास और एकान्त प्रकृति-प्रेम को तुच्छ समझा।

राष्ट्रीय चेतना के साथ-साथ सामाजिक-सांस्कृतिक चेतना की भी अभिव्यक्ति हुई। सच पूछिए तो इस काल में वर्ण्य विषय किसी न किसी रूप में हमारे राष्ट्रीय सामाजिक जीवन की बेहतरी की चिन्ता से जुड़े हुए थे। "परोपकार, मुरली, कृषक, सत्य, लड़कपन, ग्रंथ, गुणगान, प्रणय, ईर्ष्या, निद्रा, कलियुगी साधु, पुस्तक-प्रेम, ब्रह्मचर्य, हिन्दी की अपील, बालक, हिन्दी साहित्य सम्मेलन, मूढ़ मानव, मेंहदी, नेकटाई, मनोव्यथा, कामना, विद्या, कुलीनता, पौरुष, शिशु-स्नेह, सुखमय जीवन, भारतीय छात्रों से नम्र निवेदन, लक्ष्मी-लीला, सपूत, ग्राम-गौरव, सज्जनों का स्वभाव, समालोचक-लक्षण, दरिद्र विद्यार्थी"[3] आदि अनेक विषयों को लिया गया जिनके माध्यम से हमारी सामाजिक विसंगतियों पर चोट कर मूल्यों और आदर्शों की प्रतिष्ठा की गई। दरअसल इस काल की समग्र कविता में नैतिकता का स्वर मुखर है—वह कहीं कलात्मक रूप में है, और कहीं प्रचारात्मक रूप में।

प्रबन्ध काव्यों में नैतिकता का स्वर कलात्मक अधिक था यद्यपि प्रचारात्मकता का स्वर वहाँ भी कम नहीं है किन्तु पात्रों के संवादों के रूप में होने के कारण उतना नहीं अखरता। 'पंचवटी' में सहज जीवन की महिमा है, 'साकेत' में व्यष्टिवाद समष्टिवाद की बसस चला कर समष्टिवाद की पक्षधरता की गई है। 'प्रियप्रवास' में कृष्ण की सामाजिक सेवा को रेखांकित किया गया तथा विरहिणी राधिका को समाज-सेवा में नियोजित किया गया। हरिऔध ने 'वैदेही बनवास' प्रबन्ध काव्य में सीता जी को ऋषि-पत्नियों द्वारा सतीत्व का बड़ा लम्बा-चौड़ा उपदेश दिया है। इसी प्रकार सारे ही प्रबन्ध काव्यों में समकालीन जीवन-मूल्य का कोई न कोई पक्ष उठाया गया है। और उसका प्रत्यक्ष या परोक्ष रूप से उपदेश दिया गया है।

सामाजिक जीवन का एक महत्त्वपूर्ण पहलू नर-नारी सम्बन्ध है। जीवन-मूल्यों के लिए नारी सदियों से अपनी कुरबानी देती आई है लेकिन सारा श्रेय पुरुष को मिलता आया है। नारी का बलिदान, उसकी मूल्य-निष्ठा, उसकी मौन वेदना प्राय: अदेखी रह जाती है। मानवतावाद के प्रभाव से लेखकों ने जहाँ समाज के उपेक्षित वर्गों को देखा, वहीं हमारे परिवारों की इन अदृश्य महत्त्वपूर्ण नारियों को भी देखा। गुप्तजी ने 'यशोधरा', 'साकेत', 'विष्णु-प्रिया' में महत्त्वपूर्ण पुरुषों की छाँह में दबी नारियों पर दृष्टिपात किया और उनकी यातना, उनके त्याग, उनकी मूल्य-निष्ठा को प्रकाशित किया। 'प्रिय-प्रवास' में पहली बार राधा और यशोदा को सामाजिक मूल्यों के परिप्रेक्ष्य में इतनी महत्ता प्राप्त हुई। मानवतावादी और मनोवैज्ञानिक दृष्टि ने दूसरा काम यह किया कि अतीत के इन महापुरुषों और महादेवियों के मन के भीतर कसमसाती सहज मानवीय संवेदनाओं को खोला। उन्हें केवल आदर्श मूर्तियों के रूप में प्रतिष्टित नहीं किया वरन उनके भीतर स्थित मानवीय सुख-दुख, प्यार-वासना, शक्ति-अशक्ति सबको वाणी देने का प्रयत्न किया।

इस काल में प्रकृति के सौन्दर्य की ओर भी दृष्टि गई। रीतिकालीन उद्दीपन-कारी प्रकृति से भिन्न यह आलंवन रूपा प्रकृति है। प्रकृति के अनेक रूपों का यथातथ्य विधान किया गया। उसमें सूक्ष्मता और संश्लिष्टता तो नहीं है, किन्तु टटकापन है और स्थूल रूप में ही सही, प्रकृति का यथातथ्य रूप सामने उभरता है। पंचवटी, साकेत, प्रियप्रवास में इस प्रकृति के दर्शन होते हैं। श्रीधर पाठक की प्रकृति सम्बन्धी कविताएँ विशेप उल्लेख्य हैं। 'काश्मीर-सुपमा' प्रकृति-सौन्दर्य का बहुत प्रभावशाली उद्‌घाटन करती है।

इस काल की अभिव्यक्ति-पद्धति सीधी और इतिवृत्तात्मक है। विम्ब-विधान के स्थान पर कथन की प्रधानता है। इसलिए जहाँ भावात्मक गहराई नहीं है, वहाँ कविता तुकबन्दी मालूम पड़ती है। शब्द-योजना में भी संतुलन का प्राय: अभाव दिखाई पड़ता है। गुप्तजी की महत्त्वपूर्ण कृति 'यशोधरा' तक इस दोप की गिरफ्त में है।

कथ्य के समान छन्दों में विविधता है। "दोहा, कवित्त या सवैया के प्रयोग तक ही कवि सीमित नहीं रहे, वरन रोला, छप्पय, कुंडलिया, सार, सरसी, गीतिका, हरिगीतिका, ताटंक, लावनी, वीर आदि छंद भी कुशलतापूर्वक व्यवहृत

हुए। हिन्दी के ही नहीं संस्कृत के वर्णिक छन्दों और उर्दू बह्र को भी अपनाया गया।"

छायावाद (१९१८-३८)

छायावाद भावगत और शिल्पगत नवीनता तथा सूक्ष्मता लेकर आया। वह शुरू में इतिवृत्तात्मक या स्थूल कविताओं के अभ्यासी आलोचकों की पकड़ में नहीं आया। छायावाद को शाप देने वालों ने छायावाद का बड़ा मजाक उड़ाया है। यह सारा बवाल इसलिए पैदा हुआ कि सभी लोग छायावादी आन्दोलन की मौलिक प्रवृत्तियों का विश्लेषण और मूल्यांकन करने के स्थान पर छायावाद नाम के ही पीछे पड़ गए। छायावाद की सृष्टि में कौन-सी नवीन सामाजिक चेतनाएँ और परिस्थितियाँ काम कर रही थीं और छायावाद की प्रवृत्तियाँ क्या थीं, इसकी चर्चा न कर छायावाद नाम के स्पष्टीकरण में ही लोग लगे रह गए।

रामचन्द्र शुक्ल ने छायावाद को कुछ अधिक गम्भीर दृष्टि से देखा किन्तु वे अपनी सीमाओं के कारण छायावादी काव्य को दो संकुचित अर्थों में स्वीकार करके रह गए।

(१) रहस्यवाद के अर्थ में—जहाँ उसका सम्बन्ध काव्य-वस्तु से होता है अर्थात जहाँ कवि उस अनन्त और अज्ञात प्रियतम को आलम्बन बनाकर अत्यन्त चित्रमयी भाषा में प्रेम की व्यंजना करता है। शुक्ल जी के अनुसार छायावाद का यह रहस्यवादी रूप पुराने सन्तों और साधकों की वाणी का अनुकरण है जो तुरीयावस्था या समाधि-दशा में नाना रूपकों के रूप में उपलब्ध आध्यात्मिक ज्ञान का आभास देती हुई मानी जाती थी।

(२) शैली के अर्थ में—सन् १८८५ में फ्रांस में रहस्यवादी कवियों का एक दल खड़ा हुआ जो प्रतीकवादी 'सिम्बालिस्ट' कहलाया। वे अपनी रचनाओं में प्रस्तुत के स्थान पर अधिकतर अप्रस्तुत प्रतीकों को लेकर चलते थे, हिन्दी में छायावाद शब्द का जो व्यापक अर्थ रहस्यवादी रचनाओं के अतिरिक्त और प्रकार की रचनाओं के सम्बन्ध में ग्रहण हुआ, वह इसी प्रतीक शैली के अर्थ में।

छायावाद नाम के चक्कर में न पड़ कर उसके द्वारा अभिव्यक्त होने वाले

नए जीवन और कला की वस्तुगत व्याख्या प्रस्तुत करने की आवश्यकता थी। छायावाद विदेशी वस्तु नहीं है, वह शुद्ध रूप से अपने समाज के नये जीवन की कलात्मक अभिव्यक्ति है। छायावाद एकाएक नहीं पैदा हो गया, उसके विकास के बीज आधुनिक काल के आरम्भ से ही विशेषतया द्विवेदी काल से लक्षित होने लगे थे। इसलिए हमारी पूर्ववर्ती काव्य-परम्परा का ही सहज विकास था।

स्वच्छन्दतावादी समीक्षकों तथा प्रगतिशील विचारकों ने छायावाद को तत्कालीन भारतीय जीवन से सम्बद्ध करके देखा। इन सबकी दृष्टि से छायावाद एक नवीन सामाजिक चेतना का परिणाम है। नन्ददुलारे वाजपेयी ने छायावाद की राष्ट्रीय चेतना पर विशेष बल दिया। वाजपेयी जी ने बड़ी दृढ़ता से स्वीकार किया कि छायावाद का अपना जीवन-दर्शन है, अपनी भाव-सम्पत्ति है। यह दर्शन और भाव-सम्पत्ति नए युग की देन है। वाजपेयी जी ने छायावाद के सौन्दर्य का मूल्यांकन करने के लिए द्विवेदीकालीन कविता को तुलना के लिए रखा है। यह दिखाया है कि द्विवेदीकालीन अविकसित कविता के पश्चात इतना विकसित काव्य देकर छायावाद ने हिन्दी साहित्य का स्तर बहुत ऊँचा किया। डॉ० नगेन्द्र ने भी छायावाद को तत्कालीन परिस्थितियों से जोड़ते हुए भी पूर्ववर्ती कविता की प्रतिक्रिया माना। वे एक ओर स्वीकार करते हैं—'इसमें सन्देह नहीं कि छायावाद मूलतः रोमानी कविता है और दोनों (छायावाद और अंग्रेजी रोमेंटिक कविता) की परिस्थितियों में भी जागरण और कुंठा का मिश्रण है। परन्तु फिर भी यह कैसे भुलाया जा सकता है कि छायावाद एक सर्वथा भिन्न देश और काल की सृष्टि है। जहाँ छायावाद के पीछे असफल सत्याग्रह था, वहाँ रोमांटिक काव्य के पीछे फ्रांस का सफल विद्रोह था।

डा० नगेन्द्र ने छायावादी काव्य की मूल प्रेरणा की व्याख्या करते हुए लिखा है—'वास्तव पर अन्तर्मुखी दृष्टि डालते हुए उसको वायवी अथवा अतीन्द्रिय रूप देने की यह प्रवृत्ति ही छायावाद की मूल वृत्ति है। उसकी सभी अन्य प्रवृत्तियों की इसी अन्तर्मुखी वायवी वृत्ति के आधार पर व्याख्या की जा सकती है।' इसीलिए डॉ० नगेन्द्र छायावाद पर आरोपित रहस्यवाद और अध्यात्मवाद का स्पष्ट खंडन करते हुए लिखते हैं—

'आज के बुद्धिजीवी कवि के लिए वासना को सूक्ष्मतर करना तो साधारणतः सम्भव है परन्तु आध्यात्मिक अनुभूति होना उसके लिए सहज सम्भव

नहीं है और यह स्वीकार करने में किसी को भी आपत्ति नहीं होनी चाहिए कि गत युद्ध के बाद जिन कवियों के हृदय से छायावाद की कविता उद्भूत हुई, उन पर उस समय किसी प्रकार आध्यात्मिक अनुभूति का आरोप नहीं किया जा सकता।[४]

वाजपेयी जी ने छायावाद में अध्यात्म को स्वीकारा किन्तु उसे नवयुगीन परिवेश में ही देखा। छायावाद व्यक्तिवादी अनुभूतियों का काव्य है, उसमें यथार्थ जीवन के स्थान पर कल्पना-वैभव अधिक है, जीवन की क्रान्तिकारी चेतना के स्थान पर जीवन की मधुचर्या प्रधान है, आदि दोषारोपण छायावाद पर किए जाते हैं और उसे हीन काव्य ठहराया जाता है। किन्तु छायावाद के व्यक्तिवाद, कल्पना-विलास और मधुचर्या के पीछे जीवन का क्रान्तिकारी दृष्टिकोण छिपा है, उसे पहचानने में भूल नहीं करनी चाहिए। छायावाद एक क्रान्तिकारी काव्य है जिसने परिपाटीबद्ध दृष्टि के स्थान पर नूतन रसज्ञता, नूतन शिल्प और नूतन जीवन-दृष्टि का निर्माण किया। ऐसा सम्भव इसलिए हुआ कि उसने आधुनिक काल के बदले हुए जीवन को देखा। हजारीप्रसाद द्विवेदी, शिवदानसिंह चौहान और बाद में अन्य विचारकों ने छायावाद के व्यक्तिवाद को बहुत ऊँची भूमिका पर प्रतिष्ठित किया। यह व्यक्तिवाद के औद्योगिक क्रान्ति के फलस्वरूप निर्मित होने वाले पूंजीवादी समाज की नवीन चेतना है। यह चेतना तत्कालीन सामाजिक चेतना के विरोध में नहीं बल्कि सामन्ती रूढ़ियों और टाइप के विरोध में खड़ी हुई। सामन्तीवादी वर्गव्यवस्था में जीवन और साहित्य में लीकें बन गई थीं, रूढ़ियाँ और अंधी परिपाटियाँ बन गई थीं, हर आने वाला उन्हीं लीकों पर चलता था। व्यक्तित्व का, दृष्टि का अलग ढंग से विकास करने की गुंजाइश नहीं थी। यही कारण है कि सामंतवादी वर्ग-व्यवस्था के 'पैटर्न' में कसी हुई रीतिवादी कविता में अद्भुत एकरसता और उबाने वाली भावगत तथा शिल्पगत एकरूपता लक्षित होती है।

व्यक्तिवाद सामन्ती बन्धन के पश्चात् जीवन के लिए एक नया उल्लास लेकर आया। वैज्ञानिक शोधों के कारण दिन-दिन औद्योगिक विकास होता गया और राजनीतिक तथा आर्थिक शक्तियाँ सामन्त वर्ग के हाथ से निकल कर व्यवसायी वर्ग के हाथ में आने लगीं। वैज्ञानिक साधनों के आविष्कार और उपयोग से नागरिक सभ्यता बढ़ती गई। "उच्च कर्म उच्च जातियों के लिए ही

है" और निम्न जातियाँ केवल साधारण और हल्का कार्य करने के लिए ही हैं इस प्रकार के दावे मिथ्या सिद्ध होने लगे। मनुष्य मनुष्य है, वह स्वभावतः सदाचारी है और प्रत्येक व्यक्ति को अपने उत्थान के लिए मुक्त प्रयास करने का अधिकार है। गाडविन ने निस्संदिग्ध घोषणा की कि प्रत्येक मनुष्य स्वभावतः सदाचारी है। अगर सभी कानून रद्द कर दिए जाएँ तो मनुष्य की बुद्धि और चरित्र में निस्संदेह अभूतपूर्व उन्नति होगी।"

वैयक्तिक स्वाधीनता मूलतः व्यावसायिक और व्यापारिक प्रतियोगिता की भावना लेकर उत्पन्न हुई किन्तु वह जीवन के हर एक क्षेत्र में—नागरिकता में, सदाचार में, साहित्य और राजनीति में—फैल गई। इस नवीन दृष्टि और चेतना को लेकर रोमांटिक साहित्य उठ खड़ा हुआ और बड़े ही उन्मेष और शक्ति से जीवन और साहित्य की रूढ़ प्रवृत्तियों को तोड़ने लगा और लोकानुभूति को लेकर नई सृष्टि करने लगा। इस वैयक्तिक स्वाधीनता के स्वर नें सारे सामन्तकालीन सम्बन्धों को झकझोर दिया। बड़ी निर्दयता से उसकी सारी रूढ़ि-ग्रंथियों को तोड़ दिया। इस प्रकार, इसनें इतिहास में एक बड़ा ही क्रान्तिकारी पार्ट अदा किया और मनुष्य कें चित्त में अपार उल्लास पैदा किया।

व्यक्तिगत स्वाधीनता का उन्मेष छायावादी कविता का मुख्य स्वर है। रवीन्द्र के स्वच्छन्दतावादी काव्य में भी व्यक्ति-चेतना की इसी मुक्ति की छटपटाहट है और छायावाद में भी। हिन्दी कविता में भी अनेक प्रतीकों से यह स्वर मुखर होता है। पन्त की 'प्रथम रश्मि' की विहंगिनि मुक्त चेतना-सम्पन्न व्यक्ति की ही प्रतीक है।

प्रथम रश्मि का आना रंगिणि
तूने कैसे पहचाना
कहाँ, कहाँ हे बाल विहंगिनि
पाया तूने यह गाना।

रात्रि की नीरवता सामन्तवादी जड़ता का प्रतीक है जिसमें सारे आकार डूब गए थे, केवल एक ही आकार था अन्धकार का—एकरसता का, एकमुखता क प्रभात आने पर जड़ता में डूबी वस्तुओं में चेतना और सौन्दर्य फूट पड़ा, सबको अपना-अपना आकार प्राप्त हुआ। विहंगिनि (प्रभात का वैतालिक नवयुग की संवेदना को सबसे पहले भोगने वाला कवि) इस नवचेतना की किरण का

आना पहचान गई और मुक्त स्वर में गा उठी।

महादेवी वर्मा का 'लाये कौन सन्देश नये घन' का नया घन भी इस नवीन चेतना का वाहक है। गर्वित आकाश भी नत हो गया। उसके स्पन्दनहीन हृदय में पुलकों के सावन उमड़ पड़े। सामन्तकाल का चिरनिस्पन्दन महत् आज सुख-दुख की संवेदना से युक्त प्यारा लघु हो गया है। नींद में डूबी रात चौंक पड़ी, दिशाओं का परिमल-अंचल चंचल हो गया, जड़ जग स्पन्दित हो गया, अंचल कम्पित हो गया और अवनी के हृदय में रुद्ध सपने आज अंकुर बन-बनकर फूट पड़े—मनुष्य के हृद्रय में चिर काल से तड़पते हुए सपनों को बाहर अंकुरित होने का अवसर मिला। चातक रो पड़ा, पिक सकुचा गया, मयूर नाच उठे।

व्यक्ति-स्वाधीनता की नवीन चेतना फूटने पर कवियों ने जीवन को बाँध कर सड़ाने वाली तमाम रूढ़ियों से विद्रोह किया। सामाजिक, धार्मिक, नैतिक रूढ़ियों से समाज जकड़ा हुआ था। सामान्य जनता से उच्चवर्ग का कोई सम्बन्ध नहीं था। उच्च वर्ग केवल निम्नवर्ग से पैसे दुहने का काम करता था। निम्न वर्ग उत्पादक था और उच्च वर्ग भोक्ता था। धर्म के आन्तरिक स्वरूप को छोड़कर बाह्यचार पर विशेष बल दिया जाने लगा था, धर्म के नाम पर विलासिता का बोलबाला हो रहा था। धर्म के भीतर जो हृदय को जगाने की शक्ति होती है उसे भूलकर लोग कर्मकाण्ड में उलझ गए थे। छायावादी कविता ने नवजीवन का आलोक पाकर नए जीवन-मूल्यों की स्थापना की और जर्जर सामन्तवादी मूल्यों को ध्वस्त किया। सामंतवादी काल में पूरी सांस्कृतिक चेतना अवरुद्ध हो गई थी। निराला ने 'तुलसीदास' में भारतीय संस्कृति के इस दयनीय रूप को देखा है।

तुलसीदास के रूप में कवि स्वयं भारतीय जीवन की दुर्दशा देखकर उसके उद्धार के लिए रो उठता है। 'कामायनी' इतने प्राचीन कथानक पर आधारित होकर भी नवीन चेतना से युक्त है। 'कामायनी' में जो देव-लोक का चित्र दिया गया है वह बिल्कुल सामन्ती जीवन के वैभव-लोक का चित्र है :

निराला ने यो बड़े ही स्पष्ट तौर पर मध्यकालीन सभ्यता के जर्जर अवशेषों को चुनौती दी। जात-पाँत की कठोर मर्यादा पर उन्होंने बार-बार प्रहार किया। इनकी कहानियाँ इस अर्थ में और भी तीखी हैं।

ये कान्यकुब्ज कुल कुलांगार
खाकर पत्तल में करें छेद।

निराला ने रूढ़ियों को तोड़कर शुद्ध मानवता की भूमि पर प्यार करने वाले एडवर्ड अष्टम के प्रति प्रणति-भाव व्यक्त किया। निराला ने धार्मिक ढकोसलों को ध्वस्त किया और मानवतावादी दृष्टिकोण से नए धार्मिक मान स्थापित किए। वास्तव में यह युग ही मानवतावादी आन्दोलन का है। अतः इस काल की सच्ची चेतना से सम्पन्न कलाकार इन नवीन मानों से अछूता न बचा। महादेवी ने—

क्या पूजन क्या अर्चन रे।
उस असीम का सुन्दर मन्दिर मेरा लघुतम जीवन रे।

कविता गाकर भक्ति की आन्तरिकता और सहजता पर बल दिया, बाह्याडम्बर का विरोध किया। निराला की 'प्रियतम' कविता इस दृष्टि से उल्लेखनीय है जिसमें एक कर्मशील किसान भगवान को नारद से अधिक प्रिय है।

छायावाद ने नवीन सौन्दर्य चेतना, नबीन कल्पना, विधान नवीन भाषा, नवीन अप्रस्तुत विधान देकर हिन्दी कविता को खूब समृद्ध किया।

छायावादोत्तर कविता

व्यक्तिवादी गीतकविता

सन् १९३५ के पश्चात् छायावादी कविता का विरोध दो दिशाओं से आरम्भ हुआ (१) स्वयं उसी की रूमानी धारा में उभरने वाली प्रत्यक्ष निर्भीक व्यक्ति-संवेदना को निश्छल अभिव्यक्ति देनेवाली व्यक्तिवादी कविता की ओर से (२) सामाजिक जीवन के सत्यों से प्रेरित होकर निर्मित होने वाली प्रगतिवादी कविता की ओर से। पहली धारा को व्यक्तिवादी गीतकविता कहा जा सकता है।

छायावादोत्तर व्यक्तिवादी गीतकवियों ने अनुभव और अभिव्यक्ति की इस अमूर्तता, वायवीपन, रहस्यमयता तथा संकोच के विरुद्ध स्वर ऊँचा किया। इन कवियों में तथा छायावादी कवियों में दृष्टि और विषय की बड़ी समानता है। इन कवियों की भी दृष्टि रूमानी है, बस्तुजगत के प्रति इनकी भी प्रतिक्रिया अत्यन्त भावात्मक है। ये भी वस्तुजगत से नहीं, वस्तुजगत की, प्रतिक्रिया से

उत्पन्न अपने निजी सुख-दुख के आवेग से सम्बद्ध थे, इसलिए इनकी कविताओं में भी भयंकर आत्म-सम्पृक्ति और उत्तेजना मिलती है। इनका भी विषय मूलतः सौन्दर्य और प्रेम तथा तज्जन्य उल्लास और विषाद की अनुभूति है। इनकी भी अभिव्यक्ति का प्रमुख माध्यम गीत ही है क्योंकि इनके भी काव्य-विषय की प्रकृति छायावादी काव्य की प्रकृति के समान गीतात्मक है। किन्तु इन कृतियों में छायावादी कविता का-सा संकोच, रहस्यमयता और आदर्श-वादिता नहीं है, साहस के साथ सीधे साफ तौर पर अपने निजी प्रेमसंवेग तथा सुख-दुख को कहने की आकुलता है। इनकी वेदना छायावाद की घिसती हुई वेदना की तरह सामान्य नहीं, वरन् निजी प्रतीत होती है। अतः उससे अनुभव का एक विशिष्ट बिम्ब उभरता लक्षित होता है, यह अवश्य है कि इनके ये अनुभव-बिम्ब छायावाद के सुन्दर अनुभव-बिम्बों के समान सूक्ष्म, संश्लिष्ट और गहरे नहीं हैं किन्तु जो कुछ है, वह छल नहीं ओढ़ता, उघड़े ही रूप में उभरकर सहज प्रभाव का सुख देता है। छायावादी कविता भी प्रायः 'मैं' माध्यम से अपना अनुभव उभारती है और व्यक्तिवादी गीतकविता भी। किन्तु छायावाद का 'मैं' संकोच या मर्यादातंक अनुभव करने के कारण तीव्रता से आलोकित होने के स्थान पर मन्द-मन्द दीप्त होता है जबकि व्यक्तिवादी गीतकविता का 'मैं' अपने समूचे राग-विराग के साथ निर्व्याज भाव से फूट चलता है।

यदि हम इस धारा में आने वाली कृतियों की प्रवृत्तियों का विश्लेषण करें तो ज्ञात होगा कि प्रेम इनकी केन्द्रीय वृत्ति है। यह प्रेम स्पष्ट रूप से लौकिक है और लौकिक रूप में ही व्यक्त होता है। प्रेम के संयोग-वियोगजन्य उल्लास, पीड़ा, उदासी, टूटन, असन्तोष आदि का सघन स्वर इन कविताओं में मुखर हुआ है। परिस्थिति, अनुभव और संस्कार के अनुसार कवियों के स्वरों में भिन्नता अवश्य है किन्तु मूलवृत्ति में अन्तर नहीं। इनका प्रेम किसी लौकिक सौन्दर्य-आलम्बन पर ठहरा होने के कारण अधिक मूर्त रूप धारण करता है। चूँकि प्रेम लौकिक है, प्रत्यक्ष है, इसलिए उसका उल्लास और व्यथा भी बहुत मूर्त और स्पष्ट है। इनका हर्ष-विषाद न तो आदर्श का छल ओढ़ता है और न धरती-आकाश के बीच झूलता है, वह शुद्ध धरती पर यात्रा करता है—धरती के परिवेश के बीच। बच्चन के 'निशा निमन्त्रण', 'एकान्त संगीत' काव्य यदि प्रेम के अवसाद के घनत्व को मुखर करते हैं तो 'मिलनयामिनी' मिलन की

मादकता और उमंग को। नरेन्द्र शर्मा के 'प्रवासी के गीत' में यदि लौकिक विरह की व्यथा की प्रधानता है तो अन्य कृतियों में प्रेयसी के सौन्दर्य, भोग और संयोग की उष्मा के भी मादक चित्र हैं। इसी प्रकार अंचल, नवीन, दिनकर आदि की इस धारा में आने वाली कृतियों के बारे में कहा जा सकता है।

वैयक्तिक गीतकविता की अभिव्यक्तिमूलक सादगी उसकी एक बहुत बड़ी देन है। कवि सीधे-सादे शब्दों, परिचित चित्रों और सहज कथनभंगिमा के द्वारा अपनी बात बड़ी सफाई से कह देता है। यद्यपि इस धारा की कविता की भी भाषा मूलत: संस्कृत पदावलीनिष्ठ है किन्तु वे शब्द या पद हमारे निकट के लगते हैं। दूसरे यह कि बोलचाल के शब्द और मुहावरे भी इनमें पर्याप्त मात्रा में आए हैं।

राष्ट्रीय-सांस्कृतिक कविता

राष्ट्रीय शब्द अपने आधुनिक अर्थ में आधुनिक है जिसमें जाति सम्प्रदाय, धर्म, सीमित भू-भाग आदि की संकीर्णता के स्थान पर क्रमश: एक समग्र देश और उसके भीतर निवास करने वाली समस्त जातियों, भिन्न-भिन्न भू-खण्डों, सम्प्रदायों और रीति-रिवाजों के लोगों का संश्लिष्ट, सामूहिक रूप उभरता गया है।

प्रस्तुत कालावधि में आने वाली कृतियों पर विचार करें तो ज्ञात होगा कि राष्ट्रीयता के सारे रूप कहीं खण्डित रूप में, कहीं संश्लिष्ट रूप में इनमें दिखाई पड़ते हैं। राष्ट्रीयता का जो सबसे स्थूल रूप है, वह है विदेशी शासन के अत्याचारों, उनसे प्रसूत जन-यातनाओं और जनता के मन में उठती हुई क्रोध तथा असन्तोष की ललकारों का चित्रण। इस प्रकार की राष्ट्रीय कविताओं का महत्त्वपूर्ण स्वर प्रस्तुत अवधि में दिनकर, सोहनलाल द्विवेदी, नवीन, माखनलाल चतुर्वेदी की कृतियों में सुनाई पड़ता है। वास्तव में प्रेमचन्द के उपन्यासों में तत्कालीन भारतीय जीवन को जकड़ती हुई विदेशी सत्ता, सामन्तवाद, महाजनी सभ्यता के जिस जटिल और बुनियादी स्वरूप को उभारा गया है, उसे भावुकता से संचालित इस प्रकार की राष्ट्रवादी कविताएँ मुखर नहीं कर सकी हैं। इनमें वस्तुस्थिति की सही व्याख्या के स्थान पर भावुक प्रतिक्रिया है। १९३८ के आसपास के राष्ट्रीय जीवन की यातना आक्रोश के स्वर में एक नया उभार

लक्षित होता है। छायावाद काल में गांधी जी के प्रभाव से आत्मपीड़न तथा अहिंसाजन्य नरम प्रतिरोध दिखाई पड़ता है, किन्तु वामपंथी दलों के उदय, समाजवादी सिद्धान्तों के प्रचार तथा विदेशी शासन के झूठे वायदों और अधिकाधिक कठोर, विषम एवं जटिल होती परिस्थितियों के कारण साहित्य का स्वर अधिक उग्र, यथार्थवादी और लोकोन्मुख होता गया। दूसरी बात यह हुई कि प्रगतिवाद के प्रभाव से देश के भीतर बनते हुए शोषकों तथा शोषितों के अनेक वर्गों की पहचान होती गई। लड़ाई केवल अंग्रेजी सत्ता से ही नहीं है बल्कि सामन्ती, महाजनी सभ्यता और उनके प्रतिनिधि देशी शोषकों से भी है, जो अपने ही देश की जनता के लिए अपने-अपने ढंग से भयंकर शोषण के अस्त्र-शस्त्र बन रहे हैं। राष्ट्रीयता का यह नया स्वर दिनकर में अधिक उभरकर आया। छायावाद की राष्ट्रीयता में जो हवाई आदर्श और लक्ष्य-अरूपता थी, उसे दिनकर जैसे कुछ कवियों ने ठोस धरातल पर ग्राम-परिवेश में मूर्त रूप प्रदान किया। कवि की दृष्टि में भारत का स्वरूप अपने समूचे प्रत्यक्ष सुख-दुख के साथ उभरने लगा। अतः कहा जा सकता है कि प्रगतिवाद ने भारतीय राष्ट्रीयता को अधिक प्रत्यक्ष किया, उसे आकाश से धरती पर उतारा, उसे जनजीवन ने जोड़ा। राष्ट्र की मुक्ति को नये समाज-निर्माण के भाव से संयुक्त किया—

प्रस्तुत अवधि में प्रकाशित काव्य-कृतियों में प्रमुख हैं—'कुरुक्षेत्र', 'जयभारत', 'नकुल', 'रश्मिरथी',। इनके अतिरिक्त 'इतिहास के आँसू' की फुटकल कविताओं को भी इस सन्दर्भ में देखा जा सकता है। इन कृतियों में वर्तमान जीवन-प्रश्नों का प्रत्यक्ष या परोक्ष अंकन, आकलन तो अवश्य है, किन्तु उन्हें परिणति देने वाला स्वर भारतीय है, अर्थात् भारतीय संस्कृति के किसी उदात्त स्वर की तलाश ही इन प्रश्नों के बीच भटकती है। 'कुरुक्षेत्र' का प्रसंग महाभारत से लिया गया है, किन्तु उसकी यातना, टूटन, ध्वंस महाभारत की अपेक्षा आज का अधिक है विश्व युद्धों की छाँह में छटपटाने वाली विश्व-मानवता की यातना, टूटन और ध्वंस। कवि ने इतिहास से जानबूझकर ऐसा प्रसंग लिया है, जो उसे वर्तमान की यातना और समस्या से जोड़ सके। इसी प्रकार 'रश्मिरथी' में इतिहास के एक उपेक्षित पात्र (या वह पात्र जिसकी विशेषताएँ उपेक्षित कर दी गई थीं) कर्ण को वर्तमान जीवन-प्रसंगों में नये दृष्टिकोण के

साथ प्रस्तुत किया है।

इस प्रकार भारतीय अतीत के किसी गौरवमय प्रसंग पर आधारित प्रस्तुत कालावधि की कृतियों को दो भागों में बाँट सकते हैं—एक ओर दिनकर की 'कुरुक्षेत्र', 'रश्मिरथी', सियारामशरण गुप्त की 'नकुल', मैथिलीशरण गुप्त की 'जयभारत' (आंशिक रूप से) कृतियाँ हैं, जो अतीत को वर्तमान से जोड़ती हैं, दूसरी ओर सोहनलाल द्विवेदी की 'कुणाल' तथा अन्य फुटकल कविताएँ, श्याम-नारायण पाण्डेय की 'हल्दीघाटी', 'जौहर', गुरुभक्त सिंह की 'नूरजहाँ' आदि कृतियाँ हैं जो अतीत का रसमय चित्र प्रस्तुत करती हैं तथा किसी भारतीय जीवन-दर्शन को ध्वनित करती हैं। इस धारा की कविता का एक और प्रश्न है, वह है रहस्योन्मुखता। 'हिमकिरीटिनी', 'रश्मिरेखा', 'अपलक', 'क्वासि' आदि राष्ट्रीय कविताएँ आध्यात्मिक रहस्यवाद से आक्रांत हैं।

प्रगतिवाद

प्रगतिवादी काव्य की संज्ञा उस काव्य को दी गई जो छायावाद की समाप्ति पर १९३६ के आसपास से सामाजिक चेतना को लेकर निर्मित होना आरम्भ हुआ। इसके शब्दार्थ से इसके स्वरूप को समझने में भ्रान्ति पैदा होती रही है, इसलिए यही समझना चाहिए कि यह नाम उस काव्यधारा का है जो मार्क्स-वादी दर्शन के आलोक में सामाजिक चेतना और भावबोध को अपना लक्ष्य बनाकर चली। प्रगतिवादी काव्य के उद्‌भव और विकास में राष्ट्रीय और अन्तर्राष्ट्रीय परिस्थितियाँ तो सहायक हुईं ही, साथ ही साथ छायावाद की जीवन-शून्य होती हुई व्यक्तिवादी वायवी काव्यधारा की प्रतिक्रिया भी उसमें निहित थी।

आचार्य हजारीप्रसाद द्विवेदी ने प्रगतिवादी साहित्य की पृष्ठभूमि पर विचार करते हुए कहा है—"आरम्भ में मानवतावाद मानवता को शोषण-बन्धन से मुक्त करने के बड़े महान् और उदार आदर्शों से चालित हुआ था। तत्व-चिन्तकों और साहित्य-मनीषियों के मन में इस आदर्श का रूप बहुत ही उदार था पर व्यवहार में मनुष्य की उदारता केवल एक ही राष्ट्र के मनुष्यों की मुक्ति तक सीमित होकर रह गई। धीरे-धीरे राष्ट्रीयता नामक नवीन देवी का जन्म हुआ। यह एक हद तक प्रगतिशील विचारों की ही उपज थी। हमारे देश में भी

नये जीवन-साहित्य के स्पर्श से नवीन जीवन-आदर्श जाग पड़े। मानवतावाद भी आया, दलितों, अधःपतितों और उपेक्षितों के प्रति सहानुभूति का भाव भी आया और साथ-साथ राष्ट्रीयता भी आई। संसार में एक ओर राष्ट्रीयता ने सिर उठाया, दूसरी ओर मानवता के विकृत चिन्तन ने उस विकृत मतवाद को जन्म दिया जिसके अनुसार मनुष्यों में दो श्रेणी के मनुष्य हैं—एक उत्तम, दूसरे निकृष्ट। एक में देवत्व की सम्भावनाएँ हैं, दूसरे में पशुता से कोई विशेष अन्तर नहीं है। इन विकृत विचारों ने ठाँय-ठाँय दो महायुद्धों की पृष्ठभूमि पर उतार दिया। इस प्रकार मनुष्यता की महिमा भी विकृत रूप में भयंकर हो उठी। इसका परिणाम भी यह हुआ कि संसार का संवेदनशील चित्त व्याकुल होकर सोचने लगा कि मानवतावाद ठीक है पर मुक्ति किसकी ? क्या व्यक्ति मानव की ? नहीं। सामाजिक मानवतावाद ही उत्तम समाधान है। मनुष्य को—व्यक्ति मनुष्य को नहीं, बल्कि समष्टि मनुष्य को—आर्थिक, सामाजिक और राजनीतिक शोषण से मुक्त करना होगा।"

हमारा राष्ट्रीय वातावरण नवीन परिस्थितियों के कारण एक नये प्रकार के युयुत्साभाव से आन्दोलित हो रहा था।

महात्मा गांधी ने हिंसा के भय से बार-बार जनता के आन्दोलन को रोक दिया था। उमड़ता हुआ जन-जीवन इसे सहज भाव से स्वीकार नहीं कर पाता था, अतः उग्र प्रतिक्रिया का होना स्वाभाविक था। मजदूरों का आन्दोलन भी जोर पकड़ रहा था। धीरे-धीरे राजनीति में वामपन्थी शक्तियों का जोर बढ़ता गया। इस वैचारिक उग्रता और समाजोन्मुखता को बल दे रही थीं तत्कालीन परिस्थितियाँ। राजनीतिक दासता देश में एक ओर पूंजीवाद और सामन्तवाद की शोषक शक्तियों को प्रश्रय दे रही थी, दूसरी ओर जनसामान्य के लिए अपार भयावह गरीबी, अशिक्षा, असुविधा और अपमान की सृष्टि कर रही थी। इसके अतिरिक्त अकाल और युद्ध की भीषण विभीषिकाएँ भी देश को खा रही थीं। द्वितीय महायुद्ध और बंगाल का काल देश को निगलने वाली भीषण घटनाएँ थीं। युद्ध के दबाव में जनता और भी आक्रान्त हो रही थी। उगती हुई उग्र जनचेतना, देश की तदनुकूल परिस्थिति और रूस में स्थापित समाजवाद तथा पश्चिम के अन्य देशों में प्रचारित कम्युनिज्म के सिद्धान्तों से उभरते हुए विश्व-व्यापी प्रभाव के कारण भारत में १९३५ के आसपास साम्यवादी (या समाज-

वादी) आन्दोलन उगने लगा था। साहित्य भी उससे प्रभावित हुआ और प्रगतिवादी साहित्य का आन्दोलन आरम्भ हुआ।

हिन्दी साहित्य में भी १९३५ के आसपास प्रगतिवाद का स्वर मुखर होने लगा। सन् १९३५ में ई० एम० फार्स्टर के सभापतित्व में पेरिस में प्रोग्रेसिव असोसियेशन नामक अन्तर्राष्ट्रीय संस्था का प्रथम अधिवेशन हुआ। सन् १९३६ में सज्जाद जहीर और डा० मुल्कराज आनन्द के प्रयत्नों से भारतवर्ष में भी इस संस्था की शाखा खुली और प्रेमचन्द की अध्यक्षता में लखनऊ में उसका प्रथम अधिवेशन हुआ। छायावादी स्वयं अपनी छायावादी कविताओं की कुण्ठाओं से ऊब चुके थे, अतएव इस नये दर्शन और नवीन समाज-कल्पना ने उनमें नवीन साहित्य-निर्माण के लिए उल्लास भर दिया और वे स्वनिर्मित कारा से निकलकर प्रगतिवाद के पक्षधर हुए। इन कवियों में सुमित्रानन्दन पंत का नाम अग्रगण्य है।

"प्रगतिवाद रचना और आलोचना के क्षेत्र में सर्वथा नवीन दृष्टिकोण लेकर आया। प्रगतिवाद सामाजिक यथार्थ की अभिव्यक्ति को ही रचना का उद्देश्य मानता है। जिस प्रकार साम्यवाद समष्टि या समूह के हितों की चिन्ता और रक्षा करता है व्यक्ति के नहीं, उसी प्रकार प्रगतिशील साहित्य समाज के सुख-दुख की अभिव्यक्ति को ही महत्त्व देता है, व्यक्ति के सुख-दुख की अभिव्यक्ति को नहीं। अर्थात् प्रगतिशील लेखक की भावना सामाजिक भावना है, व्यक्तिगत नहीं। वह सौन्दर्य को अपने हृदय या दूसरे की आँखों में देखने की अपेक्षा सामाजिक स्वास्थ्य में देखता है। अपनी ही समस्याओं और भावनाओं में उलझे रहना—व्यक्ति को समष्टि से पृथक् देखने का प्रयत्न—मिथ्या है, और साथ ही एक रुग्ण या विकृत मनोवृत्ति का परिचायक है। दूसरे शब्दों में इस प्रकार प्रगतिशील साहित्य का उद्देश्य अहं का समाजीकरण है।"[५]

प्रत्येक युग में यथार्थ की दो शक्तियों का द्वन्द्व चलता रहता है—मरणोन्मुख पुरानी शक्तियों और नवीन जीवन्त शक्तियों का। सामाजिक स्तर पर पुरानी शक्तियों में शोषक लोग होते हैं और नवीन शक्तियों में शोषित गरीब किसान मजदूर होते हैं। नवीन जीवन्त शक्तियाँ पुरानी शक्तियों को नष्ट कर नवीन जनमंगलशाली समाज की स्थापना की कोशिश करती हैं। ऊपरी सतह पर तो पुरानी शक्तियों की विकृतियाँ उतराई रहती हैं लेकिन उसके नीचे नवीन शक्तियाँ

धीरे-धीरे उन्हें काटती रहती हैं। वे शक्तियाँ व्यक्ति की नहीं समाज की होती हैं, उनमें पीड़ा और अभाव के साथ ही साथ जिन्दगी का अडिग विश्वास और भविष्य की सुन्दर आकांक्षा होती है। इन अनेक बुनियादी तत्त्वों को ग्रहण करने वाला ही सच्चा यथार्थवादी है। ऐसा ही साहित्य अपने युग की वास्तविकता का सच्चा प्रतिनिधि होता है और भावी युगों के साहित्यों के लिए प्रेरणास्रोत होता है।

इस प्रकार यह स्पष्ट है कि सामाजिक यथार्थ के अन्तर्गत पुरानी शक्तियों के अत्याचार और कुरूपताएँ तथा उनसे युद्ध करती नवीन शक्तियों के दुख-दर्द, सामूहिक विश्वास और संघर्ष तथा भविष्य के प्रति अडिग आस्था, ये सारी बातें मिले-जुले रूप में आती हैं। प्रगतिवाद जिसका दर्शन मार्क्सवादी है, भिन्न-भिन्न युगों के साहित्यों की उन युगों की वास्तविकताओं के आधार पर परीक्षा करता है। भिन्न-भिन्न युगों के संघर्षों और सामाजिक सम्बन्धों की रूपरेखाएँ भिन्न-भिन्न होती हैं, प्रत्येक युग का जीवन्त साहित्य अपने युग के सामाजिक सम्बन्धों और जन-विश्वासों को व्यक्त करता है। वह युग की नवीन सामाजिक जागृति और उसके अनेक पहलुओं को चित्रित करता है। प्रगतिशील साहित्य समाज के युगीन सम्ब्रन्धों को छोड़कर हवा में शाश्वतवाद का महल बनाने वाले साहित्य को नकली और निर्जीव मानता है। यदि कोई शाश्वत वस्तु है तो यही कि नवीन सामाजिक मानवता सदैव पुरानी और जर्जर दानवी शक्तियों से युद्ध करती है। विभिन्न युगों की ये ही सामाजिक मानवता की भावनाएँ परम्परा का निर्माण करती हैं।

आज के युग में बुनियादी शक्तियाँ वे हैं जो पूंजीवाद को नष्ट कर समाजवाद स्थापित करने के लिए प्रयत्नशील हैं। इन बुनियादी शक्तियों को पहचानने और उनका समर्थन करने वाला साहित्य अनिवार्य रूप से किसानों, मजदूरों के संघर्ष को रूपायित कर उसे बल प्रदान करता है तथा पूंजीवादी (और सामन्तवादी) शक्तियों की शोषक, स्वार्थी-स्वकेन्द्रित, जर्जर, विसंगतिमय प्रवृत्तियों पर चोट करता है। इस प्रकार प्रगतिवादी साहित्य नाश और निर्माण दोनों को साथ लेकर चलता है।

प्रगतिवाद ने सौन्दर्य को नये दृष्टिकोण से देखा। उसने जनजीवन में सौन्दर्य खोजा। हमारा सौन्दर्य-बोध परिस्थितियों और सामाजिक सम्बन्धों से

बनता है। प्रगतिवाद द्वन्द्वात्मक भौतिकवाद पर आधारित है, अतः वह सौन्दर्य को इसी जीवन की वस्तु मानते हुए भी व्यक्ति-व्यक्ति की निजी रुचि और शाश्वतवाद के हवाले नहीं करता। वह वर्तमान जन-जीवन में सौन्दर्य खोजता है। सौन्दर्य का सम्बन्ध हमारे हार्दिक आवेगों और मानसिक चेतना दोनों से होता है। इन दोनों का सम्बन्ध सामाजिक सम्बन्धों से होता है।

प्रगतिवाद साहित्य को सोद्देश्य मानता है। सोद्देश्यता और प्रचार को एक नहीं कर देना चाहिए। सोद्देश्यता का अर्थ है किसी विशेष अभिप्राय से, किसी विशेष दृष्टि से कला की रचना करना। प्रचार का अर्थ है बहुत स्पष्ट रूप से, किसी सिद्धान्त की, दृष्टिकोण की या मान्यता की घोषणा करते फिरना। सोद्देश्यता रचना की प्रकृति के विरुद्ध नहीं परन्तु प्रचार विरुद्ध है।

कला का शिल्प उसके कथ्य के अनुसार होता है। प्रगतिवादी कविता चूँकि सामाजिक जीवन की वास्तविकता को लेकर चली, जनता तक पहुँचना और जनता के जीवन की ही बात कहना उसका लक्ष्य रहा। इसलिए वह छायावाद की वायवी, असामान्य, रेशमी परिधानशालिनी और सूक्ष्म भाषा को छोड़कर सुस्पष्ट, सामान्य, प्रचलित भाषा को अपनाकर चली। उसने प्रतीक, बिम्ब, शब्द, मुहावरे, चित्र सभी जनजीवन के बीच से लिए। इसलिए एक बहुत ही जीवन्त भाषा का उदय हुआ जैसे रंगीन कुहासे को तोड़कर विषम यथार्थ धरातल उभर उठा हो। किन्तु प्रगतिवाद के आरम्भ में भाषा-शैली की यह स्पष्टवादिता अतिवादिता को पहुँचकर व्याख्यान की भाषा की तरह सपाट हो गई, उसमें अभिधा की प्रधानता हो गई। शैली सांकेतिक और चित्रात्मक न होकर उपदेशात्मक हो गई। किन्तु यह दृष्टिकोण का दोष नहीं था, यह उस दृष्टिकोण को ठीक ढंग से न समझ पाने का परिणाम था।

प्रगतिवाद ने अपनी सीमाओं के बावजूद हिन्दी काव्य-धारा के विकास में एक बहुत ही महत्त्वपूर्ण अध्याय जोड़ा। उसने काव्य को (साहित्य मात्र को) व्यक्तिवादी यथार्थ के बन्द कमरे से निकालकर जन-जीवन के बीच प्रवाहित कर दिया, जीवन और साहित्य के मूल्य, सौन्दर्य-बोध और लक्ष्य को समाज के यथार्थ और उसकी रचना से जोड़ा, भाषा को कुहरे से निकालकर धरातल पर प्रतिष्ठित किया। सुमित्रानन्दन पन्त, केदारनाथ अग्रवाल, नागार्जुन, मुक्तिबोध, रामविलास शर्मा, भारतभूषण अग्रवाल, शिवमंगलसिंह 'सुमन', त्रिलोचन इस

धारा के प्रमुख कवि हैं।

प्रयोगवाद और नयी कविता

'प्रयोगवाद' नाम भ्रामक है क्योंकि इस नाम से यह भाव टपकता है कि इन कवियों ने प्रयोग को साध्य मानकर एक नया वाद चला दिया। अज्ञेयजी ने 'दूसरा सप्तक' की भूमिका में कवि कर्म की व्याख्या करते हुए प्रयोग शब्द को स्पष्ट किया था। उनकी दृष्टि में प्रयोग अपने आप में इष्ट नहीं है वह साधन है, दोहरा साधन है। एक तो वह उस सत्य को जानने का साधन है जिसे कवि प्रेरित करता है, दूसरे वह उस प्रेषण क्रिया को और उसके साधनों को जानने का साधन है। फिर भी नाम चल पड़ा तो चल पड़ा।

अब प्रश्न यह उठता है कि वह इष्ट सत्य क्या है जिसके साधन के रूप में नये प्रयोग स्वीकारे गए हैं। 'तारसप्तक' और 'प्रतीक' पत्रिका को देखने से यह स्पष्ट होता है कि इनमें संगृहीत या प्रकाशत कवियों के अनुभव के क्षेत्र, दृष्टिकोण और कथ्य एक ही प्रकार के नहीं हैं: कुछ ऐसे हैं जो विचारों से समाजवादी हैं और संस्कारों से व्यक्तिवादी—जैसे शमशेरबहादुर सिंह, नरेश मेहता और नेमिचन्द्र जैन। कुछ ऐसे हैं जो विचारों और क्रियाओं दोनों से समाजवादी हैं—जैसे रामविलास शर्मा, गजानन माधव मुक्तिबोध और कुछ ऐसे हैं जो प्रगतिशील कविता के द्वारा व्यक्त होते हुए जीवन-मूल्यों और सामाजिक प्रश्नों को असत्य या सत्याभास मानकर अपने व्यक्तिगत जीवन में तड़पने वाली गहरी संवेदनाओं को ही रूपायित करना चाहते हैं। प्रायः ये सभी कवि मध्य-वर्ग के हैं। जिन कवियों ने समाजवादी विश्वासों को अपने संस्कारों में ढालकर कविताएँ लिखी हैं वे वास्तव में जनवादी कवि हैं; किन्तु जो ऐसा नहीं कर सके हैं या करना चाहते हैं वे अपने व्यक्तिगत सुखों, की संवेदनाओं को ही अपने काव्य का सत्य मानकर उन्हें नये-नये माध्यमों द्वारा व्यक्त कर रहे हैं। आलोचकों ने प्रयोगवाद की चर्चा करते समय मूलतः इन्हीं कवियों को ध्यान में रखा है। यह ठीक भी है क्योंकि समाजवादी विश्वासों वाले कवि प्रगतिशील कविता के क्षेत्र में आ ही जाते हैं।

अतः प्रयोगवादी कविता ह्रासोन्मुख मध्यवर्गीय समाज के जीवन का चित्र है। प्रयोगवादी कवि ने जिस नये सत्य का शोध और प्रेषण करने के माध्यम

की नयी-नयी खोज की घोषणा की थी वह सत्य इसी मध्यवर्गीय समाज के व्यक्ति का सत्य था।

इन मध्यवर्गीय व्यक्तिवादी कवियों ने यह भी अनुभव किया कि अनेक प्रगतिशील कवि संस्कारों से व्यक्तिवादी और मध्यवर्गीय होने के नाते जनवादी कविताएँ लिख नहीं पाते। जब लिखते हैं तो कविताएँ कविताएँ न रह कर समाजवादी सिद्धान्तों का शुष्क रूपान्तर या जन-जीवन के प्रति कोरी सहानुभूति बनकर रह जातीं हैं। अत: प्रश्न यह उठाया गया कि क्यों न हम उसी यथार्थ को अभिव्यक्ति दें जिसे हम भोगते हैं, अनुभव करते हैं अर्थात् जिसे हम आत्मसात कर लेते हैं।

मध्यवर्गीय कवियों ने व्यक्ति-मन के सत्यों को ही उद्‌घाटित करने में नये सत्यों की प्रतीति और उनका सम्प्रेषण समझा। मध्यवर्ग आज ह्रासोन्मुख है। वह अपने चारों ओर के कठोर परिवेश के दबाव से टूट रहा है। उसकी आकांक्षाएँ विराट हैं, सपने रंगीन हैं, संवेदनाएँ कोमल हैं। वह उच्चवर्गीय समाज की समकक्षता में अपने को पाने का आकांक्षी है परन्तु उसकी कमजोर आर्थिक भूमि और रूढ़ मिथ्या आदर्शवादिता उसकी राह रोककर खड़ी है।

यह मध्यवर्गीय व्यक्ति या कवि जनजीवन के सामूहिक जागरण से असंपृक्त रहने के कारण अपनी सीमाओं को तोड़ने का कोई सक्रिय प्रयास न करके स्व की गुफा में पीड़ा के भणि खोजता रहता रहता है। इस प्रकार वह जनजीवन के प्रवाह से कटकर उसी के बीच नदी के द्वीप की तरह अपनी इकाई में अवस्थित रहता है। प्राय: सभी प्रयोगवादी कवियों में यह स्थिति देखी जा सकती है। यह पीड़ा-बोध इन कवियों में इतना गहरा और सजग है कि वे उसे दार्शनिक स्तर पर एक चिरन्तन सत्य के रूप में प्रतिष्ठित करते हैं।

प्रयोगवादी कवि यथार्थवादी हैं। वे भावुकता के स्थान पर ठोस बौद्धिकता को स्वीकार करते हैं। ये कवि मध्यवर्गीय व्यक्ति-जीवन की समस्त जड़ता, कुण्ठा, अनास्था, पराजय, मानसिक संघर्ष के सत्य को बड़ी बौद्धिकता के साथ उद्‌घाटित करते हैं। छायावादी कवि भी व्यक्तिवादी थे किन्तु उनका व्यक्तिवाद सुन्दर आदर्शों, रंगीन कल्पनाओं और मनोहर भावुकता से रंजित था किन्तु प्रयोगवादी अपने सत्य को उसकी नंगी शक्ल में ही पेश करना चाहते हैं, यथार्थवाद का आग्रह उन्हें इस दिशा में प्रेरित करता है।

यों तो मध्यवर्गीय व्यक्ति-जीवन की पीड़ा के अनेक स्तर इन कविताओं में उभरे हैं किन्तु विशेषतया दमित काम-वासना का ही प्राधान्य लक्षित होता है। इनकी काम-संवेदना जितनी ही तीव्र है उतनी ही सामाजिक बन्धनों की सीमाएँ कठोर। फ्रायड का काम-सिद्धान्त इनके लिए प्रधान जीवन-दर्शन बन गया। इन कवियों ने कहीं स्पष्ट रूप से, कहीं बारीक प्रतीकों और बिम्बों के माध्यम से दमित काम-वासनाओं और उलझी हुई संवेदनाओं को रूपायित किया। अज्ञेय, शमशेर, गिरिजाकुमार माथुर और भारती के नाम इस सन्दभ में लिए जा सकते हैं।

प्रयोगवाद ने बड़ी-बड़ी घटनाओं, बड़े-बड़े संघर्षों, बड़े-बड़े व्यक्तियों या समुदायों, बड़े-बड़े जीवन-प्रसंगों के विशाल फलक पर इतिवृत्तात्मक काव्य का निर्माण नहीं किया, उसने व्यक्ति के अन्तर्संघर्षों, क्षणों की अनुभूतियों और सूक्ष्म से सूक्ष्म, छोटी से छोटी संवेदनाओं और मन की विभिन्न स्थितियों को लेकर छोटी-छोटी तीव्र कविताएँ लिखीं, फ्लैशेज दिए। कला में मूल प्रश्न विषय की महत्ता या लघुता का नहीं है, मूल प्रश्न है उसे ईमानदारी के साथ जीकर व्यक्त करने का। सुख-दुख की संवेदनाओं को उभारकर चुपके से सरक जाने वाले छोटे-छोटे क्षण, छोटी-छोटी अनदेखी अनचाही घटनाएँ, छोटे-छोटे प्रसंग बड़ी सच्चाई के साथ प्रयोगवादी कविता में अंकित होने शुरू हुए। लघु मानव को उनकी समस्त हीनता और महत्ता के सन्दर्भ में प्रस्तुत करके प्रयोगवादी कविता ने उसके प्रति सहानुभूतिमय दृष्टि से सोचने के लिए एक नया रास्ता खोला।

नयी कविता

नयी कविता भारतीय स्वतन्त्रता प्राप्ति के बाद लिखी गयी उन कविताओं को कहा गया, जिनमें परम्परागत कविता से आगे नये मूल्यों, नये भाव-बोधों और नये शिल्प-विधान का अन्वेषण किया गया।

प्रयोगवाद ने व्यक्ति के मन में यथार्थ के गहन स्तरों को खोलने का प्रयत्न किया। प्रयोगवाद ने दो प्रमुख कार्य किये—एक तो व्यक्ति के मन की उलझी हुई संवेदनाओं और अचेतन मन के सत्यों को आज के युग का सत्य मानकर उन्हें उद्घाटित करने की चेष्टा की। दूसरे, उसने इन मन:सत्यों को प्रकाशित

कर सकने योग्य नये शिल्प का अन्वेषण किया।

प्रयोगवाद ने स्थापित जीवन मूल्यों और विश्वासों को भी नवीन प्रश्न और अस्वीकृति की दृष्टि से देखा। लेकिन नये मनःसत्यों की खोज में प्रयोगवादी कवि अन्तर्गुहावासी हो गया। वह अचेतन की कुण्ठित यौन-वासना और उस कुण्ठा से निर्मित व्यक्तित्व की अहं-केन्द्रित गति और चिन्तन, निराशा, जीवन के प्रति अनास्था तथा अस्वीकृति के भाव को प्रधान काव्य-कथ्य मानकर लोक-जीवन से कटने लगा। उसकी अनुभूति की जड़ें, बस उसी में थीं। वह अपने भीतर जितना पा सका, उसी को मनोविज्ञान के नये आलोक में चरम सत्य मान बैठा। उसके शिल्प में अनेक छवियाँ उभरी थीं। उसने छन्द-लययुक्त मुक्त छन्द के साथ-साथ गद्य छन्द का भी प्रयोग किया। मन की अनेक सूक्ष्म मुद्राओं, स्थितियों, उलझी संवेदनाओं, अनुभूतियों के बारीक से बारीक सूत्रों, क्षणों के बोधों को स्वर देने वाले प्रतीकों और बिम्बों की खोज की।

नयी कविता में जीवन के प्रति अगाध आस्था है तो उसका अर्थ यह है कि उसने जीवन को उपर्युक्त धाराओं की कविताओं की तरह न तो एकांगी रूप में देखा, न केवल महत् रूप में, जीवन को (वह चाहे किसी वर्ग का हो, चाहे व्यक्ति का हो, चाहे समाज का हो) जीवन के रूप में देखा, इसमें कोई सीमा नहीं निर्धारित की। मनुष्य किसी वर्गीय चेतना, सिद्धान्त, आदर्श की बैसाखी पर चलता हुआ इसके पास नहीं आया, अपने संपूर्ण सुख-दुख, राग-विराग के परिवेश से संयुक्त शुद्ध मनुष्य के रूप में आया। यानी नयी कविता कोई वाद नहीं है, जो अपने कथ्य और दृष्टि में सीमित हो। कथ्य की व्यापकता और दृष्टि की उन्मुक्तता नयी कविता की सबसे बड़ी विशेषता है। नयी कविता को हम नया बोध मानते हुए भी परम्परा से विच्छिन्न करके नहीं देख सकते। नयी कविता लिखने वाले जो कवि हैं उनमें से अधिकांश अच्छे कवि प्रगतिवाद के और प्रयोगवाद के खेमों में रह चुके हैं और उन खेमों की सीमाओं से अवगत होकर दोनों किसी खुले क्षेत्र में आने को आकुल थे। नयी कविता दोनों के लिए सामान्य भूमि के रूप में प्राप्त हुई। लेकिन उन दोनों वादों की कुछ अपनी-अपनी सम्भावनाएँ भी थीं। लोकजीवनानुभूति, सामाजिक दृष्टि, लोक-संस्पर्श से प्रभावित काव्य-शिल्प, निराशा-पराजय के भीतर भी अनागत भविष्य की विजय के प्रति उत्साहमयी दृष्टि प्रगतिवाद की ये उपलब्धियाँ कवि के व्यक्तित्व का माध्यम पाकर नयी

कविता से अधिक खिल उठीं। दूसरी ओर क्षण-बोध, अन्तर्मन की अदृश्य शक्तियों और व्यथाओं, संवेदनाओं, मुक्त साहचर्य की प्रतीतियों, नये बिम्ब, प्रतीक, उपमान, छन्द से युक्त शिल्प की छवि को लेकर प्रयोगवाद नयी कविता में विलीन हो गया। इस प्रकार नयी कविता में विभिन्न संस्कारों के विभिन्न अनुभवों के लोग कार्य करने लगे, और उसमें जीवन की बहुविध छवि दिखाई देने लगी। नयी कविता के लिए दो चीजें प्रधान रह गयी हैं—अनुभूति की सच्चाई और बुद्धि-मूलक यथार्थवादी दृष्टि। वह अनुभूति क्षण की हो या एक समूचे काल की, किसी सामान्य व्यक्ति की हो या विशिष्ट पुरुष की, आशा की हो या निराशा की, अपनी सच्चाई में कविता के लिए और जीवन के लिए भी अमूल्य है। बुद्धिमूलक यथार्थवादी दृष्टि हमारे व्यक्तित्व के संस्कार को बदलती है और उससे अनुभव करने वाला व्यक्तित्व भी सत्य को सही रूप में पहचानता और अनुभव करता है।

नयी कविता मानवतावादी है, परन्तु उसकी दृष्टि यथार्थवादी है। इसलिए उसका मानवतावाद मिथ्या आदर्श की परिकल्पनाओं पर आधारित नहीं है। यथार्थ की तीखी चेतना मनुष्य को उसके पूरे परिवेश में समझने का बौद्धिक प्रयास करती है, उसकी उलझी हुई संवेदना के नाना के स्तरों तक अनुभूति और व्याख्या दोनों दिशाओं में पहुँचने की चेष्टा करती है। अतः नयी कविता मनुष्य को किसी कल्पित सुन्दरता और मूल्यों के आधार पर नहीं, बल्कि उसके भीतर तड़पते दर्दों और संवेदनाओं के आधार पर (जो कि उसके अपने सत्य हैं) बड़ा सिद्ध करती है। अज्ञेय की एक कविता है—

अच्छा
खण्डित सत्य
सुघर नीरन्ध्र मृषा से
अच्छा
पीड़ित प्यार
अकम्पित निर्ममता से

नयी कविता क्षणों की अनुभूतियों को महत्त्व देती है। इसलिए नहीं कि वह जीवन की सम्पूर्णता में विश्वास नहीं करती, वरन् वह एक-एक क्षण के बोध को, अनुभूति को सत्य मानकर जीवन का पूर्ण उपभोग करना चाहती है।

अनुभूति-शून्य व्यथा-रिक्त इतिहास असत्य है, निरर्थक है। इसलिए नयी

कविता अनुभूतिपूर्ण गहरे क्षण, प्रसंग, व्यापार या किसी भी सत्य को उसकी आन्तरिक मार्मिकता के साथ पकड़ लेना चाहती है। इस प्रकार जीवन के सामान्य-से दीखने वाले व्यापार या प्रसंग नयी कविता में नया अर्थ पा जाते हैं।

आओ इस झील को अमर कर दें।
छू कर नहीं
किनारे बैठकर भी नहीं
एक संग झाँक इस दर्पण में
अपने को दे दें हम
इस जल को
जो समय है।

शहरी जीवन और ग्रामीण जीवन संस्कार की बात मैं यहाँ उठाऊंगा। नयी कविता में इन दोनों जीवन-परिवेशों को लेकर लिखने वाले कवि हैं।

नयी कविता का परिवेश अपने यहाँ का जीवन है। लेकिन लोगों का आक्षेप है कि नयी कविता में अतिरिक्त अनास्था, निराशा, व्यक्तिवादी कुण्ठा और मरणधर्मिता है। ये विशेषताएँ पश्चिम की नकल से पैदा हुई हैं किन्तु नयी कविता की इन विशेषताओं को जन्म देने की शक्ति अपने समाज में ही है। अपने समाज का परिवेश बड़ा विषम है। इसके भीतर यहाँ का जो संवेदनशील व्यक्ति जी रहा है, कदम-कदम पर उसकी संवेदना को चोट पहुँचती है। किन्तु मानव-मन की निराशा और अनास्था को व्यक्त करना एक बात है और उसे ही जीवन-दर्शन मान लेना दूसरी बात है। जीवन के हर एक क्षण को विश्वास के साथ भोगना, उसकी आशा और आनन्द के साथ उसकी पीड़ा और निराशा को भी जीवन-सत्य मानकर सच्चे रूप में भोगना ही जीवन का सच्चा उपभोग है और असल में वही जीवन की आस्था है। किन्तु पीड़ा और निराशा को जीवन का मूल सत्य मानकर दिन-रात मरसिया पढ़ने का उपदेश देना सामाजिक जीवन के समस्त विकास के पीछे कार्य करने वाली मनुष्य की जिजीविषा, प्रेम और उल्लास को अस्वीकार करना है। अस्तित्ववादी दर्शन के प्रभाव से एक-दूसरे के अस्तित्व को नरक मान लेना, सामाजिक जीवन के पीछे किसी प्रकार की आयोजित व्यवस्था को न स्वीकार करना, जीवन को निरुपाय, निरर्थक और जीने की एक बेबसी मान लेना, जीवन के प्रति अनास्थावादी

दृष्टि है। नयी कविता में भी पीड़ा को, निराशा को, कहीं-कहीं जीवन का एक पक्ष न मानकर समग्र जीवन दर्शन मान लिया गया है।

अनागत भविष्य की पदचाप भी आस्थावादी कवियों को सुनाई पड़ती है। इसी सन्दर्भ में नयी कविता की मूल्यवादी दृष्टि का प्रश्न उठा सकते हैं।

नयी कविता जीवन मूल्यों की पुन: परीक्षा करती है। ये मूल्य नवीन युग की आवश्यकताओं के परिवेश में कितने खरे उतरते हैं और अपने रूढ़ रूप में कितने असंगतिपूर्ण हो गए हैं? इनका कितना स्वरूप आज के लिए भी ग्राह्य है? आदि परीक्षाएँ जागरूक कवि और चिन्तक को करनी पड़ती हैं।

नयी कविता की प्रश्नाकुल दृष्टि इन मूल्यों को उनकी विकसित असंगतियों के बीच देखती है। इसलिए जहाँ ये मूल्य अपनी असंगतियों के कारण तीखे व्यंग्य का भाजन बनते हैं, वहीं नये सन्दर्भों में भी सिद्ध होने वाली उपयोगिता के कारण आस्था का आधार हैं।

मूल्यों के प्रश्न बड़े उलझे होते हैं। नयी कविता ने किसी मूल्य को फार्मूले के रूप में नहीं स्वीकारा है। मूल्य मनुष्य के अन्तर्द्वन्द्व, संकल्प-विकल्प, लघुता-महत्ता के मिले-जुले सन्दर्भों में ही खिल सकते हैं। एक सत्य होता है व्यक्ति का, एक सत्य होता है समाज का। कभी दोनों समान और कभी विषम होते हैं। मानव मूल्यों के प्रति आस्थावान व्यक्ति अपने व्यक्तिगत विकल्प को सामाजिक संकल्प के सामने विसर्जित कर देता है। लंका युद्ध करने से पहले युद्ध के विषय में राम के मन में संशय की रात्रि उमड़-घुमड़ रही है। वे व्यक्तिगत रूप में युद्ध के विरुद्ध हैं। युद्ध में उन्हें हजारों प्राणों की आहुति दिखाई पड़ती है। परन्तु सामाजिक निर्णय युद्ध के पक्ष में है। वही निर्णय सामाजिक हित में है, और ऐतिहासिक विवशता है। वह एक दर्शन है, जिसे व्यक्ति को स्वीकारना ही पड़ता है।

लोक सम्पृक्ति नयी कविता की एक खास विशेषता है। नयी कविता पर विदेशी चिन्तन की छाया भी है, किन्तु उसकी अनुभूतियाँ, उसके बिम्ब, उसकी जीवन-छवि अपने परिवेश की उपज है।

नयी कविता ने अपने बिम्ब और प्रतीक पुराण और इतिहास से भी चुने हैं, लेकिन उन्हें नये अर्थ और सन्दर्भ से सम्पन्न किया है। फुटकल कविताएँ तो बहुत हैं, किन्तु पुस्तक के रूप में 'अन्धा-युग', 'कनुप्रिया', 'आत्मजयी' और 'संशय

की रात' महत्त्वपूर्ण कृतियाँ हैं।

अज्ञेय, भारती, मुक्तिबोध, शमशेर, नरेश मेहता, विजयदेवनारायण साही, गिरिजाकुमार माथुर, भवानी प्रसाद मिश्र, कुँवर नारायण, प्रभाकर माचवे, भारत भूषण अग्रवाल नयी कविता के प्रमुख कवि हैं।

साठोत्तरी कविता

नामों का शोर···अकविता, अतिकविता, अस्वीकृत कविता, विद्रोही पीढ़ी, कबीर पीढ़ी, क्रुद्ध पीढ़ी, भूखी पीढ़ी···यहाँ से वहाँ तक नये साइन बोर्ड···। तब सहज ही दो प्रश्न उठ खड़े होते हैं—(१) क्या सन् साठ के बाद की कविता को दिए गए भिन्न-भिन्न नामों के बावजूद मूल स्वर में कोई भिन्नता नहीं है ? यानी हर नाम एक-दूसरे से अलग तो है किन्तु भिन्न-भिन्न नामों से व्यक्त होने वाली कविताओं की चेतनाओं में कोई विभिन्नता नहीं ? (२) क्या इन विभिन्न नामों के आन्दोलनों की कविता और यथार्थ-विषयक दृष्टि तथा मान्यताएँ अपनी-अपनी हैं ? यदि पहली बात सही है तो यह पूछना अनुचित नहीं माना जाना चाहिए कि यदि सन् साठ के बाद बदली हुई परिस्थितियों और युग यथार्थ के परिणामस्वरूप कविता में अनिवार्य नये मोड़ आए हैं, नये स्वर उगे हैं तो उन पर आग्रह न करके अपने-अपने खेमे के नामों का इतना शोर क्यों मचाया जा रहा है ? यदि दूसरी बात सही है तो यह तर्क कि सन् साठ के बाद ऐसी परिस्थितियाँ उभरी हैं जिन्होंने साहित्य को नया मोड़ दिया है असंगत दीखने लगता है। इतने ही वर्षों में क्या इतने विविध परिवर्तन हुए कि तरह-तरह के लोगों ने उनसे तरह-तरह के प्रभाव ग्रहण किए ?

यदि विद्रोही पीढ़ी, क्रुद्ध पीढ़ी, भूखी पीढ़ी, कबीर पीढ़ी आदि के कवि विद्रोह के समर्थक हैं तो अकविता वाले विद्रोह को रूमानी प्रवृत्ति मानकर उसे त्याज्य समझते हैं। फिर सन् साठ के बाद विद्रोह को सत्य माना जाए या अविद्रोह को ?

साइनबोर्डों से अलग हटकर विचार किया जाय तो इससे इनकार नहीं किया जा सकता कि सन् साठ के आस-पास नयी कविता की धारा अपने से कुछ अलग होती हुई दीखती है।

साठ के बाद जो नया मोड़ लक्षित होता है वह एकाएक दीखने वाली कोई

नवीन वस्तु नहीं वरन् नयी कविता से ही फूटा हुआ है। अकविता वालों ने भले ही कविता से अलगाने के लिए अकविता नाम दे दिया किन्तु किसी मौलिक आधार पर अकविता को कविता से अलन नहीं कर सके। उनके पास कोई स्पष्ट दृष्टि नहीं है, इसलिए अकविता के नाम पर या तो कविता छापते हैं या घटिया कविता। अकविता के नाम पर उन लोगों की भी रचनाएँ छापते हैं जिन्हें यह कतई एहसास नहीं है कि वे अकविता लिख रहे हैं।

यदि इन आन्दोलनों और उनके साथ लिपटी चली आती हुई कचड़ा कविताओं के ऊहापोह से हटकर बात की जाए तो स्पष्ट दिखाई पड़ेगा कि इधर पाँच-छः वर्षों से नयी कविता ने नयी परिस्थितियों के सन्दर्भ में नया मोड़ लिया है। ये परिस्थितियाँ मूलतः मोह-भंग करने वाली परिस्थितियाँ हैं। साठ के बाद चीन और पाकिस्तान के अतिक्रमण दो अत्यन्त आन्दोलनकारी घटनाएँ हैं। इन घटनाओं ने दुहरे रूप में मोह-भंग किया। इन्होंने हमारी सारी मानवीय, नैतिक, शान्तिवादी धारणाओं को हिलाकर रख दिया और हमारी राष्ट्रीय शक्ति को बहुत आहत किया तथा हमारे उच्च नैतिक नारों, शान्तिवादी प्रयासों को अपर्याप्त या खोखला सिद्ध कर उसे हमारे ठोस राष्ट्रीय हितों के प्रतिकूल प्रमाणित किया।

एक ओर हमारी नयी परिस्थितियाँ इस तरह विषम और झकझोरने वाली हो रही थीं दूसरी ओर नयी कविता की एक धारा अपने प्रमुख कवि अज्ञेय की कविताओं में जीवन की ऊष्मा से कटकर सर्द सौन्दर्य-चित्रों, निस्पन्द भाव-बिम्बों, प्रकृति-प्रतीकों के मारफत उभरते दार्शनिक निष्कर्षों की चरम परिणति प्राप्त कर रही थी।

इसलिए नयी कविता की इस धारा को चुकना ही था और जीवन की प्रत्यक्ष टकराहट, विषमता की तल्खी से फूटने वाली मुक्तिबोध की असंयत वेगवान कविता की धारा को नये-नये आसंगों में आगे बढ़ना ही था। आज की कविता (आन्दोलन नहीं) नयी कविता की इसी जीवनोन्मुख धारा का अगला विकास है जिसमें सायास आन्दोलन की योजनाबद्ध लकीरें नहीं, बल्कि आज के जीवन की अनुभवजन्य विषम संवेदनाएँ और बोध हैं। ये अनुभव और बोध आन्दोलन से नहीं सत्य से प्रेरित होकर आज की विषम स्थितियों की प्रतीति, अस्वीकृति और विद्रोह सबको आवश्यकतानुसार समेटते हैं। कोई फार्मूला बनाकर मात्रा

की नाप-तोल नहीं हो सकती और न हर समय कविता लिखने के पहले सजग होकर रूमानी और यथार्थवादी तत्त्वों को खतियाया जा सकता है।

साठ के बाद की धारा में कवि भी हैं जो 'नयी कविता' के विशिष्ट कवि रहे हैं और जिनमें जीवनधारा की ऊर्जस्वलता ही प्रधान रही है या जो नयी कविता की बनती हुई सीमाओं को पहचानकर उन्हें तोड़ने के लिए पुनः आकुल हैं, और वे कवि भी हैं जो साठ के बाद की ही उपज हैं। इन कवियों ने एक ओर जीवन की विकसित चेतना और जटिलता का अनुभव किया, दूसरी ओर यह देखा कि नयी कविता के भी फार्मूले बनने लगे हैं, उसके प्रतीक और दर्द रूढ़ बनते जा रहे हैं, प्रतीकों की अन्धी गुफा में बन्द होकर कविता सर्वथा अन्तर्मुखी और निस्पन्द होती जा रही है, जीवन प्रवाह के बीच बहते सत्यों को मुखर करने के स्थान पर वह एक रहस्यमय मौन धारण कर रही है। नयी कविता के नये और पुराने कवि दार्शनिक अन्दाज में खण्डित सत्य और पीड़ित प्यार का मरा हुआ साँप गले में लटकाए प्रतीकों और बिम्बों (जो कभी अवरुद्ध कपाट खोलने में सहायक हुए थे) के बन्द घर में घूमने लगे हैं। इस ठहराव को तोड़ना था। कविता को पुनः जीवन के करीब लाना था या नयी कविता की जीवनधारा को पहचानकर उसके साथ आगे चलना था। उसे धीरे-धीरे नयी कविता की व्यक्तिवादी धारा की सर्द पड़ती भाषा, प्रतीकों और बिम्बों को तोड़कर ऐसी भाषा, प्रतीक और बिम्ब लाने थे जो जीवन के वास्तविक प्रवाह से लिए जाने के कारण खुले हुए, जीवन्त और ऊष्म हों। उसे मुक्तिबोध की जीवन चेतना को विकसित करना था।

आज की कविता में प्रेम, नारी-सौन्दर्य और प्रकृति-सौन्दर्य के चित्रों का अभाव नहीं है, किन्तु इन्हें देखने की दृष्टि अधिक यथार्थवादी हो गई है। प्रेम और सौन्दर्य अब किसी प्रकार का मोहक भ्रम बनकर मन पर नहीं छाते, वे अनेक प्रकार के भावात्मक आदर्शों से बोझिल बनकर, वायवी नहीं रह जाते, वरन् वे आज के निरन्तर बदलते हुए सामाजिक सम्बन्धों और मूल्यों के कारण अधिक भौतिक, जटिल और प्रत्यक्ष होते जा रहे हैं। यह स्पष्ट है कि केवल शारीरिक भोग या केवल सुन्दर आदर्शों से संपृक्त होकर प्रेम और यौन सम्बन्ध बहुत सीधे सरल हो जाते हैं, किन्तु समाज के सम्बन्धों के जटिल होने पर तथा मनोविज्ञान द्वारा मन के अनेक रहस्यमय सत्यों के उद्घाटित होने पर मानव-

मन के सौन्दर्य और प्रेममूलक संवेगों का बहुत जटिल और सूक्ष्म होकर उभरना स्वाभाविक है। वायवी आदर्शों के नकली आवरण फट जाने के कारण वह जटिलता और सूक्ष्मता अधिक प्रत्यक्ष और भौतिक दिखाई पड़ती है, हमारे तन-मन की वास्तविक आँच में तपती हुई लक्षित होती है। आज का कवि प्रेम, यौन-सम्बन्ध, सौन्दर्य, सबको उनके जटिल और वास्तविक रूप में बिम्बों के सहारे उभारता है।

प्रकृति बिम्ब के रूप में हमारे मन:जगत का अपरिहार्य अंग बन गई हैं। प्रकृति के बिखरे हुए असम्बद्ध-से दीखने वाले जटिल बिम्ब हमारे मन के जटिल खण्डित बोधों को उभारने में बहुत समर्थ होते हैं। ग्रामीण अंचलों में प्रकृति जीवन से दूसरे रूप में जुड़ती है—हाँ, आज भी वह सामाजिक जीवन का अभाव, समृद्धि, जीवन-मरण बनकर उसके साथ जुड़ी है। परन्तु शहरी जीवन में प्रकृति व्यक्ति-मन के खण्डित बोधों का बिम्ब बनकर ही उभरती है और इस प्रकार वह एक दूसरे स्तर पर हमारे जीवन के संवेगों और बोधों से जुड़ जाती है।

साठ के बाद के प्रमुख कवि हैं—धूमिल, जगूड़ी, विनय, ऋतुराज, देवेन्द्र कुमार, नरेन्द्र मोहन, बलदेव वंशी, सौमित्र मोहन, उदय प्रकाश, अब्दुल बिस-मिल्लाह, कुमार विकल, नन्दकिशोर आचार्य, राजेश जोशी, अरुण कमल, वेणु गोपाल आदि।

सन्दर्भ

१. हिन्दी साहित्य का इतिहास, सं० डा० नरेन्द्र, पृ० ७१
२. वही, पृ० ८७
३. वही, पृ० ४५८
४. आचार्य हजारीप्रसाद द्विवेदी, देवराज की प्रस्तुत रोमांटिक साहित्य-शास्त्र की भूमिका
५. आधुनिक हिन्दी कविता की मुख्य प्रवृत्तियाँ, डा० नगेन्द्र, पृ० १०१

कबीर

हिन्दी की निर्गुण भक्ति काव्यधारा के अन्तर्गत ज्ञानमार्गी शाखा के प्रवर्त्तक कबीरदास एक महान् सन्त, सजग समाज-सुधारक और क्रान्तदर्शी कवि थे। इनके जीवन-वृत्त के सम्बन्ध में प्रामाणिक सामग्री उपलब्ध नहीं। विभिन्न साहित्यिक और ऐतिहासिक खोजों के अनुसार, कबीर का जन्म संवत् १४५५ विक्रमी (सन् १३९८ ई०) के आसपास माना जाता है। इस सम्बन्ध में यह उक्ति प्रसिद्ध है— "चौदह सौ पचपन साल गए, चन्द्रवार इक ठाठ ठए।"

किंवदन्ती के अनुसार, कबीर का जन्म काशी में किसी विधवा ब्राह्मणी के गर्भ से हुआ जिसने लोकलाज के भय से नवजात शिशु को लहरतारा तालाब के किनारे छोड़ दिया। वहाँ से नीरू और नीमा नामक जुलाहा-दम्पति उसे उठाकर घर ले आए। वे निस्सन्तान थे। उन्होंने शिशु को पुत्रवत् पाला। इस तरह कबीर को हिन्दू और मुस्लिम संस्कारों का समन्वित प्रभाव जन्म से ही प्राप्त हुआ। आरम्भ से ही वे एकान्तप्रिय, चिन्तनशील और साधु-सेवी स्वभाव के थे। सत्संगति से उन्हें आत्मज्ञान मिला जिसमें सत्गुरु रामानन्द की कृपा से भक्ति-भाव का समावेश हो गया। वे जुलाहा-वृत्ति में कार्यरत होते हुए भी प्रभु-भक्ति, आत्मशुद्धि और ज्ञान-चर्चा में लीन रहते थे। उनके अनेक पदों में जुलाहों के काम आने वाली वस्तुओं का उल्लेख प्रतीक या दृष्टान्त-रूप में हुआ है। जैसे—

(क) झीनी-झीनी बीनी चदरिया
काहे का ताना, काहे का बाना, कौन तार से बीनी चदरिया।

(ख) तंतना-बुनना तजा कबीर।
राम-नाम लिख लिया सरीर॥

कबीर की पत्नी का नाम 'लोई' बताया जाता है जिससे 'कमाल' और 'कमाली' नामक एक-एक पुत्र-पुत्री भी हुए। कबीर जीवन-भर सादगी और सेवा का आदर्श निभाते हुए आत्मचिन्तन तथा प्रभु-भजन का सन्देश देते रहे। कहते हैं, जीवन के अन्तिम दिनों में वे काशी के निकट मगहर चले गए। वहीं संवत् १५७५ विक्रमी (सन् १५१८ ई०) में उनका देहावसान हो गया।

कबीर समाज के एक निम्न वग में रहकर पले, अतः उन्हें कोई शिक्षा नहीं मिल पाई। उन्होंने स्वयं कहा है—

मसि कागद छूयो नहीं, कलम गही नहिं हाथ।

किन्तु साधु-सन्तों और भक्तों की संगति में रहकर उन्होंने जो लोक-अनुभव और आत्मज्ञान अर्जित किया वह पुस्तकीय शिक्षा से कहीं श्रेष्ठ था। इसीलिए उन्होंने कहा—

पोथी पढ़ि पढ़ि जग मुआ, भया न पण्डित कोइ।
एकै आखर पीव का पढ़ै सो पण्डित होइ॥

यही प्रभु-प्रेम और जीव-मात्र के प्रति प्रेम उनका आदर्श था। इस आदर्श को वे सत्गुरु की कृपामयी देन मानते थे—

सतगुरु की महिमा अनन्त, अनन्त किया उपकार।
लोचन अनन्त उघाड़िया, अनन्त दिखावनहार॥

उनकी वाणी गुरु-महिमा से भरी पड़ी है फिर भी उनका कथन है कि—

सब धरती कागद करूँ, लेखनी सब बनराइ।
सात समुन्द की मसि करूँ, गुरु-गुन कहा न जाइ॥

कबीर का विश्वास था कि गुरु की कृपा माया-अज्ञान का अंधेरा दूर हो जाता है। माया को उन्होंने जीव और ब्रह्म के एकत्व में बाधक माना है—

माया महाठगिनि हम जानी।
तिरगुन फाँस लिए कर डोले, बोले मधुरी बानी।

गुरु आत्मज्ञान-रूपी उजाला प्रदान करता है जिससे जीव अपने भीतर विद्यमान ब्रह्म-सत्ता का प्रत्यक्ष साक्षात्कार कर सकता है। आवश्यकता इस बात की है कि जीव आत्म-स्वरूप को पहचाने—

तेरा लहिं तुज्झ में, ज्यों पुहुवन में बास।

अथवा

ज्यों तिल माहीं तेल है, ज्यों चकमच में आग।

कबीर ने मानव मात्र के एकत्व पर भी बल दिया। उनके विचार में हिन्दू-मुसलमान, ब्राह्मण-तुर्क आदि जाति-भेद कृत्रिम और मिथ्या हैं—

हम तो एक-एक करि जाना।
दोऊ कहैं तिनहिं को दोजग, नाहीं तत्त पछाना॥

अथवा

हमारे रांम रहीम करीमा केसो, अलह रांम सति सोई।
बिसमिल मेटि बिसम्भर एकै, और न दूजा कोई॥

जाति, धन या पद की उच्चता की बजाय वे आचार-व्यवहार की श्रेष्ठता को महत्त्व देते थे—

ऊँचे कुल का जनमिआ, करनी न ऊँची होइ।
सुबरन कलस सुरा भरा, साधू निन्दा सोइ॥

उन्होंने समाज में व्याप्त आडम्बरों तथा प्रपंचों का घोर खण्डन किया। मूर्त्ति-पूजा, रोज़ा-नमाज़ आदि को दिखावा मानकर उन्होंने सहज भाव की भक्ति पर बल दिया।

(क) पत्थर पूजे हरि मिले तो मैं पूजूँ पहार।
ता ते यह चक्की भली, पीस खाय संसार॥

(ख) कंकड़ पत्थर जोरिकै, मसजिद लई बनाय।
ता चढ़ि मुल्ला बांग दे, बहरा हुआ खुदाय॥

(ग) जाति न पूछो साध की, पूछ लीजिए ज्ञान।
मोल करो तलवार का, पर्‌यो रहन दे म्यान॥

इस प्रकार, कबीर सच्चे अर्थों में एक समतावादी लोक-कवि थे। उनकी समस्त वाणी एक ही ग्रन्थ 'बीजक' में संकलित है जिसके तीन भाग हैं—रमैनी, साखी और सबद। ये तीनों काव्य की अलग-अलग शैलियाँ हैं। इन शैलियों के सफल प्रयोग से स्पष्ट है कि कबीर मात्र सन्त या समाज-सुधारक ही नहीं, कुशल कवि भी थे। अपने समय की लोकभाषा में उन्होंने भक्ति, ज्ञान, नीति आदि की गूढ़ बातें बड़े सरल ढंग से स्पष्ट कर दी हैं। उनके द्वारा प्रयुक्त अप्रस्तुत या प्रतीक जटिल नहीं, अपितु लोक-जीवन के व्यावहारिक क्षेत्र से लिए गए चूल्हा, चक्की, बकरी, पहाड़, कुम्हार, कुम्भ, धोबी, साबुन आदि हैं। उनकी भाषा में कई भाषाओं और बोलियों का पुट देखकर विद्वानों ने उसे 'सधुक्कड़ी' (साधु-सन्तों की मिली-जुली भाषा) या खिचड़ी भाषा कहा है, किन्तु आचार्य हजारी प्रसाद द्विवेदी के शब्दों में 'भाषा पर कबीर का जबर्दस्त अधिकार था। जिस बात को उन्होंने जिस रूप में प्रकट करना चाहा है, उसे उसी रूप में भाषा से कहलवा लिया है।...अकथ कहानी को रूप देकर मनोग्राही बना देने की जैसी ताकत कबीर की भाषा में है वैसी बहुत कम लेखकों में है।'

करनी बिना कथनी को अंग

कथनी कथी तो क्या भया, जौ करनीं नाँ ठहराइ।
कालबूत के कोट ज्यौं, देखत ही ढहि जाय॥ १।

जैसी मुख तैं नीकसै, तैसी चाल चाल।
पारब्रह्म नियरा रहै, पल मैं करै निहाल॥ २॥

जैसी मुख तैं नीकसै, तैसी चालै नाँहि।
मानुख नहीं ते स्वान गति, बाँधे जमपुर जाँहि॥ ३॥

पद गाए मन हरखियाँ, साखी कहैं अनन्द।
जौ तत नाउँ न जानियाँ, गल मैं परिया फंद॥ ४॥

करता दीसै कीरतन, ऊँचा करि करि तूँड।
जानैं बूझै कछु नहीं, यों ही अन्धा रूँड॥ ५॥

कथनी बिना करनी को अंग

मैं जान्यौं पढ़िबौ भलौ, पढ़िबा तैं भल जोग।
राँम नाँम सूँ प्रीति करि, भल भल नींदौ लोग॥ १॥

कबिरा पढ़िवा दूरि करि, पुस्तक देइ बहाइ।
बावन अक्खिर सोधि करि, ररै ममै चित लाइ॥ २॥

कबीर पढ़िबा दूरि करि, आथि पड़ा संसार।
पीर न उपजी प्रीति सँ, तौ क्यूँ करि करै पुकार॥ ३॥

पोथी पढ़ि पढ़ि जग मुवा, पंडित भया न कोइ।
एकै आखर पीव का, पढ़ै सो पंडित होइ॥ ४॥

साधु को अंग

कबीर संगति साधु की, कदे न निरफल होइ।
चंदन होसी बाँवना, नीम न कहसी कोइ॥ १॥

कबीर संगति साधु की, बेगि करीजै जाइ।
दुरमति दूरि गवाँइसी, देसी सुमति बताइ॥ २॥

मथुरा जावै द्वारिका, भावै जावै जगनाथ।
साधु संगति हरि भगति बिनु, कछू न आवै हाथ॥ ३॥

मेरे संगी दोइ जना, एक वैष्णों एक राँम।
वो है दाता मुकुति का, वो सुमिरावै नाँम॥ ४॥

कबीर बन बन मैं फिरा, कारन अपनें राँम।
राम सरीखे जन मिले, तिन सारे सब काँम॥ ५॥

कबीर सोई दिन भला, जा दिन संत मिलाँहि।
अंक भरे भरि भेंटिए, पाप सरीरौं जाँहि॥ ६॥

कबीर चन्दन का बिड़ा, बेढ़्या आक पलास।
आप सरीखे करि लिए, जे होते उन पास॥ ७॥

कबीर खाँई कोट की, पानी पिए न कोइ।
जाइ मिलै जब गंग मैं, तब सब गंगोदिक होइ॥ ८॥

जाँनि बूझि साँचहि तजै, करै झूठ सौं नेहु।
ताकी संगति राम जी, सुपिने हू जनि देहु॥ ९॥

सो०—कबीर तासु मिलाइ, जासु हियाली तू बसै।
नहिं तर बेगि उठाइ, नित का गंजन को सहै॥ १०॥

पद

एक अचंभौं देखा रे भाई।
ठाढ़ा सिंघ चरावै गाई॥ टेक॥
पहिलै पूत पिछै भई माई, चेला कै गुर लागै पाई।
जल की मछरी तरवरि ब्याई, कूता कौ लै गई बिलाई।
बैलहि डारि गोंनि घरि आई, घोरै चढ़ि भैंस चरावन जाई।
तलि करि साखा उपरि करि मूल, बहुत भाँति जड़ लागे फूल।
कहै कबीर या पद कौं बूझै, ताकौं तीनिउँ त्रिभुवन सूझै॥ १॥

चतुराई न चतुरभुज पइऐ।
जब लगि मन माधौ न लगइऐ॥ टेक॥
क्या जपु क्या तपु क्या ब्रत पूजा, जाकै हृदै भाव है दूजा।
परिहरु लोभ अरु लोकाचारु, परिहरु कांम, क्रोध, हंकारु।
करम करत बँधे अहंमेउ, मिलि पाथर की करहीं सेउ।
कहै कबीर जौ रहै सुभाइ, भोरै भाइ मिलै रघुराइ॥ २॥

झूठे तन कौं क्या गरबावै।
मरै तौ पल भरि रहन न पावै॥ टेक॥
खीर खाँड घृत पिंड सँवारा, प्राँन गए लै बाहरि जारा।

जिहिं सिरि रचि रचि बाँधत पागा, सो सिरु चंचु सँवारहिं कागा।
हाड़ जरै जैसे लकड़ी झूरी, केस जरै जैसे त्रिन कै कूरी।
कहै कबीर नर अजहुँ न जागै, जम का डंड मूंड महिं लागै ॥३॥

दुलहिनीं गावहु मंगलचार।
हम घरि आए राजा राम भरतार ॥
तन रत करि मैं मन रति करिहौ पांचउ तत्त बराती।
रांम देव मोरै पाहुनै आए मैं जोबन मैंमाती ॥
सरीर सरोवर बेदी करिहौं ब्रह्मा बेद उचारा।
रांम देव संगि भाँवरि लेइहौं धंनि धंनि भाग हमारा ॥
सुर तेंतीसों कोटिक आए मुनिवर सहस अठासी।
कहै कबीर हंम ब्याहि चले हैं पुरिख एक अबिनांसी ॥ ४ ॥

बहुत दिनन मैं प्रीतम आए।
भाग बड़े घरि बैठे पाए ॥ टेक ॥
मंगलचार माँहि मन राखौं, रांम रसांइन रसनां चाखौं।
मंदिर मांहि भया उजियारा, लै सूती अपनां पीव पियारा।
मैं निरास जौ नौ निधि पाई, हमहिं कहा यहु तुमहिं बड़ाई।
कहै कबीर मैं कछू न कीन्हां, सहज सुहाग रांम मोहिं दीन्हा ॥ ५ ॥

भयौ रे मन पाहुनां दिन चारि।
आजिक काल्हिक माँहि चलैगो, ले किन हाथ सँवारि ॥ टेक ॥
सौंज पराई जिनि अपनावै, ऐसी सुनि किन लेह।
यहु संसार इसो रे प्राणी, जैसी धूंवरि मेह ॥
तन धन जीवन अँजुरी कौ पानी, जात न लागै बार।
सैंवल के फूलन परि फूल्यौ, गरब्यौ कहा गँवार ॥

खोटी खाटै खरा न लोया, कछू न जाँनी साटि।
कहै कबीर कछु बनिज न कीयौ, आयौ थौ इहि हाटि ॥ ६ ॥

हमारे राँम रहीम करीमा केसो, अलह राँम सति सोई।
बिसमिल मेटि बिसंभर एकै, और न दूजा कोई ॥ टेक ॥
इनकै काजो मुलाँ पीर पैकंबर, रोजा पछिम निवाजा।
इनकै पूरब दिसा देव दिज पूजा, ग्यारसि गंग दिवाजा।
तुरक मसीति देहुरै हिन्दू, दुहूँठा राँम खुदाई।
जहाँ मसीति देहुरा नाँहीं, तहँ काकी ठँकुराई।
हिन्दू तुरुक दोऊ रह टूटी, फूटी अरु कनराई।
अरध उरध दसहूँ दिसि जित तित, पूरि रहा राम राई।
कहै कबीरा दास फकीरा, अपनी रहि चलि भाई।
हिन्दू तुरुक का करता एकैं, ता गति लखी न जाई ॥ ७ ॥

सूरदास

पूर्वमध्ययुग के सगुणोपासक कृष्णभक्त-कवियों में सूरदास का नाम अग्रगण्य है। ब्रजमाधुरी के एकनिष्ठ गायक इस भक्त-कवि की सरस वाणी ने भारत के ओर-छोर में कृष्ण-लीला और ब्रजभाषा का प्रसार-प्रचार कर दिया। सूरदास के जीवन-वृत्त के सम्बन्ध में पूर्णतया प्रामाणिक सामग्री उपलब्ध नहीं है। कुछ विद्वानों का मत है कि एक जन्मांध बालक दीन-हीन भिक्षुक के रूप में मथुरा की गलियों में गाया करता था। वही कालान्तर में कवि 'सूरदास' के नाम से विख्यात हुआ। इस सम्बन्ध में प्रायः यह पंक्ति उद्धृत की जाती है—

सूर कहा कहै द्विविध आँधरो, बिना मोल को चेरो।

किन्तु अधिकांश समालोचक इससे सहमत नहीं। उनके मतानुसार सूरदास यदि जन्म से ही नेत्रहीन होते तो इनके काव्य में मानव-जीवन, पारिवारिक वातावरण और विभिन्न सामाजिक पहलुओं का इतना सूक्ष्म और सजीव चित्रण सम्भव नहीं था। अस्तु; प्राप्त साक्ष्यों के अनुसार, सूरदास का जन्म विक्रमी संवत् १५३५ (सन् १४७८ ई०) में, सीही ग्राम (बल्लभगढ़, हरियाणा) में एक सारस्वत परिवार में हुआ। पारिवारिक दीनता और आर्थिक विपन्नता के कारण बाल्यावस्था से ही ये दैन्य भाव के पद गाकर भिक्षाटन किया करते थे। युवा वय में, लगभग संवत् १५६७ विक्रमी (सन् १५१० ई०) में, गऊघाट (मथुरा) के निकट महाप्रभु वल्लभाचार्य से इनकी भेंट हुई। आचार्यपाद पुष्टि सम्प्रदाय के प्रवर्त्तक और भागवत्-धर्म के उद्भट प्रचारक थे। वे सूरदास के ललित पद सुनकर बहुत प्रभावित हुए। उन्होंने सूरदास को दैन्य भाव त्याग कर, आनन्दमयी कृष्णलीलाओं का गान करने की प्रेरणा इन शब्दों में दी—

काहे कौ घिघियात हौ, कछु भगवत लीला वर्णन करौ।

तब से सूरदास कृष्णभक्ति के रंग में रँग गए। वल्लभाचार्य जी ने उन्हें पुष्टिमार्ग में दीक्षित कर लिया तथा श्रीमद्भागवत की सरस कथा से अवगत कराया। सूरदास दिन-रात कृष्णलीला-गान में तन्मय रहने लगे। इनकी स्वर-माधुरी, काव्य प्रतिभा तथा संगीत-कला से प्रभावित होकर इन्हें वृन्दावन के

श्रीनाथ जी के मन्दिर में भजन-कीर्तन का दायित्व सौंप दिया। वहीं इनके अधिकांश पद रचे गए जो बाद में काव्य-जगत् में 'सूरसागर' के नाम से संकलित और प्रसिद्ध हुए। महाप्रभु वल्लभाचार्य के सुपुत्र गोस्वामी विट्ठलनाथ ने कुछ समय पश्चात् आठ प्रमुख कृष्णभक्ति-गायक कवियों के 'अष्टछाप' की स्थापना की। सूरदास उनमें सर्वप्रमुख थे। संवत् १६४० विक्रमी (सन् १५८३ ई०) में, लगभग १०५ वर्ष की आयु में सूरदास ने गोलोक प्रस्थान किया।

साहित्य-इतिहासों और साम्प्रदायिक ग्रंथों में सूरदास-रचित अनेक काव्य-कृतियों का उल्लेख मिलता है जिनमें तीन के नाम प्रमुख हैं—सूरसागर, सूर-सारावली, साहित्य-लहरी। इनमें से सूरदास की भक्तिभावना, दार्शनिक चेतना तथा काव्यकला का चरम निदर्शन 'सूरसागर' में ही हुआ है। सूरदास ने श्रीमद्-भागवत के आधार पर जीवन-भर जिन असंख्य पदों की रचना कर उनका गान किया वे 'सूरसागर' में संकलित हैं। कहते हैं कि 'सूरसागर' में सवा लाख पद संकलित थे किन्तु इस समय केवल दस-बारह हजार पद उपलब्ध हैं।

सूरदास के काव्य के प्रतिपाद्य को प्रधानतया तीन वर्गों के अन्तर्गत विवेचित किया जा सकता है—(१) भक्ति-वैराग्य अथवा दैन्य भाव के पद, (२) वात्सल्य, (३) श्रृंगार। स्वयं को दीन-हीन मानकर प्रभु से आत्मोद्धार की याचना कवि ने जिन पदों में की है वे प्रथम वर्ग में रखे जा सकते हैं। यथा—

(क) प्रभु मोरे अवगुन चित न धरौ···
(ख) मो सम कौन कुटिल खल कामी···
(ग) अब मैं नाच्यो बहुत गुपाल···
(घ) छाँड़ि मन हरिविमुखन को संग···   इत्यादि।

वात्सल्य और श्रृंगार के केंद्रबिंदु भी श्रीकृष्ण ही हैं। प्रथम वर्ग में श्रीकृष्ण के बाल-रूप की छवि और चांचल्यमयी लीलाओं का हृदयहारी वर्णन है। शिशु-जीवन के एक-एक पल और बाल स्वभाव की एक-एक रेखा का सूरदास ने जिस सूक्ष्मता, सजीवता और सरसता से चित्रांकन किया है, वह विश्व-साहित्य में बेजोड़ है। उदाहरणत :

(क) जसोदा हरि पालनै झुलावै।
कबहुँ पलक हरि मूंद लेत हैं, कबहुँ अधर फरकावै।···

(ख) कान्ह चलत पग द्वै द्वै धरनी।

जो मन में अभिलाष करत ही सो देखत नंद घरनी।···

(ग) सोभित कर नवनीत लिए।

घुटुरुनि चलत, रेनु तन मंडित, मुख दधि लोप किए।···

(घ) मैया कबहूँ बढ़ैगी चोटी,

किती बेर मोहे दूध पिबत भई, यह अजहूँ है छोटी।

(ङ) मैया मोरी, मैं नहिं माखन खायो···इत्यादि।

'सूरसागर' में श्रृंगार की अथाह तरंगें उद्वेलित हैं। राधा और गोपियों के साथ कृष्ण की दानलीला और रासलीला आदि के प्रसंग संयोग श्रृंगार का मादक स्वरूप प्रस्तुत करते हैं तो श्रीकृष्ण के मथुरा चले जाने के बाद के विरह प्रसंगों का गायन वियोग श्रृंगार की मार्मिक व्यंजना से ओत-प्रोत है। यह अंश 'सूरसागर' के अन्तर्गत 'भ्रमरगीत' के नाम से प्रसिद्ध है। एक-एक पद विरहानुभूति की तीव्रता के साथ-साथ निर्गुणोपासना की असारता तथा सगुणरूप कृष्ण-भक्ति की महिमा का उद्घाटक है—

(क) अँखियाँ हरि दरसन की भूखी···।

(ख) बिनु गोपाल बैरिन भई कुंजैं···।

(ग) मधुबन! तुम कत रहत हरे!···

इस दृष्टि से आचार्य रामचंद्र शुक्ल का यह कथन उपयुक्त ही है कि "सूरदास श्रृंगार और वात्सल्य का कोना-कोना झाँक आए हैं।"

सूरदास की भक्ति मधुरा और सख्य भाव की है जिसमें पुष्टिमार्ग के सगुणोपासना-सम्बन्धी दार्शनिक सिद्धान्त भी सरस हो उठे हैं। इनके काव्यशिल्प की अनन्य विशेषता है—गीतिमयता। हिन्दी-साहित्य को सूरदास की सर्वोत्कृष्ट देन गीतिकाव्य के रूप में है। इनकी सम्पूर्ण रचना गेय पदों में है जिसे राग-रागिनियों के आधार पर गाया जा सकता है। संक्षिप्तता, भाव-विह्वलता, एक-निष्ठता, नादात्मक लय और शब्द-झंकार आदि गीतिकाव्य की सभी विशेषताएँ इनके काव्य में हैं। वास्तव में सूरदास की गीतिमाधुरी के कारण ही पूरे भारत में कृष्णभक्ति के साथ-साथ ब्रजभाषा का भी प्रसार हुआ।

विनय के पद

अब मैं नाच्यौ बहुत गुपाल।
काम-क्रोध कौ पहिरि चोलना, कंठ विषय की माल।
महामोह के नूपुर बाजत, निंदा - सब्द - रसाल।
भ्रम-भोयौ मन भयौ पखावज, चलत असंगत चाल।
तृष्ना नाद करति घट भीतर, नाना बिधि दै ताल।
माया को कटि फेटा बाँध्यौ, लोभ-तिलक दियौ भाल।
कोटिक कला काछि दिखराई, जल-थल सुधि नहिं काल।
सूरदास की सबै अविद्या, दूरि करौ नँदलाल ॥ १ ॥

हमारे प्रभु, औगुन चित न धरौ।
समदरसी है नाम तुम्हारौ, सोई पार करौ।
इक लोहा पूजा मैं राखत, इक घर बधिक परौ।
सो दुबिधा पारस नहिं जानत, कंचन करत खरौ।
एक नदिया इक नार कहावत, मैलौ नीर भरौ।
जब मिल गए तब एक बरन ह्वै, गंगा नाम परौ।
तन माया, ज्यौ ब्रह्म कहावत, सूर सु मिल बिगरौ।
कै इनकौ निरधार कीजियै, कै प्रन जात टरौ ॥ २ ॥

वात्सल्य (गोकुल लीला)

जसोदा हरि पालनै झुलावै।
हलरावै, दुलराइ मल्हावै, जोइ - सोइ कछू गावै।
मेरे लाल कौं आउ निदँरिया, काहैं न आनि सुवावै।
तू काहैं नहिं बेगहिं आवै, तोकों कान्ह बुलावै।

कबहुँक पलक हरि मूँदि लेत हैं, कबहुँ अधर फरकावै।
सोवत जानि मौन ह्वै रहि, करि करि सैन बनावै।
इहिं अन्तर अकुलाइ उठे हरि, जसुमति मधुरैं गावै।
जो सुख सूर अमर-मुनि दुरलभ, सो नँद भामिनि पावै ॥ १ ॥

किलकत कान्ह घुटुरुवनि आवत।
मनिमय कनक नंद कैं आँगन, बिंब पकरिबै, धावत।
कबहु निरखि हरि आपु छाँह कौं, कर सौं पकरन चाहत।
किलकि हँसत रजित द्वै दतियाँ, पुनि-पुनि तिहिं अवगाहत।
कनक-भूमि पर कर-पग-छाया, यह उपमा इक राजति।
करि-करि प्रतिपद प्रतिमनि बसुधा, कमल बैठकी साजति।
बाल-दसा-सुख निरखि जसोदा, पुनि-पुनि नन्द बुलावत।
अँचरा तर लै ढाँकि, सूर के प्रभु कौं दूध पियावति ॥ २ ॥

मैया, कबहिं बढ़ैगी चोटी ?
किती बार मोहिं दूध पियत भई, यह अजहूँ है छोटी।
तू जो कहति बल की बेनी ज्यौं, ह्वै है लाँबी-मोटी।
काढ़त-गुहत न्हवावत जैहै नागिन सी भुइँ लोटी।
काचौ दूध पियावति पचि-पचि, देत न माखन-रोटी।
सूरज चिरजीवौ दोउ भैया, हरि-हलधर की जोटी ॥ ३ ॥

गोरे नंद जसोदा गोरी तू कत स्यामल गात।
चुटकी दै-दै ग्वाल नचावत, हँसत सबै मुसुकात।
तू मोहीं कौं मारन सीखी, दाउहिं कबहुँ न खीझै।
मोहन मुख रिस की ये बातैं, जसुमति सुनि-सुनि रीझै।
सुनहु कान्ह बलभद्र चबाई, जनमत ही को धूत।
सूर स्याम मोहि गोधन की सौं, हौं माता तू पूत ॥ ४ ॥

अब ये झूठहु बोलत लोग।
पाँच बरष अरु कछुक दिननि कौ, कब भयौ चोरी जोग।
इहिं मिस देखन आवति ग्वालिनि, मुँह फाटे जु गँवारि।
अनदोषे कौं दोष लगावति, दई देइगौ टारि।
कैसें करि याकी भुज पहुँची, कौन बेग ह्याँ आयौ ?
ऊखल ऊपर आनि, पीठि दै, तापर सखा चढ़ायौ।
जौ न पत्याहु, चलो सँग जसुमति, देखौ नैन निहारि।
सूरदास प्रभु नैकुँ न बरजौ, मन में महरि विचारि ॥ ५ ॥

राधाकृष्ण श्रृंगार

जब तैं प्रीति स्याम सौं कीन्हीं।
ता दिन तैं मेरैं इन नैननि, नैंकहुँ नींद न लीन्हीं।
सदा रहै मन चाक चढ़्यौ, सों और न कछू सुहाइ।
करत उपाइ बहुत मिलिबे कौं, यहै बिचारत जाइ।
सूर सकल लागति ऐसीयै, सो दुख कासौं कहियै।
ज्यौं अचेत बालक कौ बेदन, अपनैं ही तन सहियै ॥ १ ॥

अद्‌भुत एक अनूपम बाग।
जुगल कमल पर गज बर क्रीड़त, तापर सिंह करत अनुराग।
हरि पर सरवर, सर पर गिरिवर, गिर पर फूले कंज-पराग।
रुचिर कपोत बसत ता ऊपर, ता ऊपर अमृत फल लाग।
फल पर पुहुप,पुहुप पर पल्लव,ता पर सुक,पिक,मृद मद काग।
खंजन, धनुष, चंद्रमा ऊपर, ता ऊपर एक मनिधर नाग।
अंग-अंग प्रति और-और छवि, उपमा ताकौं करत न त्याग।
सूरदास प्रभु पियौ सुधा-रस, मानौ अधरनि के बड़ भाग ॥ २ ॥

यह ऋतु रूसिबे की नाहीं।
बरषत मेघ मेदिनी कैं हित, प्रीतम हरषि मिलाहीं।
जेती बेलि ग्रीष्म ऋतु डाहीं, ते तरवर लपटाहीं।
जे जल बिनु सरिता ते पूरन, मिलन समुद्रहिं जाहीं।
जोबन धन है दिवस चारि कौ, ज्यौं, बदरी की छाहीं।
मैं, दंपति-रस-रीति कही है, समुझि चतुर मन माहीं।
यह चित धरि री सखी राधिका, दै दूती कौं बाहीं।
सूरदास उठि चलि री प्यारी, मेरैं सँग पिय पाहीं ॥ ३ ॥

वृन्दावन लीला

नटवर वेष धरे ब्रज आवत।
मोर मुकुट मकराकृत कुंडल, कुटिल अलक मुख पर छबि पावत।
भृकुटी बिकट नैन अति चंचल, इहिं छबिपर उपमा इक धावत।
धनुष देखि खंजन बिधि डरपत, उड़ी न सकत उड़िबै अकुलावत।
अधर अनूप मुरलि-सुर पूरत, गौरी राग अलापि बजावत।
सुरभी-वृन्द गोप-बालक-सँग, गावत अति आनन्द बढ़ावत।
कनक-मेखला कटि पीतांबर, निर्तत मन्द-मन्द सुर गावत।
सूर-स्याम-प्रनि-अंग-माधुरी, निरखत ब्रज-जन कैं मन भावत ॥ १ ॥

उपमा हरि-तनु देखि लजानी।
कोउ जल मैं, कोउ बननि रहीं दुरि, कोउ कोउ गगन समानी।
मुख निरखत ससि गयौ अम्बर कौं, तड़ित दसन-छबि हेरि।
मीन कमल कर-चरन नयन डर, जल मैं कियौ बसेरि।
भुजा देखि अहिराज लजाने, बिबरन पैठे धाइ।
कटि निरखत केहरि डर मान्यौ, बन बन रहे दुराइ।

गारी देहिं कबिनि कैं बरनत, श्री-अँग पटतर देत।
सूरदास हमकों सरमावत, नाउँ हमारौं लेत।।२।।

नैना घूँघट मैं न समात।
सुन्दर बदन नन्द-नन्दन कौ, निरखि-निरखि न अघात।
अति रस लुब्ध महा मधु लम्पट, जानत एक न बात।
कहा कहौं दरसन-मुख माते, ओट भएँ अकुलात।
बार-बार बरजत हौं हारी, तऊ टेव नहिं जात।
सूर तनक गिरिधर बिनु देखै पलक कलप सम जात ।। ३ ।।

विरह (भ्रमर गीत)

उधौ हम आजु भईं बड़ भागी।
जिन अँखियन तुम स्याम बिलोकि, तें अँखिया हम लागीं।
जैसें सुमन बास लै आवत, पवन मधुप अनुरागी।
अति आनंद होत है तैसें, अंग-अंग सुख रागी।
ज्यौं दरपन मैं दरस देखियत, दृष्टि परम रुचि लागी।
तैसें सूर मिले हरि हमकौं, बिरह - बिथा तन त्यागी ।। १ ।।

अँखियाँ हरि दरसन की प्यासी।
देख्यौ चाहतिं कमलनैन कौं, निसि-दिन रहतिं उदासी।
आए ऊधौ फिरि गए आँगन, डारि गए गर फाँसी।
केसरि तिलक मोतिनि की माला बृन्दावन के बासी।
काहू के मन की कोउ जानत, लोगनि के मन हाँसी।
सूरदास-प्रभु तुम्हरे दरस कौं, करवट लैहौं कासी ।। २ ।।

ऊधौ अँखियाँ अति अनुरागी।
इकटक मग जोवतिं अरु रोवतिं, भूलेहुँ पलक न लागी।

बिनु पावस पावस करि राखी, देखत हौ बिदमान।
अब धौं कहा कियौ चाहत हौ, छाँड़ौ निरगुन ज्ञान।
तुम हौ सखा स्याम सुंदर के, जानत सकल सुभाइ।
जैसें मिलैं सूर के स्वामी, सोई करहु उपाइ ॥ ३ ॥

आए जोग सिखावन पाँड़े।
परमारथी पुराननि लादे, ज्यौं बनजारे टाँड़े।
हमरे गति-पति कमल-नयन की, जोग सिखैं ते राँड़े।
कहौ मधुप कैसे समाहिंगे, एक म्यान दो खाँड़े।
कहु षट्पद कैसैं खैयतु है, हाथिन कै सँग गाँड़े।
काकी भूख गई बयारि भषि, बिना दूध घृत माँड़े।
काहै कौं झाला लै मिलवत, कौन चोर तुम डाँड़े।
सूरदास तीनौ नहिं उपजत, धनिया, धान कुम्हाँड़े ॥ ४ ॥

आयौ घोष बड़ौ ब्यौपारी।
खेप लादि गुरु ज्ञान जोग की, ब्रज मैं आनि उतारी।
फाटक दै कै हाटक माँगत, भोरौ निपट सुधारी।
धुरही तैं खोटौ खायौ है, लिये फिरत सिर भारी।
इनकैं कहे कौन डहकावै, ऐसी कौन अनारी।
अपनौ दूध छाँड़ि को पीवै, खारे कूप कौ बारी।
ऊधौ जाहु सबारैं ह्याँ तैं, बेगि गहरु जनि लावहु।
मुख माँगौ पैहौ सूरज प्रभु, साहुहिं आनि दिखावहु ॥ ५ ॥

ऊधौ मोहिं ब्रज बिसरत नाहीं।
वृन्दावन गोकुल बन उपवन, राघन कुंज की छाहीं।
प्रात समय माता जसुमति अरु, नंद देखि सुख पावत।
माखन रोटी दह्यौ सजायौ, अति हित साथ खवावत।
गोपी ग्वाल बाल सँग खेलत, सब दिन हँसत सिरात।
सूरदास धनि-धनि ब्रजवासी, जिनसौं हित जदुनाथ ॥ ६ ॥

ऊधौ हमरी सौं तुम जाहु ।
यह गोकुल पूनौ कौ चंदा, तुम ह्वै आए राहु ।
ग्रह के ग्रसे गुसा परगास्यौ, अब लौं करि निरबाहु ।
सब रस लै नँदलाल सिधारे, तुम पठए बड़ साहु ।
जोग बेचि कै तंदुल लीजै, बीच बसेरे खाहु ।
सरदास जबहीं उठि जैहौ, मिटिहै मन कौ दाहु ।। ७ ।।

तुलसीदास

हिन्दी साहित्य-माला मे रामभक्ति के गायक गोस्वामी तुलसीदास सुमेरु मणि के समान सुशोभित हैं। समूचे मध्यकाल में तुलसी का कवि-व्यक्तित्व एक दीपस्तम्भ-सा भासित है। साहित्य में जीवन की विविधतापूर्ण व्याख्या का जो उपक्रम तुलसी-काव्य में मिलता है वह अन्यत्र नहीं। तुलसीदास के जीवन-वृत्त के सम्बन्ध में यद्यपि अनेक प्रकार के मतभेद हैं, तथापि स्थूलतया उनके व्यक्तित्व और कवित्व से साहित्य-जगत् भलीभाँति परिचित हैं। इनका जन्म संवत् १५५४ विक्रमी (सन् १४९७ ई०) में जिला बांदा (उत्तर प्रदेश) के राजापुर नामक गाँव में हुआ। इनके पिता का नाम आत्माराम दूबे तथा माता का नाम हुलसी बताया जाता है—

गोद लिए हुलसी फिरैं, तुलसी सो सुत होय।

इनका बाल्यकाल अत्यन्त उपेक्षा तथा संघर्षमय वातावरण में बीता। कहते हैं, ज्योतिष के अनुसार, इनके जन्म के समय अशुभ समझा जाने वाला अभुक्त मूल नक्षत्र था। माता-पिता ने अमंगल के भय से इन्हें त्याग दिया। तब इनका पालन-पोषण मुनिया नाम की दासी ने किया। समय आने पर इन्हें महात्मा नरहरिदास के शिष्यत्व का सौभाग्य मिला। काशी के प्रसिद्ध विद्वान शेष सनातन से इन्होंने विभिन्न शास्त्रों का ज्ञान प्राप्त किया। संवत् १५८३ (सन् १५२६ ई०) में इनका विवाह पंडित दीनबन्धु पाठक की सुपुत्री रत्नावली से हो गया जो अपूर्व सुन्दरी और विदुषी थी। लोकश्रुति के अनुसार, रत्नावली के कारण ही तुलसीदास के जीवन में क्रान्तिकारी परिवर्तन हुआ। ये अपनी पत्नी की रूप-मोहिनी पर अत्यन्त आसक्त थे। एक बार जब वह मायके गई हुई थी तो तुलसी मोहान्ध हो, बिना सूचना दिए और बिना लोकलाज की चिन्ता किए अर्धरात्रि के समय वहाँ जा पहुँचे। रत्नावली ने इनके इस आचरण पर क्षुब्ध होकर इन्हें सचेत किया—

अस्थि चरममय देह मम, ता में ऐसी प्रीति।
तैसी जो श्रीराम महँ होति न तौ भवभीति॥

इससे तुलसी के ज्ञान-चक्षु खुल गए और ये अनन्य रामभक्त बन गए। अपने गुरु नरहरिदास के साथ ये पहले ही अनेक तीर्थों की यात्रा कर चुके थे और उनसे परम पवित्र रामकथा भी सुन चुके थे। अब ये अयोध्या तथा काशी में भक्ति-साधना के साथ-साथ काव्य-साधना भी करने लगे। कहते हैं, इनके अन्तिम दिन बड़े कष्ट में बीते। काशी में महामारी फैली। ये भी रोगग्रस्त हुए। वहीं संवत् १६८० विक्रम (सन् १६२३ ई०) में गंगा-तट पर इन्होंने प्राण-विसर्जन किया—

संवत् सोरह सौ असी, असी गंग के तीर।
श्रावण शुक्ला सप्तमी, तुलसी तज्यो सरीर॥

तुलसी काव्य-सागर में अनेक ग्रन्थ-मणियाँ समाहित हैं जिनमें 'रामचरित-मानस' सर्वश्रेष्ठ है। यह विश्व-साहित्य की विभूति है। इसमें तुलसी ने प्रसिद्ध राम-कथा के वर्णन के माध्यम से समूचे भारतीय जीवन, समाज और सांस्कृतिक परिप्रेक्ष्य को साकार कर दिया है।

मध्ययुग के प्रसिद्ध मुसलमान कवि अब्दुर्रहीम खानखाना के शब्दों में—

रामचरितमानस विमल, संतन जीवन प्रान।
हिंदुवान को वेद सम, जवनहिं प्रगट कुरान॥

इनकी अन्य प्रमुख रचनाएँ हैं—विनयपत्रिका, दोहावली, बरवै रामायण, गीतावली, जानकीमंगल तथा कवितावली। 'विनयपत्रिका' में तुलसी की भक्ति-भावना और दार्शनिक विचारधारा का उच्चतम निदर्शन है। 'गीतावली' एवं 'कवितावली' में इनकी कोमल रागात्मक अनुभूतियों की सरस-सुमधुर व्यंजना हुई है। राम-कथा के जिन मार्मिक प्रसंगों को तुलसी अपनी मर्यादावादिता के कारण 'मानस' में नहीं दे पाए उनका हृदयस्पर्शी चित्रण इन दोनों गेयात्मक काव्यकृतियों में मिलता है।

विषयवस्तु की दृष्टि से तुलसी की काव्यकृतियों में अद्भुत विविधता दिखाई देती है। सभी रचनाओं का प्राणतत्त्व यद्यपि रामभक्ति है और केन्द्र-बिन्दु मर्यादा पुरुषोत्तम राम हैं तथापि जीवन का कोई भी पक्ष इनकी रचनाओं में अछूता नहीं रहा। आचार्य रामचन्द्र शुक्ल के कथनानुसार "तुलसी के मानस से जो शील-शक्ति-सौन्दर्यमयी स्वच्छ धारा निकली, उसने जीवन की प्रत्येक स्थिति के भीतर पहुँचकर भगवान् के स्वरूप को प्रतिबिम्बित किया। राम-

चरित का इसी जीवन-व्यापकता ने उनकी वाणी को राजा-रंक, धनी-दरिद्र सबके हृदय और कण्ठ में चिरकाल के लिए, सतत रूप में बसा दिया। गोस्वामी जी की वाणी में जो स्पर्श करने की शक्ति है, वह अन्यत्र दुर्लभ है।"

तुलसीदास मूलत: लोकजीवन की विविधता में एकता अर्थात् समन्वय के कवि हैं। इनके समय में विभिन्न धर्मों और सम्प्रदायों के बीच जो असहिष्णुता व्याप्त थी उसे इन्होंने सहिष्णुता में बदलने का रचनात्मक प्रयास किया। इन्होंने अपने काव्य में मानव-जीवन के विविध पहलुओं, भक्ति के विभिन्न मार्गों, विभिन्न दार्शनिक विचारधाराओं में अद्भुत समन्वय कर दिखाया है—

(क) अगुनहिं सगुनहिं नहिं कछु भेदा।
गावहिं बुध पुरान मुनि वेदा॥
अगुन अरूप अलख अज जोई।
भगत प्रेम बस सगुण सो होई॥

(ख) ज्ञानहिं भक्तिहिं नहिं कछु भेदा।
उभय हरहिं भव संभव खेदा॥

तुलसी की यह समन्वय-साधना काव्यशिल्प के स्तर पर भी दृष्टिगत होती है। सामान्यत: इन्हें अवधी भाषा का कवि मान लिया जाता है, परन्तु वास्तव में इन्होंने अपने समय में लोक-प्रचलित सभी भाषा-रूपों का समन्वित प्रयोग किया। 'कवितावली' और 'गीतावली' में इनकी ब्रज-माधुरी स्पष्ट है। मानस, विनयपत्रिका और अन्य प्रमुख रचनाएँ अवधी भाषा में हैं। इन दोनों भाषाओं को तुलसी ने प्रांजल और परिनिष्ठित स्तर प्रदान किया। संस्कृत-प्रयोग में भी इन्होंने समान दक्षता दिखलाई है। 'मानस' के प्रत्येक काण्ड में मंगलाचरण के रूप में दिए गए श्लोक तथा अन्य भी अनेक स्तोत्र इन्हें संस्कृत का कुशल कवि सिद्ध करते हैं। युगीन प्रभाव के कारण, यत्र-तत्र अरबी-फारसी शब्दों का प्रयोग भी इनके काव्य में हुआ है। तुलसी की भाषा-शक्ति का एक सबल पक्ष उसकी लाक्षणिकता, व्यंजकता और सूक्ति-प्रधानता है। इनके काव्य में समाविष्ट अनेक सूक्तियाँ लोकवाणी में घुल-मिलकर जन-जीवन का अभिन्न अंग बन चुकी हैं। अप्रस्तुत-विधान की दृष्टि से भी तुलसी का काव्य पर्याप्त समृद्ध है। विषय-वस्तु की विविधता के कारण प्राय: सभी अलंकार इनकी कविता में विनियोजित हैं। साथ ही, तुलसी ने प्रबन्ध और मुक्तक— दोनों काव्य-शैलियों में रचना की है।

विनय-पत्रिका

(१)

कबहुँक अम्ब अवसर पाइ।
मेरिऔ सुधि द्याइबी, कछु करुन-कथा चलाइ ॥ १ ॥
दीन सबअंगहीन छीन मलीन अघी अघाइ।
नाम लै भरै उदर एक प्रभु-दासी-दास कहाइ ॥ २ ॥
बूझिहैं 'सो है कौन', कहिबी नाम दसा जनाइ।
सुनत राम कृपालुके मेरी बिगरिऔ बनि जाइ ॥ ३ ॥
जानकी जगजननि जन की किये बचन सहाइ।
तरै तुलसीदास भव तव नाथ गुनगन गाइ ॥ ४ ॥

(२)

राम जपु, राम जपु, राम जपु बावरे !
घोर भव-नीर-निधि नाम निज नाव रे ॥ १ ॥
एक ही साधन सब रिद्धि-सिद्धि साधि रे।
ग्रसे कलि-रोग जोग-संजम-समाधि रे ॥ २ ॥
भलो जो है, पोच जो है, दाहिनों जो बाम रे।
राम-राम ही सों अंत सब ही को काम रे ॥ ३ ॥
जग नभ-वाटिका रही है फलि-फूलि रे।
धुवाँ कैसे धौरहर देखि तू न भूलि रे ॥ ४ ॥
राम-नाम छाँड़ि जो भरोसो करै और रे।
तुलसी परोसो त्यागि माँगे कूर कौर रे ॥ ५ ॥

(३)

मेरो भलो कियो राम आपनी भलाई।
हौं तो साईं-द्रोही, पै सेवक-हित साइ ॥ १ ॥

राम-सो बड़ो है कौन, मो-सो कौन छोटो।
राम-सो खरो है कौन, मो-सो कौन खोटो ॥ २ ॥
लोक कहैं, राम को गुलाम हौं कहावौं।
एतो बड़ो अपराध भौ, न मन बावौं ॥ ३ ॥
पाथ-माथे चढ़े तृन तुलसी ज्यों नीचो।
बोरत न बारि ताहि जानि आपु-सींचो ॥ ४ ॥

(४)

जागु जागु जीव जड़ ! जोहै जग-जामिनी।
देह-गेह-नेह जानि जैसे घन-दामिनी ॥ १ ॥
सोवत सपनेहुँ सहै संसृति-संताप रे।
बूड़्यो मृग-बारि, खायो जेवरी को साँप रे ॥ २ ॥
कहैं वेद बुध तू तो बूझि मन माँहि रे।
दोष-दुख सपने के जागे ही पै जाहिं रे ॥ ३ ॥
तुलसी जागे ते जाइ ताप तिहूँ ताय रे।
राम-नाम-सुचि-रुचि सहज सुभाय रे ॥ ४ ॥

(५)

देव !
दीन को दयालु दानि दूसरो न कोऊ।
जासों दीनता कहौं हौं देखौं दीन सोऊ ॥ १ ॥
सुर नर मुनि असुर नाग साहब तौ घनेरे।
(पै) तौलों जौलों रावरे न नेकु नयन फेरे ॥ २ ॥
त्रिभुवन तिहुँ काल बिदित वेद बदति चारी।
आदि अन्त मध्य राम साहबी तिहारी ॥ ३ ॥
तोहि माँगि माँगनो न माँगनो कहायो।
सुनि सुभाव सील सुजसु जाचन जन आयो ॥ ४ ॥
पाहन, पसु, बिटप, बिहंग अपने करि लीन्हें।
महाराज दसरथ के ! रंक राय कीन्हें ॥ ५ ॥

तू गरीब को निवाज, हौं गरीब तेरो।
बारक कहिये कृपालु ! तुलसिदास मेरो ॥ ६ ॥

(६)

ऐसी मूढ़ता या मन की।
परिहरि राम-भगति-सुरसरिता आस करत ओसकन की ॥ १ ॥
धूम-समूह निरखि चातक ज्यों, तृषित जानि मति घन की।
नहिं तहँ सीतलता न बारि, पुनि हानि होति लोचन की ॥ २ ॥
ज्यों गच-काँच विलोकि सेन जड़ छाँह आपने तन की।
टूटत अति आतुर अहार-बस, छति बिसारि आनन की ॥ ३ ॥
कहँलौं कहौं कुचाल कृपानिधि, जानत हौ गति जन की।
तुलसिदास प्रभु हरहु दुसह दुख, करहु लाज निज पन की ॥ ४ ॥

(७)

बिरद गरीब-निवाज राम को।
गावत बेद-पुरान, संभु, सुक, प्रगट प्रभाउ नाम को ॥ १ ॥
ध्रुव,प्रहलाद,बिभीषन,कपिपति,जड़ पतंग,पांडव,सुदाम को।
लोक सुजस, परलोक सुगति, इन्ह में को है राम-काम को ॥ २ ॥
गनिका, कोल, किरात, आदिकवि, इन्हते अधिक बाम को।
बाजिमेघ कब कियो अजामिल, गज गायो कब साम को ॥ ३ ॥
छली, मलीन, हीन सबही अँग, तुलसी सों छीन छाम को।
नाम-नरेस-प्रताप प्रबल जग, जुग-जुग चालत चाम को ॥ ४ ॥

(८)

जाउँ कहाँ तजि चरन तुम्हारे।
काको नाम पतित-पावन जग, केहि अति दीन पियारे ॥ १ ॥
कौन देव बराइ बिरद-हित हठि-हठि अधम उधारे।
खग, मृग, ब्याध, पषान, बिटप जड़, जवन कवन सुर तारे ॥ २ ॥
देव, दनुज, मुनि, नाग, मनुज, सब, माया-बिबस बिचारे।
तिनके हाथ दास तुलसी प्रभु, कहा अपनपौ हारे ॥ ३ ॥

(६)

माधव ! मोह-फाँस क्यों टूटै ।
बाहर कोटि उपाय करिय, अभ्यंतर-ग्रन्थि न छूटै ॥ १ ॥
घृतपूरन कराह अंतरगत, ससि-प्रतिबिम्ब दिखावै ।
इंधन अनल लगाय कलपसत, औंटत नास न पावै ॥ २ ॥
तरु-कोटर महँ बस बिहंग, तरु काटे मरै न जैसे ।
साधन करिय विचार-हीन मन, सुद्ध होइ नहिं तैसे ॥ ३ ॥
अन्तर मलिन, विषय मन अति, तन पावन करिय पखारे ।
मरइ न उरग अनेक जतन बलमीकि बिबिध बिधि मारे ॥ ४ ॥
तुलसिदास हरि-गुरु-करुना बिनु, बिमल बिबेक न होई ।
बिन बिबेक संसार-घोर-निधि, पार न पावै कोई ॥ ५ ॥

कविताावली (केवट प्रसंग)

नाम अजामिल से खलकोटि
अपार नदी भव बूड़त काढ़े ।
जो सुमिरे गिरि मेरु सिला-कन,
होत अजाखुर बारिधि बाढ़े ॥
तुलसी जेहि के पदपंकज तें
प्रगटी तरिनी जो हरे अघ गाढे ।
सो प्रभु स्वै सरिता तरिबे कहँ
माँगत नाव करारे ह्वै ठाढे ॥ १ ॥

एहि घाट तें थोरिक दूर अहै
कटि लौं जल-थाह देखाइहौं जू ।
परसे पगधूरि तरै तरनी,
घरनी घर क्यों समुझाइहौं जू ? ॥

तुलसी अवलम्ब न और कछू,
लरिका केहि भाँति जिआइहौं जू ?।
बरु मारिए मोहिं, बिना पग धोए
हौं नाथ न नाव चढ़ाइहौं जू ॥ २ ॥

रावरे दोष न पायँन को,
पगधूरी को भूरि प्रभाउ महा है।
पाहन तें बन-बाहन काठ को
कोमल है, जल खाइ रहा है॥
पावन पायँ पखारि कै नाव चढ़ाइहौं,
आयसु होत कहा है ?।
तुलसी सुनि केवट के वर बैन
हँसे प्रभु जानकी ओर हहा है॥ ३ ॥

पात भरी सहरी सकल सुत बारे, बारे
केवट की जाति कछु बेद ना पढ़ाइहौं।
सब परिवार मेरो याही लागि, राजा जू !
हौं दीन बित्तहीन कैसे दूसरी गढ़ाइहौं ?।
गौतम की घरनी ज्यों तरनी तरैगो मेरी,
प्रभु सों निषाद ह्वै कै बाद न बढ़ाइहौं।
तुलसी के ईस राम रावरे सों साँची कहौं,
बिना पग धोए नाथ नाव न चढ़ाइहौं॥ ४ ॥

जिनकों पुनीत बारि धारे सिर पै पुरारि,
त्रिपथगामिनी-जसु बेद कहै गाइ कै।
जिनकों जोगींद्र मुनिबृंद देव देह दमि
करत बिराग जप जोग मन लाइ कै॥

तुलसी जिनकी धूरि परसि अहल्या तरी,
गौतम सिधारे गृह गौनो सो लिवाइ कै।
तेई पायँ पाइकै चढ़ाइ नाव धोए बिनु,
ख्वैहौं न पठावनी कै ह्वैहों न हँसाइ कै ?। ५ ॥

प्रभुरुख पाइ कै बोलाइ बाल घरनिहिं,
बन्दि कै चरन चहूँ दिसि बैठे घेरि घेरि।
छोटो सो कठौता भरि आनि पानी गंगाजू को,
धोइ पाँय पीयत पुनीत बारि फेरि फेरि।
तुलसी सराहैं ताको भाग सानुराग सुर
बरषैं सुमन जय जय कहै टेरि टेरि।
बिबुध-सनेह-सानी बानी असयानी सूनी,
हँसे राघौ जानकी लषन तन हेरि हेरि ॥ ६ ॥

बिहारी

बिहारी उत्तरमध्ययुग अर्थात् रीतिकाल के प्रतिनिधि कवि हैं। इन्होंने यद्यपि 'बिहारी सतसई' नामक एक ही काव्यकृति की रचना की तथापि इसमें समस्त रीतिकालीन काव्य-प्रवृत्तियों का अनूठा समाहार दिखाई देता है। शृंगार, भक्ति, नीति, अन्योक्ति, प्रकृति-चित्रण आदि सभी विषयों पर बिहारी ने अपने विलक्षण काव्य-कौशल का परिचय दिया है। इनका जन्म संवत् १६५२ विक्रमी (सन् १५९५ ई०) में ग्वालियर (वर्तमान मध्य प्रदेश) के निकट बसुआ गोविन्दपुर नामक गाँव में हुआ। इनके पिता का नाम केशवराय था। ये माथुर चौबे ब्राह्मण थे। इनका बाल्यकाल बुंदेलखण्ड में तथा विवाहोपरान्त शेष जीवन अधिकांशत: इनकी ससुराल मथुरा में व्यतीत हुआ। इस सम्बन्ध में यह उक्ति साहित्य-जगत् में प्रसिद्ध है—

जनम ग्वालियर जानिये, खंड बुंदेले बाल।
तरुनाई आई सुखद, मथुरा बसि ससुराल॥

बिहारी विविध भाषाओं के ज्ञाता और अनुभवसिद्ध व्यक्ति थे। इनकी सतसई से इनकी बहुज्ञता का स्पष्ट परिचय मिल जाता है। वाक्पटुता और काव्य-प्रतिभा ने इन्हें शीघ्र ही लोकप्रिय बना दिया। पहले ये सम्राट शाहजहाँ के दरबार में समादृत हुए। वहाँ से अन्य राजाओं द्वारा भी आमन्त्रित किए जाते रहे। जयपुर-नरेश मिर्ज़ा राजा जयसिंह को इन्होंने अपनी वाक्चातुरी से इतना प्रभावित किया कि इन्हें स्थायी रूप से वहाँ का राज-कवि बना दिया गया। उन्हीं के आग्रह पर बिहारी ने अपनी प्रसिद्ध 'सतसई' की रचना की जो उनके जीवनकाल में ही जनसामान्य और विद्वत्समाज में बहुत लोकप्रिय हो गई—

हुकुम पाय जयसाहिको, हरि राधिका प्रसाद।
करी बिहारी सतसई, भरी अनेक संवाद॥

कहते हैं, इनकी पत्नी बहुत सुन्दरी और विदुषी थी। इनकी कोई सन्तान नहीं थी। पत्नी के देहावसान के उपरान्त ये विरक्त हो गए। संवत् १७२० विक्रमी (सन् १६६३ ई०) में इनका देहावसान हो गया।

काव्य-रचना की दृष्टि से, 'बिहारी सतसई' ही इनकी एकमात्र कृति है जो हिन्दी की सतसई परम्परा की अमूल्य मणि है। इसमें ७१९ दोहे हैं और प्रत्येक दोहा अपने-आप में एक रमणीय चित्र के समान है। प्रतिपाद्य की दृष्टि से इसमें श्रृंगार की प्रधानता है। लगभग छः सौ दोहों में श्रृंगार के विभिन्न रूपों, अंगों और उसकी विविध अवस्थाओं का मनोरम चित्रण है। आलम्बन-आश्रय के रूप-चित्रण, प्रणयालाप, हास-विलास, भाव-अनुभाव की आकर्षक झाँकियाँ सहृदयों को मन्त्रमुग्ध कर लेती हैं। यथा—

(क) चमचमात चंचल नयन, बिच घूँघट पट झीन।
मानहु सुरसरिता विमल, जल अछरत जुग मीन।।

(ख) बतरस लालच लाल को, मुरली धरी लुकाइ।
सौंह करै, भौंहनु हँसै, दैन कहै, नटि जाय।।

(ग) कहत नटत रीझत खिझत, मिलत खिलत लजियात।
भरै भौंनु में करत हैं, नैंननु सों ही बात।।

'बिहारी सतसई' में श्रृंगार की मादकता के साथ भक्ति की तन्मयता भी है। पूरी सतसई के नायिका-नायक रूप में तो राधा-कृष्ण इनके केन्द्रबिन्दु हैं ही, शुद्ध भक्ति की दृष्टि से भी इन्होंने प्रायः इन्हीं के ध्यान में मन रमाया है—

(क) मेरी भव बाधा हरौ, राधा नागरि सोइ।
जा तन की झाँई परै, स्याम हरित दुति होइ।।

(ख) पतवारी माला पकरि, और न कछू उपाउ।
तरि संसार पयोधि कौ, हरि नावैं कर नाउ।।

इसके अतिरिक्त प्रकृति-चित्रण और नीति-कथन में भी बिहारी अद्वितीय हैं—

(क) छकि रसाल सौरभ सने मधुर माधवी गंध।
ठौर-ठौर झूमत झँपत, भौंर भौंर मधुगंध।।
रनित भृंग घंटावली, झरत दान मधु नीर।
मंद मंद आवत चल्यो, कुंजर कुंज समीर।। (प्रकृति-चित्रण)

(ख) नर की अरु नलनीर की गति एकै करि जोय।
जेतो नीचो ह्वै चलै, तेतो ऊँचो होय।।
कोटि जतन कोऊ करै, परै न प्रकृतिहिं बीच।
नल बल जल ऊँचो चढ़ै, अन्त नीच को नीच।।

दुसह दुराज प्रजान कौ, क्यों न बढ़ै दुख द्वंद।
अधिक अँधेरो जग करैं, मिल मावस रविचंद ।। (नीति-कथन)

अन्योक्ति और वक्रोक्ति के तो बिहारी सम्राट हैं। इनकी श्रृंगार-नीति तथा काव्य-विधायक अन्योक्तियाँ बहुत प्रसिद्ध हैं, जैसे—

मरत प्यास पिंजरा पर्‌यो, सुवा समै के फेर।
आदर दै दै बोलियत, बायस बलि की बेर ।।

इसका व्यंग्यार्थ यह है कि विद्वान्, शास्त्रज्ञ और निपुण कलाकार भूखे मरते हैं तथा चाटुकार लोग आदर पाते हैं।

भाषा-शिल्प की दृष्टि से 'बिहारी सतसई' ब्रज-काव्य की महान् विभूति है। शब्दावली परिमार्जित, चुटीली और हृदयग्राही है। कम से कम शब्दों में अधिकाधिक भाव भर देने की जैसी समता बिहारी ने दिखाई है वैसी उस युग के अन्य कवियों में नहीं मिलती। इस सम्बन्ध में यह दोहा बहुत प्रसिद्ध है—

सतसैया के दोहरे ज्यों नावक के तीर।
देखन में छोटे लगें, घाव करें गम्भीर ।।

लाक्षणिकता और उक्ति-वैचित्र्य से इनका प्रत्येक दोहा सहृदयों को चमत्कृत कर देता है। यथा—

दृग उरझत टूटत कुटुम, जुरत चतुर चित प्रीति।
परति गाँठि दुरजन हिये, नई दई यह रीति ।।

'गागर में सागर' की उक्ति के अनुसार इनके हर दोहे में अथाह भाव हैं। एक-एक दोहे के अनेक अर्थ विद्वानों ने किए हैं फिर भी बिहारी का मर्म पूर्णतया उद्‌घाटित नहीं हो पाता। शैली की दृष्टि से बिहारी श्रेष्ठ मुक्तककार हैं। उनकी मुक्तक कला की प्रशंसा आलोचकों ने मुक्त कण्ठ से की है। भाषा की समास-शक्ति और कल्पना की समाहार-शक्ति की विलक्षणता ने बिहारी के प्रत्येक दोहे को उत्कृष्ट काव्य-खण्ड का रूप दे दिया है। अर्थ-ध्वनन, नाद-सौन्दर्य और सटीक अप्रस्तुत योजना इन काव्य-चित्रों के मंडन हैं। आचार्य हजारीप्रसाद द्विवेदी के शब्दों में 'बिहारी सतसई' सैकड़ों वर्षों से रसिकों का हिय-हार बनी हुई है और तब तक बनी रहेगी जब तक इस संसार में सहृदयता है।"

भक्ति

मेरी भव-बाधा हरौ, राधा नागरि सोइ।
जा तन की झाँई परै स्यामु हरित-दुति होइ॥ १॥

तजि तीरथ, हरि राधिका-तन-दुति करि अनुराग।
जिंहि ब्रज-केलि-निकुंज-मग पग पग होत प्रयाग॥ २॥

सीस मुकुट कटि काँछनी, कर मुरली उर माल।
यह बानक मो मन बसौ, सदा बिहारीलाल॥ ३॥

या अनुरागी चित्त की गति समुझै नहिं कोइ।
ज्यों ज्यों बूड़े स्याम रँग त्यों-त्यों उज्जलु होइ॥ ४॥

जपमाला, छापैं, तिलक, सरै न एकौ कामु।
मन काँचै नाचै वृथा, साँचै राँचै रामु॥ ५॥

करौं कुबत जग, कुटिलता तजौं न, दीनदयाल।
दुःखी होउगे सरल हिय, बसत त्रिभंगीलाल॥ ६॥

दूर भजत प्रभु पीठि दै, गुन-विस्तारन-काल।
प्रगटत निर्गुन निकट रहि, चंग रंग भूपाल॥ ७॥

गिरि तें ऊँचे रसिक मन, बूड़े जहाँ हजारु।
वहै सदा पसु नरन कौं, प्रेम पयोधि पगारु॥ ८॥

मैं समुझ्यौ निरधार, यह जगु काँचौ काँच सौ।
एकै रूपु अपार, प्रतिबिम्बित लखियतु तहाँ॥ ९॥

मोहनि मूरति स्याम की, अति अद्भुत गति जोइ
बसतु सुचित अंतर तऊ, प्रतिबिम्बित जगु होइ ॥ १० ॥

जम-करि-मुँह-तरहरि पर्‌यौ, इहिं धरहरि चित लाउ।
विषय-तृषा परिहरि अजौं, नर हरि के गुन गाउ ॥ ११ ॥

श्रृंगार

(षट्ऋतु-वर्णन)

कहलाने एकत बसत अहि मयूर मृग बाघ।
जगत तपोवन सो कियो दीरघ दाघ निदाघ ॥ १ ॥

बैठि रही अति सघन बन, पैठि सदन तन माँह।
निरखि दुपहरी जेठ की, छाँहौं चाहति छाँह ॥ २ ॥

नाहिन ये पावक प्रबल, लुवैं चलत चहुँ पास।
मानहुँ विरह वसन्त के ग्रीषम लेत उसाँस ॥ ३ ॥

पावस-घन-अँधियार में रह्यौ भेद नहिं आन।
राति द्यौस जान्यों परत लखि चकवी चकवान ॥ ४ ॥

धुरवा होंहि न अलि इहैं, धुँआ धरनि चहुँ कोद।
जारत आवत जगत कों, पावस प्रथम पयोद ॥ ५ ॥

उठि ठकु ठकु एतो कहा पावस के अभिसार।
जानि परैगी देखियौ, दामिनि घन अँधियार ॥ ६ ॥

प्रलय करन बरषन लगे जुरि जलधर इक साथ।
सुरपति गरबु हर्‌यौ हरषि गिरिधर गिरि धरि हाथ ॥ ७ ॥

घन घेरौ छुटिगो हरषि, छली चहुँ दिसि राह।
कियौ सुचैनौ आय जग, सरद सूर नरनाह ॥ ८ ॥

अरुन सरोरुह कर चरन, दृग-खंजन, मुख-चंद।
समै आइ सुन्दरि सरद, काहि न करत अनंद ॥ ९ ॥

आड़े दै आले बसन, जाड़े हूँ की राति।
साहसु ककैं सनेह बस, सखी सबै ढिंग जाति ॥ १० ॥

मिलि विहरत बिछुरत मरत, दम्पति अति रसलीन।
नूतन विधि हेमन्त ऋतु, जगत जुराफा कीन ॥ ११ ॥

कियौ सबै जग काम बस जीते जिते अजेय।
कुसुमसरहिं सर धनुष कर, अगहन गहन न देय ॥ १२ ॥

रहि न सकी सब जगत में, सिसिर सीत कें त्रास।
गरमी भजि गढ़वै भई, तिय कुच अचल मवास ॥ १३ ॥

तपन-तेज तापन-तपन, तूल तुलाई माँह।
सिसिर सीत क्योंहु न मिटै, बिनु लपटे तिय नाह ॥ १४ ॥

फिर घर कों नूतन पथिक, चले चकित चित भागि।
फूल्यौ देखि पलास बन, समुहैं समुझि दवागि ॥ १५ ॥

छकि रसाल सौरभ सने, मधुर माधवी गन्ध।
ठौर ठौर झूमत झँपत, भौंर झौंर मधु-अन्ध ॥ १६ ॥

कुञ्ज-भवनु तजि भवन कौं, चलियै नन्दकिसोर।
फूलति कली गुलाब की, चटकाहट चहुँ ओर ॥ १७ ॥

नीति

तंत्री नाद कवित्त रस, सरस राग रति रंग।
अनबूड़े, बूड़े, (तिरे, जे बूड़े सब अंग ।। १ ।

दुसह दुराज प्रजानि कौं, क्यों न बढ़ैं अति दंद।
अधिक अँधेरौ जग करैं, मिलि मावस रवि चंद ।। २ ।।

नहिं परागु नहिं मधुर मधु, नहिं विकासु इहिं काल।
अली, कली ही सौं बँध्यौ, आगै कौन हवाल ।। ३ ।।

कनक कनक तें सौ गुनी मादकता अधिकाइ।
उहिं खाए बौराइ जगु, इहिं पाएँ बौराइ ।। ४ ।।

दृग उरझत, टूटत कुटुम, जुरत चतुर चित प्रीति।
परति गाँठि दुरजन हियें, दई नई, यह रीति ।। ५ ।।

अति अगाध अति औथरौ, नदी कूप सरु बाइ।
सो ताकौ सागरु, जहाँ, जाकी प्यास बुझाइ ।। ६ ।।

नायिका वर्णन

पाँइ महावरु दैन कौं, नाइनि बैठी आइ।
फिरि फिरि जानि महावरी, एड़ी मींड़ति जाइ ।। १ ।।

पत्रा हीं तिथि पाइयैं बा घर के चहुँ पास।
नित प्रति पून्यौं ही रहै, आनन-ओप उजास ।। २ ।।

कहत, नटत, रीझत, खिझत, मिलत, खिलत, लजियात।
भरे भौन में करत हैं, नैननु ही सब बात ।। ३ ।।

रस - सिगारु मंजनु किए, कंजनु भंजन दैन।
अंजनु रंजनु हूँ बिना खंजनु गंजनु नैन ॥ ४ ॥

झीनें पट में झुलमुली, झलकति ओप अपार।
सुरतरु की मनु सिंधु में, लसति सपल्लव डार ॥ ५ ॥

विरह

प्रजर्‌यौ आगि बियोग की, बह्यौ बिलोचन-नीर।
आठौं जाम हियैं रहै, उड़यौं उसाँस - समीर ॥ १ ॥

दुसह बिरह दारुन दसा, रहै न और उपाइ।
जात जात ज्यौं राखियतु, प्यौ कौ नाँउ सुनाइ ॥ २ ॥

करके मीड़े कुसुम लौं, गई बिरह कुम्हिलाइ।
सदा समीपिनि सखिनु हूँ, नीठि पिछानी जाइ ॥ ३ ॥

लाल तिहारे बिरह की, अगनि अनूप, अपार।
सरसै बरसैं नीर हूँ, झर हूँ मिटै न झार ॥ ४ ॥

कागद पर लिखत न बनत, कहत सँदेसु लजात।
कहिहैं सबु तेरौ हियो, मेरे हिय की बात ॥ ५ ॥

बिरह - बिकल बिनुही, लिखी पाती दई पठाइ।
आँक बिहूनीयौ सुचित, सूनैं बाँचत जाइ ॥ ६ ॥

तर झुरसी, ऊपर गरी, कज्जल-जल छिरकाइ।
पिय पाती बिन ही लिखी, बाँची बिरह - बलाइ ॥ ७ ॥

कर लै, चूमि चढ़ाइ सिर, उर लगाइ, भुज भेटि।
लहि पाती पिय की लखति बाँचति, धरति समेटि ॥ ८ ॥

लाज लगाम न मानहीं, नैना मो बस नाहिं।
ए मुँह जोर तुरंग ज्यों, ऐंचत हूँ चलि जाहिं॥ ९॥

फिर फिरि बूझति कहि कहा कह्यौ साँवरे गात।
कहा करत देखे कहाँ, अली चली क्यौं बात॥ १०॥

दुखहाइनु चरचा नहीं, आनन आनन आन।
लगी फिरैं ढूँका दिए, कानन कानन कान॥ ११॥

अधर धरत हरि कैं परत, होंठ डीठि पट्ट जोति।
हरित बाँस की बाँसुरी, इन्द्रधनुष सी होति॥ १२॥

भूषण

उत्तरमध्ययुग की रीति-प्रवृत्ति तथा शृंगारिक काव्यधारा के मध्य वीर-भवना का ओजस्वी स्वर निनादित करने वाले कवि भूषण का हिन्दी-साहित्य में अपना एक अलग महत्त्व है। इनके वास्तविक नाम, जन्म-समय और स्थान आदि के सम्बन्ध में कोई निश्चित साक्ष्य उपलब्ध नहीं; फिर भी साहित्य के अनुसन्धाता विद्वानों ने विभिन्न सूत्रों से इनके जीवन-वृत्त के सम्बन्ध में जो अनुमान प्रस्तुत किए हैं उनसे प्रायः समस्त साहित्य-जगत् सहमत है। तदनुसार इनका वास्तविक नाम मनीराम अथवा पतिराम था और बाद में चित्रकूट के सोलंकी नरेश हृदयराम के सुपुत्र रुद्र ने इन्हें 'भूषण' की उपाधि से विभूषित किया। किन्तु इनके समूचे काव्य में कहीं भी उपर्युक्त नामों का संकेत नहीं; सर्वत्र 'भूषण' नाम ही प्रयुक्त हुआ है; अतः अधिकांश समीक्षक इनका मूल नाम भूषण ही स्वीकार करते हैं। प्राप्त साक्ष्यों के अनुसार इनका जन्म संवत् १६७० विक्रमी (सन् १६१३ ई०) में उत्तर प्रदेश के जिला कानपुर के अन्तर्गत तिकवाँपुर गाँव में हुआ। इनके पिता का नाम रत्नाकर त्रिपाठी था। उल्लेखनीय है कि उत्तरमध्यकाल (रीतिकाल) के प्रसिद्ध कवि चिन्तामणि और मतिराम भी इन्हीं रत्नाकर त्रिपाठी के पुत्र थे। इनके एक अन्य भाई का नाम जटाशंकर अथवा नीलकंठ बताया जाता है। किंवदन्ती है कि ये बड़े स्वाभिमानी और मनमौजी स्वभाव के थे; अतः परिवार में इनकी उपेक्षा होती थी। परिणामस्वरूप इन्होंने गृह-त्याग कर अपनी प्रतिभा और वाक्‌चातुरी के सहारे स्वावलम्बी बनने का संकल्प लिया। इनके अग्रज आचार्य कवि चिंतामणि औरंगज़ेब की राजसभा में समादृत थे। उन्हीं के माध्यम से भूषण भी वहाँ पहुँचे; किन्तु औरंगजेब की अन्यायपूर्ण अनीतियों से खिन्न होकर ये वहाँ से चले आए। इसके अतिरिक्त इन्होंने क्रमशः मोरंग, कुमाऊँ, श्रीनगर (गढ़वाल), रीवां, अम्बेर, जोधपुर, चित्तौड़ आदि राज्यों में भी कवि-कौशल दिखाया किन्तु इनका मन कहीं सन्तुष्ट न हुआ। अन्ततः ये समकालीन मराठा वीर छत्रपति शिवाजी के पास पहुँचे जहाँ इनकी मनोवृत्ति और अन्तश्चेतन के अनुकूल इन्हें

काव्य-प्रतिभा के विकास का स्वर्णावसर प्राप्त हुआ। इन्होंने स्वयं कहा है—

मोरंग जाहु कि जाहु कुमाऊँ, सिरीनगरै के कवित्त बनाये।
बांधव जाहु कि जाहु अमेरि कि जोधपुरै कि चितौरहि धाये।।

× × ×

भूषण गाय फिरौ महि मैं, चित चैन मिलै सिवराज रिझाये।।

तथा—

और राजा राव न हौं मन में ल्याऊँ नेक,
सिवा को सराहौं, कि सराहौं छत्रसाल को।

शिवाजी से भूषण का पर्याप्त सम्मान मिला। कहते हैं उन्होंने कवि को ५२ गाँव, ५२ हाथी और ५२ लाख मुद्राएँ प्रदान कीं। यहीं कवि ने अपनी प्रसिद्ध काव्यकृति 'शिवभूषण' अथवा 'शिवराज भूषण' की रचना की। शिवाजी के देहावसान के उपरान्त, वहाँ से लौटते समय मार्ग में इनकी भेंट पन्ना-नरेश छत्रसाल से हुई। वहाँ भी ये सम्मानित हुए। कहते हैं, वहाँ से चलते समय महाराजा छत्रसाल ने स्वयं कवि भूषण की पालकी में कंधा लगाया। इसके अतिरिक्त, इनका कुछ समय तक शिवाजी के पुत्र साहू जी की राज-सभा में भी प्रतिष्ठित होने का उल्लेख मिलता है। इनका देहावसान १०२ वर्ष की आयु में, संवत् १७७२ विक्रमी (सन् १७१५ ई०) में हुआ।

कवि भूषण की रचनाओं में शिवराज भूषण (या शिवभूषण), शिवा बावनी तथा छत्रसाल-दशक के नाम विशेष प्रसिद्ध हैं। 'शिवराजभूषण' या 'शिवभूषण' मूलतः एक अलंकार-ग्रंथ है जिसमें भूषण ने अपने समय की परिपाटी के अनुसार प्रमुख अलंकारों के संक्षिप्त लक्षण देकर, उनके उदाहरण-स्वरूप शिवाजी के शौर्य-पराक्रम का जीवन्त वर्णन किया है। 'शिवा बावनी' भूषण की कोई स्वतन्त्र रचना नहीं है। लगभग सौ वर्ष पूर्व (सन् १८९० में ई०) कच्छ के एक प्रकाशक 'गोवर्धनदास लक्ष्मीदास' ने भूषण-रचित वीर रस-पूर्ण बावन कवित्तों का संग्रह प्रकाशित किया, वही बाद में 'शिवा बावनी' के नाम से प्रसिद्ध हो गया। 'छत्र-साल दशक' में पन्ना के बुंदेला वीर छत्रसाल के शौर्य-वर्णन सम्बन्धी केवल दस छंद संकलित हैं।

भूषण के काव्य की मूल संवेदना वीर-प्रशस्ति, जातीय गौरव और शौर्य वर्णन है। सेनानायकों और सैनिकों के वीरोचित उत्साह, शस्त्रास्त्र-संचालन,

युद्ध के लोमहर्षक परिवेश तथा आतंकित शत्रुओं के मानसिक द्वन्द्व का इन्होंने अत्यन्त विशद एवं सजीव चित्रण किया है। इनकी सम्पूर्ण कविता वीर रस और ओज गुण से ओतप्रोत है जिसके नायक शिवाजी हैं और प्रतिनायक औरंगज़ेब। औरंगज़ेब के प्रति उनका जातीय वैमनस्य न होकर, शासक-रूप में उसकी अनीतियों के विरुद्ध है। अन्यथा बाबर, अकबर, जहाँगीर, शाहजहाँ आदि की भूषण ने प्रशंसा न की होती—

बब्बर अकब्बर हुमायूँ हद बाँधि गये,
हिन्दू और तुरुक, कुरान वेद ढब की।
इन पातसाहन में हिंदुन की चाह हुती,
जहाँगीर साहजहाँ साख पूरै तब की।

इसके विपरीत औरंगज़ेब ने कूटनीति से अपने पिता एवं भाइयों को बंदी बना कर प्रजा पर भी अनेक अत्याचार किये। राष्ट्र-नायक शिवाजी के प्रति उसका दुर्व्यवहार भला कवि को कैसे सहज हो सकता था—

(क) किबले के ठौर बाप बादसाह साहजहाँ
वाको कैद कीन्हों, मानो मक्के आगि लाई है।
बड़ो भाई दारा वाको पकरि के मारि डार्‌यो,
मेहर हू नाहिं माँ को जायो सगो भाई है॥

(ख) सबन के ऊपर ही ठाढ़ो रहिबे के जोग,
ताहि खरो कियो छ हजारन के नियरे।
× × ×
भूषण भनत महाबीर बलकन लाग्यो,
सारी पातसाही के उड़ाय गये जियरे।
तमक तें लाल मुख सिवा को निरखि, भये
स्याह मुख नौरंग, सिपाह मुख पियरे॥

भूषण के काव्य की एक अन्य विशेषता यह है कि उसमें समकालीन इतिहास की भी एक विहंगम झलक मिल जाती है। भाषा-शिल्प की दृष्टि से भी भूषण अपने समकालीन कवियों से पर्याप्त भिन्न प्रतीत होते हैं। यद्यपि मूलतः इनकी काव्यभाषा ब्रज है तथापि इन्होंने अरबी-फारसी की राजदरबारी और युद्ध-सम्बन्धी विशिष्ट शब्दावली का सुष्ठु प्रयोग किया है। कहीं-कहीं छंद-सीमा

तथा अनुप्रास आदि के आग्रहवश शब्दों की तोड़-मरोड़ भी हुई है किन्तु वीर भावोचित ओजस्विता सर्वत्र विद्यमान है—

(क) कुंडन के ऊपर कड़ा के उठे ठौर ठौर,
जीनन के ऊपर खड़ा के खड़गन के।

(ख) चाक चक चमूँ के अचाक चक चहुँ ओर,
चाक सी फिरत चाक चम्पति के लाल की।

(ग) इंद्र जिमि जंभ पर, बाड़व सुअंभ पर,
रावन सदंभ पर रघुकुल राज है।
दावा द्रुम दंड पर, चीता मृग झुंड पर,
भूषण वितुंड पर जैसे मृगराज है।
तेज तम अंस पर, कान्ह जिमि कंस पर,
त्यों मलेच्छ बंस पर सेर सिवराज है।

शैली की दृष्टि से भूषण की कविता का मूल स्वरूप तो मुक्तक ही है परन्तु प्रत्येक मुक्त छंद में कोई-न-कोई आख्यानात्मक संदर्भ भी प्रायः जुड़ा हुआ है। इस प्रकार, विषयवस्तु की विलक्षणता, भाषा-शैली की ओजस्विता और अपने युग की रीति-शृंगार-युक्त काव्य-रचना की लीक से हटकर जन-मानस में जातीय उत्साह संचरित करने के कारण भूषण उत्तर मध्यकाल के अन्य कवियों से अलग पहचाने जाते हैं।

पैज प्रतिपाल भूमिभार को हमाल चहूँ,
चक्क को अमाल भयो दंडक जहान को।
साहिन को साल भयो ज्वाल को जवाल भयो,
हर को कृपाल भयो हार के विधान को।
बीर रस ख्याल सिवराज भुवपाल तुव,
हाथ को बिसाल भयो भूषन बखान को।
तेरी करबाल भयो दच्छिन को ढाल, भयो
हिंदु को दिवाल, भयो काल तुरकान को ॥ १ ॥

साजि चतुरंग वीर रंग मैं तुरंग चढ़ि,
सरजा सिवाजी जंग जीतन चलत है।
भूषन भनत नाद बिहद नगारन के,
नदी नद मद गब्बरन के रलत है।
ऐल फैल खैल-भैल खलक मैं गैल गैल,
गजन की ठेल पेल सैल उसलत है।
तारा सो तरनि धूरि धारा मैं लगत, जिमि,
थारा पर पारा पारावार यों हलत है ॥ २ ॥

ऊँचे घोर मंदर के अंदर रहनवारी,
ऊँचे घोर गंबर के अंदर रहाती हैं।
कंद मूल भोग करैं कंद मूल भोग करैं,
तीनि बेर खातीं सो तो तीनि बेर खाती हैं।
भूषन सिथिल अंग भूषन सिथिल अंग,
बिजन डुलातीं तेब बिजन डुलाती हैं ॥ ३ ॥

मुंड कटत कहु रुंड नटत कहुँ सुंड पटत घन।
गिद्ध लसत कहुँ सिद्ध हँसत सुख बृद्धि रसत मन॥
भूत फिरत करि बूत भिरत सुर दूत घिरत तहँ।
चंडि नचत गन मंडि रचत धुनि डंडि मचत जहँ॥
इमि ठानि घोर घमसानि अति भूषण तेज किये अटल।
सिवराज साहि सुव खग्ग बल दलि अडोल बहलोल दल॥ ४॥

दिल्लिय दलन दबाय करि सिव सरजा निरसंक।
लूटि लियो सूरति सहर बंकक्करि अति डंक।
बंकक्करि अति डंकक्करि अस संकक्कुलि खल।
सोचच्चकित भरोचच्चलिय विमोचच्चखजल।
तट्ठट्ठइमन कट्ठट्ठिक सोइ रट्ठट्ठिल्लिय।
सद्दिद्दिसि दिसि मद्दद्दविभइ रद्दद्दिल्लिय॥ ५॥

क्रुद्ध फिरत अति युद्ध जुरत नहिं रुद्र मुरत भट।
खग्ग बजत अरि वग्ग तजत सिर पग्ग सजत चट॥
ढुक्कि फिरत मद झुक्कि भिरत करि उक्कि गिरत गनि।
रंग रकत हर संग छकत चतुरंग थकत मनि॥
इमि करि संगर अति ही विषम भूषन सुजस कियो अचल।
सिवराज साहि सुव खग्ग बल दलि अडोल बहलोल दल॥ ६॥

सबन के ऊपर ही ठाढ़ो रहिबे के जोग,
ताहि खरो कियो छ हजारिन के नियरे।
जानि गैरमिसिल गुसीले गुसाधारि मन,
कीन्हो ना सलाम, न बचन बोले सियरे।
भूषन भनत महावीर बलकन लाग्यौ,
सारी पातसाही के उड़ाय गए जियरे।

तमक तें लाल मुख सिवा को निरखि, भए
स्याह मुख नौरंग, सिपाह मुख पियरे ।। ७ ।।

शिवाजी के रौद्र रूप का वर्णन

कामिनि कंत सों जामिनि चंद सों दामिनी पावस-मेघ-घटा सों ।
कीरति दान सों सूरति ज्ञान सों प्रीति बड़ी सनमान महा सों ।
भूषन भूषन सों तन ही, नलिनी नव - पूषनदेव - प्रभा सों ।
जाहिर चारिहुँ ओर जहान लसै हिंदुआन खुमान सिवा सों ।। ८ ।।

मैथिलीशरण गुप्त

गुप्त जी का जन्म झाँसी जिले के चिरगाँव गाँव में हुआ। ये द्विवेदी काल के सर्वाधिक सशक्त कवि हैं। गुप्तजी मुख्यतः प्रबन्ध काव्य के कवि हैं। इन्होंने सन् १९०९ में चित्तौड़ और बूँदी के राजघरानों से सम्बन्धित कथा पर आधारित 'रंग में भंग' प्रबन्ध काव्य लिखा। इसके बाद ये छोटे या बड़े प्रबन्ध काव्य लिखते ही रहे। 'भारत भारती' इनकी सबसे पहली रचना है जिसने इन्हें कवि के रूप में प्रसिद्ध किया। इसमें कवि ने भारत की अतीत और वर्तमान अवस्थाओं का निरूपण करते हुए भविष्य के प्रति चिन्ता व्यक्त की है। यह पुस्तक यद्यपि काव्यात्मक सौन्दर्य से चमत्कृत नहीं है किन्तु सीधी और चोट करने वाली बातों के कारण यह नवयुवकों को अपनी ओर खींचने में समर्थ हुई। गुप्त जी बीच-बीच में मुक्तक कविताएँ भी लिखते रहे किन्तु उनका विशेष ध्यान प्रबन्ध काव्य-सर्जन की ओर ही था। 'रंग में भंग' के बाद इन्होंने 'जयद्रथ-वध', 'विकट भट', 'पलासी का युद्ध', 'गुरुकुल', 'किसान', 'पंचवटी', 'सिद्धराज', 'साकेत', 'यशोधरा', 'नहुष', 'कुणालगीत', 'जयभारत', 'विष्णु प्रिया' नामक प्रबन्ध काव्य लिखे। इनमें 'जयद्रथ वध', 'पंचवटी', 'साकेत', 'यशोधरा' और 'विष्णुप्रिया' को विशेष ख्याति मिली।

'पंचवटी' में लक्ष्मण कथा केन्द्र में हैं। लक्ष्मण के चरित्र को एक वैशिष्ट्य प्रदान किया गया है तथा सहज वन्य जीवन के प्रति गहरा अनुराग व्यक्त किया गया है।

'साकेत' के केन्द्र में उर्मिला है। वैसे इस महाकाव्य में पूरी रामकथा वर्णित है किन्तु उर्मिला के कोण से वर्णित है। उर्मिला और लक्ष्मण के दाम्पत्य जीवन मे मर्मस्पर्शी प्रसंग तथा उर्मिला की विरह-दशा का व्यापक चित्रण है और रामकथा के अन्य सारे प्रसंग संक्षेप में कह दिए गए हैं। कैकेयी को भी एक नये और उज्ज्वल रूप में प्रस्तुत किया गया है।

'यशोधरा' में गोपा (यशोधरा) केन्द्र में है। उसी की स्थितियों और मनःस्थितियों का मार्मिक विधान किया गया है। 'जय भारत' में महाभारत की

कथा पद्यबद्ध की गई है। 'विष्णुप्रिया' में चैतन्य महाप्रभु की पत्नी केन्द्र में है। इस प्रकार अपने महत्त्वपूर्ण प्रबन्ध काव्यों में गुप्तजी ने उपेक्षिता किन्तु महिमामयी नारियों की कथा कही है। इन नारियों को पूरी भारतीय परम्परा में रखते हुए भी उनके व्यक्तित्व में आधुनिक चेतना के कुछ आयाम जोड़े हैं।

गुप्तजी ने गीत-काव्य भी लिखे। वैतालिक और झंकार में उनके गीत संगृहीत हैं। 'झंकार' पर छायावाद, रहस्यवाद का प्रभाव स्पष्ट दिखाई पड़ता है। आचार्य शुक्ल के शब्दों में 'गुप्तजी' की सबसे बड़ी विशेषता है कालानुसरण की क्षमता अर्थात् उत्तरोत्तर बदलती हुई भावनाओं और काव्य प्रणालियों को ग्रहण करते चलने की शक्ति। इस दृष्टि से हिन्दी-भाषी जनता के प्रतिनिधि कवि वे निस्संदेह कहे जा सकते हैं।"

साकेत

(नवम सर्ग से)

वेदने, तू भी भली बनी !
पाई मैंने आज तुझी में अपनी चाह घनी।
नई किरण छोड़ी है तूने, तू वह हीर-कनी,
सजग रहूँ मैं, साल हृदय में, ओ प्रिय-विशिख-अनी।
ठंडी होगी देह न मेरी, रहे दृगम्बु-सनी,
तू ही उसे उष्ण रक्खेगी मेरी तपन-मनी !
आ, अभाव की एक आत्मजे, और अदृष्टि-जनी !
तेरी ही छाती है सचमुच उपमोचितस्तनी !
अरी वियोग-समाधि, अनोखी, तू क्या ठीक ठनी,
अपने को, प्रिय को, जगती को देखूँ खिंची-तनी।
मन-सा मानिक मुझे मिला है तुझमें उपल-खनी,
तुझे तभी छोड़ूँ जब सजनी, पाऊँ प्राण-धनी।

दोनों ओर प्रेम पलता है।
सखि, पतंग भी जलता है, हा ! दीपक भी जलता है।
सीस हिला कर दीपक कहता—
'बन्धु, वृथा ही तू क्यों दहता ?'
पर पतंग पड़ कर ही रहता ! कितनी विह्वलता है।
दोनों ओर प्रेम पलता है।

बच कर हाय ! पतंग मरे क्या ?
प्रणय छोड़ कर प्राण धरे क्या ?
जले नहीं तो मरा करे क्या ? क्या यह असफलता है ?
दोनों ओर प्रेम पलता है।

कहता है पतंग मन मारे—
'तुम महान मैं लघु, पर प्यारे,
क्या न मरण भी हाथ हमारे ? शरण किसे छलता है ?'
दोनों ओर प्रेम पलता है।
दीपक के जलने में आली,
फिर भी है जीवन की लाली,
किन्तु पतंग-भाग्य-लिपि काली, किसका वश चलता है ?
दोनों ओर प्रेम पलता है।
जगती वणिग्वृत्ति है रखती,
उसे चाहती जिससे चखती;
काम नहीं, परिणाम निरखती, मुझे यही खलता है।
दोनों ओर प्रेम पलता है।

दरसो परसो घन, बरसो,
सरसो जीर्ण शीर्ण जगती के तुम नव यौवन, बरसो।
घुमड़ उठो आषाढ़ उमड़ कर पावन सावन, बरसो।
भाद्र-भद्र, आश्विन के चित्रित हस्ति, स्वातिघन, बरसो
सृष्टि दृष्टि के अंजन रंजन, ताप विभंजन, सरसो।
व्यग्र उदग्र जगज्जनी के, अयि अग्रस्तन, बरसो।
गत सुकाल के प्रत्यावर्तन हे शिखिनर्तन, बरसो।
जड़ चेतन में बिजली भर दो ओ उद्‌बोधन, बरसो।
चिन्मय बनें हमारे मृण्मय पुलकांकुर बन, बरसो।
मन्त्र पढ़ो, छींटे दो जागे सोये जीवन, बरसो।
घट पूरो त्रिभुवन मानस रस, कन कन छन छन, बरसो।
आज भीगते ही घर पहुँचें, जन जन के जन, बरसो।

अब जो प्रियतम को पाऊँ !
तो इच्छा है, उन चरणों की रज मैं आप रमाऊँ,
आप अवधि बन सकूँ कहीं तो क्या कुछ देर लगाऊँ !

मैं अपने को आप मिटाकर, जाकर उनको लाऊँ,
ऊषा-सी आई थी जग में, सन्ध्या-सी क्या जाऊँ?
श्रान्त पवन-से वे आवें, मैं सुरभि-समान समाऊँ!
मेरा रोदन मचल रहा है, कहता है, कुछ गाऊँ।
उधर गान कहता है, रोना आने तो मैं आऊँ!
इधर अनल है और उधर जल, हाय! किधर मैं जाऊँ!
प्रबल वाष्प, फट जाय न यह घट, कह तो हाहा खाऊँ?

मेरे चपल यौवन-बाल।
अचल अंचल में पड़ा सो, मचल कर मत साल,
बीतने दे रात, होगा सुप्रभात विशाल।
खेलना फिर खेल मन के पहन के मणि-माल।
पक रहे हैं भाग्य - फल तेरे सुरम्य-रसाल,
डर न, अवसर आ रहा है, जा रहा है काल।
मन पुजारी और तन इस दुःखिनी का थाल,
भेंट प्रिय के हेतु उसमें एक तू ही लाल!

भारत-भारती से

(शिक्षा की अवस्था)

हा! आज शिक्षा-मार्ग भी संकीर्ण होकर क्लिष्ट है,
कुलपति-सहित उन गुरुकुलों का ध्यान ही अवशिष्ट है।
बिकने लगी विद्या यहाँ अब, शक्ति हो तो क्रय करो,
यदि शुल्क आदि न दे सको तो मूर्ख रहकर ही मरो॥ १ ॥

ऐसी असुविधा में कहो वे दीन कैसे पढ़ सकें?
इस ओर वे लाखों अकिंचन किस तरह से बढ़ सकें?

अधपेट रहकर काटते हैं मास के दिन तीस वे,
पावें कहाँ से पुस्तकें, लावें कहाँ से फीस वे ॥ २ ॥

वह आधुनिक शिक्षा किसी विध प्राप्त भी कुछकर सको—
तो लाभ क्या, बस क्लर्क बनकर पेट अपना भर सको।
लिखते रहो जो सिर झुका, सुन अफसरों की गालियाँ,
तो दे सकेगी रात को दो रोटियाँ घरवालियाँ ॥ ३ ॥

अब नौकरी ही के लिए विद्या पढ़ी जाती यहाँ,
बी० ए० न हों हम तो भला डिप्टीगिरी रक्खी कहाँ।
किस स्वर्ग का सोपान है तू हाय री, डिप्टीगिरी !
सीमा समुन्नति की हमारी चित्त में तू ही भरी ॥ ४ ॥

शिक्षार्थ छात्र विदेश भी जाते अवश्य कभी अभी,
पर वक्तृता ही झाड़ते हैं लौटकर प्रायः सभी।
है काम कितनों का यही पहले यहाँ मिस्टर बनें,
इंगलैंड जाकर. फिर वहाँ वाग्वीर बारिस्टर बनें ॥ ५ ॥

वे वीर हाय। स्वदेश का करते यही उपकार हैं,
दो भाइयों के युद्ध में होते वही आधार हैं।
उनके भरोसे पर यहाँ अभियोग चलते हैं बड़े,
हारें कि जीतें आप, उनके किन्तु पौबारह पड़े ॥ ६ ॥

जाकर विदेश अनेक अब तक युवक अपने आ चुके,
पर देश के वाणिज्य-हित की ओर कितने हैं झुके ?
हैं कारखाने कौन से उनके प्रयत्नों से चले ?
क्या-क्या सु-फल निज देश में उनसे अभी तक हैं फले ॥ ७ ॥

अमरीकनों के पात्र जूठे साफ कर पण्डित हुए,
सच्चे स्वदेशी मान से फिर भी नहीं मण्डित हुए।

दृष्टान्त बनते हैं अधिक वे इस कहावत के लिए—
"बारह बरस दिल्ली रहे पर भाड़ ही झोंका किये !" ॥ ८ ॥

दासत्व के परिणाम वाली आज है शिक्षा यहाँ,
हैं मुख्य दो ही जीविकाएँ भृत्यता-भिक्षा यहाँ।
या तो कहीं बनकर मुहर्रिर पेट का पालन करो,
या मिल सके तो भीख माँगो, अन्यथा भूखों मरो ॥ ९ ॥

बिगड़े हमारे अब सभी स्वाधीन वे व्यवसाय हैं,
भिक्षा तथा बस भृत्यता ही आज शेष उपाय हैं।
पर हाय ! दुर्लभ हो रही है प्राप्ति इनकी भी यहाँ,
यह कौन जाने इस पतन का अन्त अब होगा कहाँ ॥ १० ॥

वह साम्प्रतिक शिक्षा हमारे सर्वथा प्रतिकूल है,
हममें, हमारे देश के प्रति, द्वेष-मति की मूल है।
हममें विदेशी भाव भरके वह भुलाती है हमें,
सब स्वास्थ्य का संहार करके वह रुलाती है हमें ॥ ११ ॥

होती नहीं उससे हमें निज धर्म में अनुरक्ति है,
होने न देती पूर्वजों पर वह हमारी भक्ति है।
उसमें विदेशी मान का ही मोहपूर्ण महत्व है,
फल अन्त में उसका वही ..त्व है, दासत्व है ॥ १२ ॥

हम मूर्ख और असभ्य थे, उससे विदित होता यही,
इस मर्म को कि हमीं जगद्गुरु थे, छिपाती है वही।
"फ्री थाट" ही वह वेद के बदले रटाती है हमें,
देखो, हटा कर असलियत से वह घटाती है हमें ॥ १३ ॥

क्या लाभ है उन हिस्ट्रियों को कण्ठ करने से भला—
रटते हुए जिनको हमारा बैठ जाता है गला ?

हा ! स्वेद बनकर व्यर्थ ही बहता हमारा रक्त है,
सन् संवतों के फेर में बरबाद होता वक्त है ॥ १४ ॥

दुर्भाग्य से अब एक वह तो ब्रह्मचर्य्याश्रम नहीं,
तिस पर परिश्रम व्यर्थ यह पड़ता हमें कुछ कम नहीं।
फिर शीघ्र ही चश्मा हमारे चक्षु चाहें क्यों नहीं ?
हम रुग्ण होकर आमरण दुख से कराहें क्यों नहीं ?। १५ ॥

है व्यर्थ वह शिक्षा कि जिससे देश की उन्नति न हो,
जापान के विद्यार्थियों की सूक्ति है कैसी अहो !—
"साहब ! हमें यूरोपियन हिस्ट्री न अब दिखलाइए
बेलून की रचना हमें करके कृपा सिखलाइए" ॥ १६ ॥

करके सु-शिक्षा की उपेक्षा यों पतित हम हो रहे,
हो प्राप्त पशुता को स्वयं मनुजत्व अपना खो रहे।
आहार-निद्रा आदि में नर और पशु क्या सम नहीं ?
है ज्ञान का बस भेद सो भूले उसे क्या हम नहीं ?। १७ ॥

धर्मोपदेशक विश्व में जाते जहाँ से थे सदा,
शिक्षार्थ आते थे जहाँ संसार के जन सर्वदा।
अज्ञान के अनुचर वहाँ अब फिर रहे फूले हुए,
हम आज अपने आपको भी हैं स्वयं भूले हुए ॥ १८ ॥

अपमान हाय ! सरस्वती का कर रहे हम लोग हैं,
पर साथ ही इस धृष्टता का पा रहे फल-भोग हैं !
निज देवता के कोप में कल्याण किसका है भला ?
हम मोह-मुग्ध फँसा रहे हैं आप ही अपना गला ॥ १९ ॥

(दुर्भिक्ष)

दुर्भिक्ष मानो देह धर के घूमता सब ओर है,
हा! अन्न! हा! हा! अन्न का रव गूँजता घनघोर है।
सब विश्व में सौ वर्ष में, रण में मरे जितने हरे,
जन चौगुने उनसे यहाँ दस वर्ष में भूखों मरे!। १ ॥

उड़ते प्रभंजन से यथा तप मध्य सूखे पत्र हैं,
लाखों यहाँ भूखे भिखारी घूमते सर्वत्र हैं।
है एक चिथड़ा ही कमर में और खप्पर हाथ में,
नंगे तथा रोते हुए बालक विकल हैं साथ में ॥ २ ॥

आवास या विश्राम उनका एक तरुतल मात्र है,
बहु कष्ट सहने से सदा काला तथा कृश गात्र है!
हेमन्त उनको है कँपाता, तप तपाता है तथा—
है झेलनी पड़ती उन्हें सिर पर विषम वर्षा-व्यथा ॥ ३ ॥

वह पेट उनका पीठ से मिलकर हुआ क्या एक है?
मानो निकलने को परस्पर हड्डियों में टेक है।
निकले हुए हैं दाँत बाहर, नेत्र भीतर हैं धँसे;
किन शुष्क आँतों में न जाने प्राण उनके हैं फँसे ॥ ४ ॥

अविराम आँखों से बरसता आँसुओं का मेंह है,
है लटपटाती चाल उनकी, छटपटाती देह है।
गिरकर कभी उठते यहाँ, उठकर कभी गिरते वहाँ;
घायल हुए से घूमते हैं वे अनाथ जहाँ तहाँ ॥ ५ ॥

हैं एक मुट्ठी अन्न को वे द्वार द्वार पुकारते,
कहते हुए कातर बचन सब ओर हाथ पसारते—

"दाता, तुम्हारी जय रहे हमको दया कर दीजियो,—
माता ! मरे हा!हा! हमारी शीघ्र ही सुध लीजियो ।। ६ ।।

कृमि, कीट, खग, मृग आदि भी भूखे नहीं सोते कभी
पर वे भिखारी स्वप्न में भी भूख से रोते सभी।
वे सुप्त हैं या मृत कि मूर्च्छित, कुछ समझ पड़ता नहीं;
मूर्छा कि मृत्यु अवश्य है, यह नींद की जड़ता नहीं ।। ७ ।।

है काँखता कोई कहीं, कोई कहीं रोता पड़ा।
कोई विलाप-प्रलाप करता, ताप है कैसा कड़ा ?
हैं मृत्यु-रमणी पर प्रणयि-सम वे अभागे मर रहे,
जब से बुभुक्षा कुट्टनी ने उस प्रिया के गुण कहे ?। ८ ।।

नारी-जनों की दुर्दशा हमसे कही जाती नहीं,
लज्जा बचाने को अहो ! जो वस्त्र भी पाती नहीं।
जननी पड़ी है और शिशु उसके हृदय पर मुख धरे,
देखा गया है, किन्तु वे माँ-पुत्र दोनों हैं मरे !। ९ ।।

जो कुलवती हैं भीख भी वे माँग सकती हैं नहीं,
मर जायँ चाहे किन्तु झोली टाँग सकती हैं नहीं !
सन्तान ने आकर कहा—'माँ ! रात तो होने लगी,
भूखे रहा जाता नहीं माँ !' सुन जननि रोने लगी ।। १० ।।

है खोलती सरकार यद्यपि काम शीघ्र अकाल के,
होती सभाएँ, और खुलते सत्र आटे दाल के।
पूरा नहीं पड़ता तदपि, वह त्राहि कम होती नहीं;
कैसी विषमता है कि कुछ भी हाय! सम होती नहीं ।। ११ ।।

प्रायः सदा दुर्भिक्ष ऐसा है बना रहता जहाँ,
आश्चर्य, क्या यदि फिर निरन्तर नीचता फैले वहाँ।

करता नहीं क्या पाप भूखा ? पेट हो तेरा बुरा,
हा ! छोड़ती सुत तक नहीं उरगी क्षुधा से आतुरा !। १२ ॥

शासक यहाँ जो दोषियों को साँकलों से कस रहे,
जो अण्डमान समान टापू हैं यहाँ से बस रहे।
फिर भी दिनोंदिन बढ़ रहा जो घोर घटना-जाल है,
है हेतु इसका और क्या, दुर्भिक्ष या दुष्काल है ।। १३ ॥

कुल जाति-पाँति न चाहिए यह सब रहे या जाय रे,
बस एक मुट्ठी अन्न हमको चाहिए अब हाय रे !
इस पेट पापी के लिए ही हम विधर्मी बन रहे ;
निज धर्म-मानस से निकल अघ-पंक में हैं सन रहे ॥ १४ ॥

जिन दूर देशों में हमारे धर्म्म के झण्डे उड़ें,—
आकर स्वयं जिनके तले दिन दिन वहाँ के जन जुड़ें,
तजना पड़े हमको वहीं के धर्म्म पर निज धर्म्म को;
हा ! हा ! बुभुक्षा राक्षसी क्या देखती दुष्कर्म को !। १५ ॥

हे धर्म्म और स्वदेश ! तुमको बार बार प्रणाम है,
हा ! हम अभागों का हुआ क्या आज यह परिणाम है !
हमको क्षमा करियो, क्षुधावश हम तुम्हें हैं खो रहे,
होकर विधर्म्मी हाय ! अब हम हैं विदेशी हो रहे" ॥ १६ ॥

आनन्द-नद में मग्न थे जिस देश के वासी सभी,
सुर भी तरसते थे जहाँ पर जन्म लेने को कभी।
हा ! आज उसकी यह दशा, सन्ताप छाया सब कहीं।
सुर क्या, असुर भी अब यहाँ का जन्म चाहेंगे नहीं ॥ १७ ।

जयभारत से

(कुन्ती और कर्ण)

अभिमानी दुर्योधन ने जब मानी नहीं बड़ों की बात,
सन्धि न हुई, वंश-विग्रह का दीख पड़ा दारुण उत्पात;
तब कुन्ती के मन को मानो मथने लगे घात-प्रतिघात,
उस दिन न तो खा सकी कण भर, न वह सो सकी क्षण भर रात।
कभी लेटती, कभी बैठती, कभी घूमती विकल पृथा;
गये डूबती-उतराती के स्थिर रहने के यत्न वृथा।
निशाचरी चिन्ताएँ तम में चित्त चबाती आती हैं।
तदपि एक निश्चय पर जन को वे ही पहुँचा जाती हैं।
गई सबेरे साहस करके रानी सुर-सरिता के तीर,
किरणों से झिलमिला रहा था गलित-सुवर्ण-ललित शुचि नीर।
सुकच कर्ण आकंठ मग्न हो करता था मृदु मन्त्रोच्चार,
विकच कमल से निकल रहा था अलि-दल का कल-कल-गुंजार।
रवि के सम्मुख दृश्य अनोखा था मनस्वि-मुख-मंडल का,
किंवा रवि की ही छवि का था बिम्ब विमल जल में झलका!
वासरमणि के कर कुन्ती को लगे चुभाते-से शर-शूल,
साल रही थी जिसे प्रथम ही बाल्यकाल की अपनी भूल।
मुख नीचा कर खड़ी रही वह टपटप आँसू टपकाती,
बीच बीच में झलक झाँककर पलक आप ही झपकाती।
नित्य-कृत्य पूरा कर अपना निकला ज्यों ही जल से वीर,
सिहर अचानक उसे देखकर हुआ ससम्भ्रम, फिर गम्भीर।
सूख गया गीला शरीर, पर फिर स्वेदार्द्र हुआ दानी,
कुन्ती की याचना इन्द्र से सहज कठिन उसने जानी!
तो भी अपने को सँभाल कर बोला रविनन्दन अविजेय—
"आर्यें, पद-वन्दन करता है आज्ञा का उत्सुक राधेय।"

"हा राधेय, सत्य से भी यह अनृत आज जाग्रत जीता,
तू कौन्तेय, अनृत से भी यह दुर्विध सत्य गया बीता !"
"देवि, सुना सब कुछ यह मैंने स्वयं कृष्ण के श्रीमुख से,
वह दुःस्मृति संचित करके अब वंचित न हो सहज सुख से।"
"देवी नहीं, न आर्या ही हूँ, मैं नागिन-सी जननी हूँ,
सबसे ऊँचा पद पाकर भी स्वयं स्वगौरव हननी हूँ।
माँ से माँ न कहे तो कुछ भी कहे पुत्र, वह गाली है,
किन्तु दोष दूँ कैसे तुझको जो स्वकर्म गुणशाली है।"
"सर्भा। बड़ी-बूढ़ी तुम जैसी माताएँ ही हैं मेरी,
पर मेरी संदिग्ध जनता बजा चुकी अपनी भेरी।"
"मैं अभागिनी भी किस मुँह से कहूँ जात-धन आप तुझे !"
"तुम-सी माता हुई अमाता, यह किसका अभिशाप मुझे ?"
"उन्हीं उदित से पूछ न, जिनसे चालित ग्रह-नक्षत्र समस्त,
मुझे दिखाए बिना त्राण-पथ हुए हाय ! उस दिन जो अस्त।"
दीख पड़ा धूमिल-सा पल भर उन्हें महानल का गोला,
बल से वाष्प रोक पुरुषार्थी अंगराज रुककर बोला—
"तो इतना कहकर ही क्या तुम निरपराधिनी होती हो ?
इससे अधिक मूल्य तो उसका, जो मुँह ढककर रोती हो।"
"किन्तु नहीं रोऊँगी अब मैं, जल से भली मुझे ज्वाला,
तू भी क्या समझेगा, कैसे क्या कर बैठी कुल-बाला।
मुख्य दंडदाता है जन का मन ही उसकी भूलों का,
कंटकमय कर देता है वह उसका आसन फूलों का।
तब भी तुझ जैसे उदार से आशा थी मुझको अनुकूल
किन्तु मानती हूँ अभाजना मैं इसको भी अपनी भूल।
शस्त्र-परीक्षा के दिन ज्यों ही सूत-पुत्र तू कथित हुआ,
एक साथ ही मेरा मानस व्यथित भाव से मथित हुआ।

मैं चिल्लाने चली—'नहीं, यह मेरा सुत है, मेरा हो!'
किन्तु डूब-सी गई उसी क्षण, दीखा मुझे अँधेरा ही।
जो हो गया, हो गया वह तो, गया, बह गया जो पानी,
यही समझ तू, आई हूँ मैं सुनकर तुझे महादानी।"
"जो आज्ञा हो, पर यह जीवन अर्पित दुर्योधन के अर्थ।"
"समझ गई मैं, किन्तु अर्थ में न हो उसीका महा अनर्थ।
डालूंगी न धर्म - संकट में हीन याचना करके मैं,
तू दाता तो नहीं याचिका तुझे कोख में धरके मैं।
किन्तु कृतापराध की अपने क्षमा-याचना हीन नहीं,
इसे देखते हुए लोक में मुझ-सा कोई दीन नहीं।
राज्यदान कर दुर्योधन ने क्रीत किया यदि तेरा चाप,
तो सर्वस्व समर्पण करके होगा अनुग युधिष्ठिर आप।"
"किन्तु कहेगा अखिल लोक क्या, करो न तुम मुझको यों ग्रस्त।"
"हा! लोकापवाद से मैं ही डरी न थी, तू भी है त्रस्त।
भाई से भाई को भी क्या लोक नहीं मिलने देगा?"
"किंन्तु नींव निज दृढ़ मैत्री की कर्ण कहाँ हिलने देगा?
क्या संकट में उसे छोड़ दूँ, जो मुझपर अवलम्बित है?"
"पर यह भी तो देख, अन्ततः उचित कहाँ उसका हित है।"
जितने भी ज्ञानी गुरुजन हैं, विग्रह के वे सभो विरुद्ध,
तेरे बल पर ही दुर्योधन ठान रहा है यह गृह - युद्ध।
कुल ही नहीं देश भी सारा हो जावेगा इसमें नष्ट,
वीर - हीन होकर यह वसुधा होगी अपने पद से भ्रष्ट।
क्या तू रोक नहीं सकता है उसे मित्र की सम्मति से?
तुझे वीरता का बल है तो बचा उसे तिर्यग्गति से।"
"इसे मानता हूँ, उसका मन मैं भी मोड़ नहीं सकता।
वह मुझको भी छोड़ेगा, मैं उसको छोड़ नहीं सकता।
होनहार कुछ ऐसा ही है, वह होकर ही मानेगा।"
"पर जिसके कारण यह होगा, जगत उसे भी जानेगा।"

"तुम तो जानोगी, मैंने निज वचन अन्त तक पाला था।"
"हाँ, सहोदरों पर अनाथिनी माँ का क्रोध निकाला था।"
नहीं पाँच गाँवों का भी क्या पाँच पाण्डवों को अधिकार?
यही न्याय करने वाले का साथी है तू अरे उदार!"
"प्रेम दोष-गुण नहीं देखता।" "यह अबलाओं की-सी बात,
तेरे मुँह से नहीं सोहती, धीर-वीर है जो विख्यात।
प्रेम न देख सके चाहे कुछ, पर विवेक तो अन्ध नहीं,
तू ही कह, आता है तुझको इसमें उसका गन्ध कहीं?"
"शान्ति-हितार्थ पाँच गाँवों का त्याग तुच्छ क्यों और न हो?"
"कहाँ रहें वे, जिन्हें सुई के अग्रभाग भर ठौर न हो?
तुझे इष्ट है, अन्यायी को कर दें आत्म-समर्पण का पण वे?"
स्वत्व धर्म पर भी न लगा दें अपने प्राणों का पण वे?"
"नहीं-नहीं, मेरे अनुजों को मुझसे भी लोहा लेना,
तुमसे यही विनय है, मेरा परिचय उन्हें न तुम देना।
सचमुच मेरी प्रसू तुम्हीं, मैं और कहाँ होता उद्भूत?"
"मैं यह कैसे कहूँ, किन्तु है तू मेरा ही सिंह सपूत।
तुझमें जो मिथ्यापवाद-भय, उसका अघ मेरे सिर है,
भीरु कहो, पर दर्प-दम्भ से ऊँचा उठा युधिष्ठिर है।"
"ध्रुव वह धर्मराज, विजयी हो, हठी पुत्र क्या और कहे?
पुत्र पाँच के पाँच तुम्हारे, अर्जुन किंवा कर्ण रहे।"
"दोनों ओर मुझे रोना ही, रुके किन्तु कातर वाणी,
मरने में ही जीने वाले जनती हैं हम क्षत्राणी?"
"दो मुझको पदधूलि, तुम्हें मैं दे न सका माँ, मनचाहा।"
"हाय वत्स, अब धूलि-भस्म ही शेष, और सब कुछ स्वाहा!
जैसे तू जाने, राधा पर प्रीति प्रकट करना मेरी,
मैं दुःखिनी देवकी-सी हूँ, वही यशोदा माँ तेरी!"

सुमित्रानंदन पंत

इनका जन्म अल्मोड़ा (उत्तर प्रदेश) के कौसानी गाँव में हुआ। ये छायावाद की वृहत्त्रयी में आते हैं। प्रकृति के प्रांगण में पैदा होने और विकसित होने के कारण इनमें प्रकृति के प्रति गहरा अनुराग दिखाई पड़ता है। प्रकृति की इतनी सूक्ष्म और संश्लिष्ट छवियाँ आधुनिक काल के किसी अन्य कवि में देखने को नहीं मिलतीं। हाँ, यह प्रकृति पहाड़ी प्रदेश की है, मैदानी प्रदेश की नहीं। प्रकृति के प्रति गहरे अनुराग ने इन्हें काफी दिन तक नारी-सौन्दर्य के प्रति उदासीन बनाए रखा—'छोड़ द्रुमों की मृदु छाया/तोड़ प्रकृति से भी नाता/बाले तेरे बाल जाल में/कैसे उलझा दूं लोचन/छोड़ अभी से इस जग को।'

प्रमुख काव्य कृतियाँ हैं—'उच्छ्वास', 'ग्रन्थि', 'वीणा', 'पल्लव', 'गुंजन', 'युगांत', 'युगवाणी', 'ग्राम्या', 'स्वर्ण-किरण', 'स्वर्ण धूलि', 'उत्तरा', 'रजत शिखर'।

पंत अपनी काव्य-यात्रा में निरन्तर परिवर्तित होते गए हैं। अनुभव और विचार दोनों ही दृष्टियों से इनकी काव्य-यात्रा के तीन प्रमुख सोपान देखे जा सकते हैं। छायावादी यात्रा—इसमें 'उच्छ्वास' से 'गुंजन' तक की कृतियाँ सम्मिलित की जा सकती हैं। इन कृतियों में प्रमुखत: प्रकृति के ताजा और संश्लिष्ट चित्र हैं। कवि क्रमश: प्रकृति से मनुष्य की ओर बढ़ता गया है। 'गुंजन' में आकर उसे मनुष्य के सुख-दुख की चिन्ता होने लगती है। 'पल्लव' से ही नारी-सौन्दर्य का आकर्षण जागने लगता है। 'युगान्त' में वह छायावादी युग के अन्त की घोषणा करता है और मार्क्सवादी दर्शन की ओर झुकता है। 'युगान्त', 'युगवाणी' और ग्राम्या' की कविताओं में उन पर मार्क्सवादी दर्शन का प्रभाव देखा जा सकता है। वह सामान्य जीवन के सुख-दुख और दृश्यों के विधान में अपने को संलग्न करता है। 'गुंजन' तक उसमें अनुभव की दुनिया छोटी है किन्तु प्रामाणिक है। 'गुंजन' के बाद दुनिया बड़ी होती है किन्तु उसमें कवि भोक्ता के स्थान पर द्रष्टा के रूप में अधिक दिखाई पड़ता है।

'ग्राम्या' के बाद कवि का झुकाव अरविन्द दर्शन की ओर होता है। कुछ

दिन तक मार्क्सवाद के भौतिक दर्शन से गहरे प्रभावित रहने के बाद उसे लगता है कि मार्क्सवाद तो मात्र भौतिक चेतना का दर्शन है। आत्म-दर्शन उसमें गायब है। कवि दोनों का समन्वय करना चाहता है और यह समन्वय दिखाई पड़ता है अरविन्द दर्शन में। 'ग्राम्या' के बाद की लगभग सारी रचनाएँ अरविन्द दर्शन से प्रभावित हैं। कवि इन कविताओं में चिन्तन के स्तर पर अधिक जीता दिखाई पड़ता है, अनुभव के स्तर पर कम। अतः ये निष्प्राण कविताएँ हैं।

वास्तव में 'गुंजन' तक की काव्य-यात्रा में पन्त के काव्य-सौष्ठव का उत्कर्ष दिखाई पड़ता है। वह दुनिया मुख्यतः प्रकृति की है गौणतः मानव जीवन की, किन्तु जितनी है प्रामाणिक है। भाषा में एक मोहक नयापन है जो नये कथ्य के दबाव से उपजा है। 'युगान्त' से 'ग्राम्या' तक की भी यात्रा आकर्षक है किन्तु पहले सोपान से कम। मार्क्सवादी दृष्टि का उन्मेष और उसके तहत सामान्य जीवन के अनेक प्रभावशाली चित्र यात्रा के इस चरण में मिलते हैं किन्तु इसमें पहले चरण की सी कथ्य के साथ रागात्मकता नहीं दिखाई पड़ती, अतः प्रभाव की वह सघनता भी नहीं जो पहले चरण में है। तीसरे चरण में अरविन्द दर्शन से प्रभावित कविताएँ हैं जो प्रभावहीन हैं। इसी दौरान उन्होंने 'लोकायतन' महाकाव्य लिखा जो अनुपम प्रकृति-चित्रों और मानव-चिन्ता के बावजूद प्रभावहीन काव्य है। पंत जी ने 'ज्योत्स्ना' नामक एक काव्य-नाटक भी लिखा है जो प्रतीकात्मक है।

परिवर्तन

कहाँ आज वह पूर्ण पुरातन, वह सुवर्ण का काल !
भूतियों का दिगन्त छविजाल,
ज्योति चुम्बित जगती का भाल ?
राशि-राशि विकसित वसुधा का वह यौवन विस्तार ?
स्वर्ग की सुषमा जब साभार
धरा पर करती थी अभिसार !
प्रसूनों का शाश्वत शृंगार,
(स्वर्ण भृंगों के गन्ध विहार)
गूँज उठते थे बारम्बार,
सृष्टि के प्रथमोद्‌गार !
नग्न सुन्दरता थी सुकुमार,
ऋद्धि औ' सिद्धि अपार !
अये, विश्व का स्वर्ण स्वप्न संसृति का प्रथम प्रभात।
कहाँ वह सत्य, वेद विख्यात ?
दुरित, दुख, दैन्य न थे जब ज्ञात,
अपरिचित जरा मरण भ्रूपात !
हाय ! सब मिथ्या बात !—
आज तो सौरभ का मधुमास
शिशिर में भरता सूनी साँस !
वही मधुऋतु की गुंजित डाल
झुकी थी जो यौवन के भार,
अकिंचनता में निज तत्काल
सिहर उठती—जीवन है भार !

आज पावस नद के उद्गार
काल के बनते चिह्न कराल;
प्रात का सोने का संसार
जला देगी सन्ध्या की ज्वाल !
अखिल यौवन के रंग उभार
हड्डियों के हिलते कंकाल;
कचों के चिकने, काले व्याल
केंचुली, काँस, सिवार;
गूँजते हैं सबके दिन चार,
सभी फिर हाहाकार !
आज बचपन का कोमल गात
जरा का पीला पात !
चार दिन सुखद चाँदनी रात,
और फिर अन्धकार, अज्ञात !
शिशिर-सा झर नयनों का नीर
झुलस देता गालों के फूल,
प्रणय का चुम्बन छोड़ अधीर
अधर जाते अधरों को भूल !
मृदुल होंठों का हिमजल हास
उड़ा जाता निःश्वास समीर,
सरल भौंहों का शरदाकाश
घेर लेते घन, घिर गम्भीर !
शून्य साँसों का विधुर वियोग
छुड़ाता अधर मधुर संयोग;
मिलन के पल केवल दो, चार,
विरह के कल्प अपार !

अरे, वे अपलक चार नयन
आप आँसू रोते निरुपाय;
उठे रोओं के आलिंगन
कसक उठते काँटों-से हाय !
किसी को सोने के सुख साज
मिल गए यदि ऋण भी कुछ आज;
चुका लेता दुख कल ही ब्याज,
काल को नहीं किसी की लाज !
विपुल मणि रत्नों का छवि जाल,
इन्द्रधनु की-सी छटा विशाल—
विभव की विद्युत् ज्वाल
चमक, छिप जाती है तत्काल;
मोतियों जड़ी ओस की डार
हिला जाता चुपचाप बयार !
खोलता इधर जन्म लोचन,
मूँदती उधर मृत्यु क्षण-क्षण,
अभी उत्सव औ' हास हुलास
अभी अवसाद अश्रु, उच्छ्वास !
अचिरता देख जगत की आप
शून्य भरता समीर निःश्वास,
डालता पातों पर चुपचाप
ओस के आँसू नीलाकाश;
सिसक उठता समुद्र का मन,
सिहर उठते उडगन !
अहे निष्ठुर परिवर्तन !
तुम्हारा ही ताण्डव नर्तन
विश्व का करुण विवर्तन !

तुम्हारा ही नयनोन्मीलन,
निखिल उत्थान पतन !
अहे वासुकि सहस्र फन !
लक्ष अलक्षित चरण तुम्हारे चिह्न निरन्तर
छोड़ रहे हैं जग के विक्षत वक्षःस्थल पर !
शत शत फेनोच्छ्वसित, स्फीत फूत्कार भयंकर
घुमा रहे हैं घनाकार जगती का अम्बर !
मृत्यु तुम्हारा गरल दन्त, कंचुक कल्पान्तर,
अखिल विश्व ही विवर,
वक्र कुण्डल
दिङ्‌मण्डल !
अहे दुर्जेय विश्वजित् !
नवाते शत सुरवर, नरनाथ
तुम्हारे इन्द्रासन तल माथ,
घूमते शत-शत भाग्य अनाथ,
सतत रथ के चक्रों के साथ !
तुम नृशंस नृप-से जगती पर चढ़ अनियन्त्रित;
करते हो संसृति को उत्पीड़ित, पद मर्दित,
नग्न-नगर कर, भग्न भवन, प्रतिमाएँ खण्डित,
हर लेते हो विभव, कला, कौशल चिर-संचित !
आधि, व्याधि, बहुवृष्टि, वात, उत्पात, अमंगल
वह्नि, बाढ़, भूकम्प—तुम्हारे विपुल सैन्य-दल,
अहे निरंकुश ! पदाघात से जिनके विह्वल
हिल-हिल उठता है टल मल
पद दलित धरातल !
जगत् का अविरल हृत्कम्पद
तुम्हारा ही भय सूचन;

निखिल पलकों का मौन पतन
तुम्हारा ही आमन्त्रण!
विपुल वासना विकच विश्व का मानस शतदल
छान रहे तुम, कुटिल काल कृमि-से घुस पल-पल;
तुम्हीं स्वेद-सिंचित संसृति के स्वर्ण शस्य दल
दलमल देते, वर्षोपल बन, वांछित कृषिफल!
अये, सतत ध्वनि स्पन्दित जगती का दिङ्‌मण्डल

नैश गगन सा सकल
तुम्हारा ही समाधि-स्थल!
काल का अकरुण भृकुटि विलास
तुम्हारा ही परिहास;
विश्व का अश्रुपूर्ण इतिहास!
तुम्हारा ही इतिहास!

एक कठोर कटाक्ष तुम्हारा अखिल प्रलयंकर
समर छोड़ देता निसर्ग संसृति में निर्भर!
भूमि चूम जाते अभ्रध्वज सौध, शृंगवर,
नष्ट-भ्रष्ट साम्राज्य—भूति के मेघाडम्बर!
अये, एक रोमांच तुम्हारा दिग्भूकम्पन,
गिर-गिर पड़ते भीत पक्षि पोतों-से उडगन!
आलोड़ित अम्बुधि फेनोन्नत कर शत-शत फन,
मुग्ध भुजंगम-सा, इंगित पर करता नर्तन!
दिक् पिंज़र में बद्ध, गजाधिप-सा विनतानन

वाताहत हो गगन
आर्त करता गुरु गर्जन!
जगत की शत कातर चीत्कार
बेधतीं बधिर! तुम्हारे कान?

अश्रु स्रोतों की अगणित धार
सींचतीं उर पाषाण !
अरे क्षण-क्षण सौ-सौ निःश्वास
छा रहे जगती का आकाश !
चतुर्दिक् घहर घहर आक्रान्ति
ग्रस्त करती सुख शान्ति !
हाय री दुर्बल भ्रान्ति !
कहाँ नश्वर जगती में शान्ति !
सृष्टि ही का तात्पर्य अशान्ति !
जगत अविरत जीवन संग्राम
स्वप्न है यहाँ विराम !
एक सौ वर्ष, नगर उपवन,
एक सौ वर्ष, विजय वन !
—यही तो है असार संसार,
सृजन, सिंचन, संहार !
आज गर्वोन्नत हर्म्य अपार
रत्न दीपावलि, मन्त्रोच्चार;
उलूकों के कल भग्न विहार,
झिल्लियों की झनकार !
दिवस निशि का यह विश्व विशाल
मेघ मारुत का माया जाल !
अरे, देखो इस पार—
दिवस की आभा में साकार
दिगम्बर, सहम रहा संसार
हाय ! जग के करतार ! !
प्रात ही तो कहलाई मात
पयोधर बने उरोज उदार,

मधुर उर इच्छा को अज्ञात
प्रथम ही मिला मृदुल आकार;
छिन गया हाय ! गोद का बाल
गड़ो है बिना बाल की नाल।
अभी तो मुकुट बँधा था माथ,
हुए कल ही हलदी के हाथ;
खुले भी न थे लाज के बोल,
खिले भी चुम्बन शून्य कपोल,
हाय ! रुक गया यहीं संसार
बना सिन्दूर अंगार;
वात-हत लतिका वह सुकुमार
पड़ी है छिन्नाधार !
काँपता उधर दैन्य निरुपाय,
रज्जु-सा, छिद्रों का कृश काय !
न उर में गृह का तनिक दुलार,
उदर ही में दानों का भार !
भूँकता सिड़ी शिशिर का श्वान
चीरता हरे ! अचीर शरीर;
न अधरों में स्वर, तन में प्राण,
न नयनों ही में नीर !
सकल रोओं से हाथ पसार
लूटता इधर लोभ गृह द्वार;
उधर वामन डग स्वेच्छाचार;
नापती जगती का विस्तार;
टिड्डियों-सा छा अत्याचार
चाट जाता संसार !

बजा लोहे के दन्त कठोर
नचाती हिंसा जिह्वा लोल;
भृकुटि के कुंडल वक्र मरोर
फुहूँकता अन्ध रोष फन खोल !
लालची गीधों-से दिन-रात,
नोचते रोग शोक नित गात,
अस्थि पंजर का दैत्य दुकाल
निगल जाता निज बाल !
बहा नर शोणित मूसलधार,
रुण्ड मुण्डों की कर बौछार,
प्रलय घन-सा घिर भीमाकार
गरजता है दिगन्त संहार;
छेड़कर शस्त्रों की झनकार
महाभारत गाता संसार !
कोटि मनुजों के निहित अकाल,
नयन मणियों से जटित कराल,
अरे, दिग्गज सिंहासन जाल
अखिल मृत देशों के कंकाल;
मोतियों के तारक लड़ हार,
आँसुओं के शृंगार !
रुधिर के हैं जगती के प्रात,
चितानल के ये सायंकाल;
शून्य निःश्वासों के आकाश,
आँसुओं के ये सिन्धु विशाल !
यहाँ सुख सरसों, शोक सुमेरु,
अरे, जग है जग का कंकाल !!

वृथा रे ये अरण्य चीत्कार,
शान्ति सुख है उस पार !
आह भीषण उद्गार !
नित्य का यह अनित्य नर्तन,
विवर्तन जग, जग व्यवर्तन,
अचिर में चिर का अन्वेषण
विश्व का तत्त्वपूर्ण दर्शन !
अतल से एक अकूल उमंग,
सृष्टि की उठती तरल तरंग
उमड़ शत शत बुद्बुद संसार
बूड़ जाते निस्सार।
बना सैकत के तट अतिवात
गिरा देती अज्ञात !
एक छवि के असंख्य उडगण,
एक ही सब में स्पन्दन;
एक छवि के विभात में लीन,
एक विधि के रे नित्य अधीन !
एक ही लोल लहर के छोर
उभय सुख दुख, निशि भोर;
इन्हीं से पूर्ण त्रिगुण संसार,
सृजन ही है, संसार !
मूँदती नयन मृत्यु की रात
खोलती नवजीवन की प्रात
शिशिर की सर्व प्रलयंकर वात
बीज बोती ज्ञात !
म्लान कुसुमों की मृदु मुसकान
फलों में फिरती फिर अम्लान

महत् है अरे आत्म-बलिदान
जगत केवल आदान-प्रदान!

एक ही तो असीम उल्लास
विश्व में पाता विविधाभास;
तरल जलनिधि में हरित विलास;
शान्त अम्बर में नील विकास;
वही उर उर में प्रेमोच्छ्वास,
काव्य में रस, कुसुमों में वास;
अचल तारक पलकों में हास,
लोल लहरों में लास!

विविध द्रव्यों में विविध प्रकार
एक ही मर्म मधुर झंकार!

वही प्रज्ञा का सत्य स्वरूप
हृदय में बनता प्रणय अपार;
लोचनों में लावण्य अनूप,
लोक सेवा में शिव अविकार;

स्वरों में ध्वनित मधुर, सुकुमार
सत्य ही प्रेमोद्गार;
दिव्य सौन्दर्य, स्नेह साकार,
भावनामय संसार!
स्वीय कर्मों ही के अनुसार
एक गुण फलता विविध प्रकार;
कहीं राखी बनता सुकुमार
कहीं बेड़ी का भार!
कामनाओं के विविध प्रहार,
छेड़ जगती के उर तार,

जगाते जीवन की झंकार,
स्फूर्ति करते संचार;
चूम सुख दुख के पुलिन अपार
छलकती ज्ञानामृत की धार !

पिघल होंठों का हिलता हास
दृगों को देता जीवन दान,
वेदना ही में तपकर प्राण
दमक दिखलाते स्वर्ण हुलास !

तरसते हैं हम आठों याम,
इसी से सुख अति सरस, प्रकाम;
झेलते निशि दिन का संग्राम
इसी से जय अभिराम;
अलभ है इष्ट, अतः अनमोल,
साधना ही जीवन का मोल !

बिना दुख के सब सुख निस्सार,
बिना आँसू के जीवन भार;
दीन दुर्बल है रे संसार,
इसी से दया क्षमा औ' प्यार !
आज का दुख, कल का आह्लाद,
और कल का सुख, आज विषाद;
समस्या स्वप्न-गूढ़ संसार,
पूर्ति जिसकी उस पार;
जगत जीवन का अर्थ विकास,
मृत्यु, गति-क्रम का ह्रास !
हमारे काम न अपने काम,
नहीं हम, जो हम ज्ञात;

अरे, निज छाया में उपनाम
छिपे हैं हम अपरूप;
गँवाने आये हैं अज्ञात
गँवाकर पाते स्वीय स्वरूप !
　　　　जगत की सुन्दरता का चाँद
　　　　सजा लांछन को भी अवदात
　　　　सुहाता बदल, बदल दिन-रात,
　　　　नवलता ही जग का आह्लाद !
स्वर्ण शैशव स्वप्नों का जाल,
मंजरित यौवन, सरस रसाल;
प्रौढ़ता, छायावट सुविशाल;
स्थविरता, नीरव सायंकाल;
　　　　वही विस्मय का शिशु नादान
　　　　रूप पर मँडरा, बन गुंजार;
　　　　प्रणय से बिंध, बँध, चुन-चुन सार
　　　　मधुर जीवन का मधु कर पान;
　　　　साध अपना मधुमय संसार
　　　　डुबा देता नित तन, मन, प्राण !
एक बचपन ही में अनजान
जागते सोते, हम दिन-रात;
वृद्ध बालक फिर एक प्रभात
देखता नव्य स्वप्न अज्ञात;
　　　　मूँद प्राचीन मरण,
　　　　खोल नूतन जीवन !
　　विश्वमय है परिवर्तन !
　　अतल से उमड़ अकूल, अपार,
　　　　मेघ-से विपुलाकार;

दिशावधि में पल विविध प्रकार
अतल में मिलते तुम अविकार !

अहे अनिर्वचनीय ! रूप धर भव्य, भयंकर,
इन्द्रजाल-सा तुम अनन्त में रचते सुन्दर;
गरज-गरज, हँस-हँस, चढ़ गिर, छा ढा, भू अम्बर
करते जगती को अजस्र जीवन से उर्वर;
अखिल विश्व की आशाओं का इन्द्रचाप वर
अहे तुम्हारी भीम भृकुटि पर
अटका निर्भर !

एक औ' बहू के बीच अजान
घूमते तुम नित चक्र समान
जगत के उर में छोड़ महान्
गहन चिह्नों में ज्ञान !

परिवर्तित कर अगणित नूतन दृश्य निरन्तर
अभिनय करते विश्व मंच पर तुम मायाकार ?
जहाँ हास के अधर, अश्रु के नयन करुणतर
पाठ सीखते संकेतों में प्रकट अगोचर;
शिक्षास्थल यह विश्व मंच, तुम नायक नटवर,
प्रकृति नर्तकी सुघर
अखिल में व्याप्त सूत्रधर !
हमारे निज सुख, दुख, निःश्वास
तुम्हें केवल परिहास;
तुम्हारी ही विधि पर विश्वास
हमारा चिर आश्वास !

ऐ अनन्त हृत्कम्प ! तुम्हारा अविरत स्पन्दन
सृष्टि शिराओं में संचारित करता जीवन;

खोल जगत के शत-शत नक्षत्रों-से लोचन
भेदन करते अन्धकार तुम जग का क्षण-क्षण;
सत्य तुम्हारी राज यष्टि, सम्मुख नत त्रिभुवन
भूप, अकिंचन,
अटल शास्ति नित करते पालन !
तुम्हारा ही अशेष व्यापार,
हमारा भ्रम, मिथ्याहंकार;
तुम्हीं में निराकार साकार,
मृत्यु जीवन सब एकाकार !

अहे महांबुधि ! लहरों-से शत लोक, चराचर
क्रीड़ा करते सतत तुम्हारे स्फीत वक्ष पर;
तुंग तरंगों-से शत युग, शत-शत कल्पान्तर
उगल, महोदर में विलीन करते तुम सत्वर;

शत सहस्र रवि शशि, असंख्य ग्रह उपग्रह, उडगण
जलते, बुझते हैं स्फुलिंग-से तुम में तत्क्षण;
अचिर विश्व में अखिल—दिशावधि, कर्म, वचन, मन
तुम्हीं चिरन्तन
अहे विवर्तन हीन विवर्तन !

द्रुत झरो

द्रुत झरो जगत के जीर्ण पत्र
हे स्रस्त ध्वस्त ! हे शुष्क शीर्ण !
हिमताप पीत, मधुवात भीत,
तुम वीतराग, जड़, पुराचीन !

निष्प्राण विगत युग ! मृत विहंग
जड़ नीड़ शब्द औ' श्वासहीन,
च्युत, अस्त-व्यस्त पंखों-से तुम
झर-झर अनन्त में हो विलीन !

कंकाल जाल जग में फैले
फिर नवल रुधिर-पल्लव लाली !
प्राणों की मर्मर से मुखरित
जीवन की मांसल हरियाली !
मंजरित विश्व में यौवन के
जग कर जग का पिक मतवाली
निज अमर प्रणय-स्वर-मदिरा से
भर दे फिर नवयुग की प्याली !

ताज

हाय ! मृत्यु का ऐसा अमर, अपार्थिव पूजन ?
जब विषण्ण निर्जीव पड़ा हो जग का जीवन !
स्फटिक सौध में हो शृंगार मरण का शोभन,
नग्न, क्षुधातुर, वासविहीन रहें जीवित जन !

मानव ! ऐसी भी विरक्ति क्या जीवन के प्रति ?
आत्मा का अपमान, प्रेत औ' छाया से रति ?
प्रेम अर्चना यही, करें हम मरण को वरण ?
स्थापित कर कंकाल, भरें जीवन का प्रांगण ?
शव को दें हम रूप, रंग, आदर मानव का
मानव को हम कुत्सित चित्र बना दें शव का ?

युग-युग के मृत आदर्शों के ताज मनोहर
मानव के मोहान्ध हृदय में किए हुए घर !
भूल गये हम जीवन का सन्देश अनश्वर
मृतकों के हैं मृतक, जीवितों का है ईश्वर !

चींटी

चींटी को देखा ?
वह सरल विरल, काली रेखा
तम के तागे-सी जो हिल डुल
चलती लघुपद पल पल मिल जुल,
वह है पिपीलिका पाँति !

देखो ना, किस भाँति
काम करती वह सन्तत ?
कन-कन करके चुनती अविरत !

गाय चराती,
धूप खिलाती,
बच्चों की निगरानी करती,
लड़ती, अरि से तनिक न डरती,
दल के दल सेना सँवारती,
घर, आँगन, जनपथ बुहारती !

देखो वह वल्मीकि सुघर,
उसके भीतर है दुर्ग, नगर !
अद्‌भुत उसकी निर्माण-कला,
कोई शिल्पी क्या कहे भला !

उसमें हैं सौध, धाम, जनपथ,
आँगन, गो-गृह, भण्डार अकथ;
हैं डिम्ब-सद्म, वर शिविर रचित,
ड्योढ़ी बहु, राजमार्ग विस्तृत !
चींटी है प्राणी सामाजिक,
वह श्रमजीवी, वह सुनागरिक !
देखा चींटी को ?
उसके जी को ?
भूरे बालों की-सी कतरन,
छिपा नहीं उसका छोटापन,
वह समस्त पृथ्वी पर निर्भय
विचरण करती, श्रम में तन्मय,
वह जीवन की चिनगी अक्षय !
वह भी क्या देही है तिल-सी ?
प्राणों की रिलमिल-झिलमिल-सी !
दिन भर में वह मीलों चलती,
अथक, कार्य से कभी न टलती,
वह भी क्या शरीर से रहती ?
वह कण, अणु, परमाणु ?
चिर सक्रिय वह, नहीं स्थाणु !
हा मानव !
देह तुम्हारे ही है, रे शव !
तन की चिन्ता में घुल निशिदिन
देह गात्र रह गए, दबा तिन !
प्राणि प्रवर
हो गये निछावर
अचिर धूलि पर ! !

निद्रा, भय, मैथुनाहार
—ये पशु-लिप्साएँ चार—
हुईं तुम्हें सर्वस्व-सार ?
धिक् मैथुन - आहार - यन्त्र !
क्या इन्हीं बालुका - भीतों पर
रचने जाते हो भव्य, अमर
तुम जन-समाज का नव्य तन्त्र ?
मिली यही मानव में क्षमता ?
पशु, पक्षी, पुष्पों से समता ?
मानवता पशुता समान है ?
प्राणिशास्त्र देता प्रमाण है ?

बाह्य नहीं, आन्तरिक साम्य
जीवों से मानव को प्राकाम्य !
मानव को आदर्श चाहिए,
संस्कृति, आत्मोत्कर्ष चाहिए,
बाह्य विधान उसे हैं बन्धन
यदि न साम्य उनमें अन्तरतम—
मूल्य न उनका चींटी के सम
वे हैं जड़, चींटी है चेतन !
जीवित चींटी, जीवन - वाहक,
मानव जीवन का वर नायक,
वह स्वतन्त्र, वह आत्म-विधायक !

× × ×

पूर्ण तन्त्र मानव, वह ईश्वर,
मानव का विधि उसके भीतर !

नवदृष्टि

खुल गए छन्द के बन्ध, प्रास के रजत पाश,
अब गीत मुक्त, औ' युगवाणी बहती अयास।
बन गए कलात्मक भाव जगत के रूप नाम,
जीवन संघर्षण देता सुख, लगता ललाम !

सुन्दर, शिव, सत्य कला के कल्पित माप-मान,
बन गए स्थूल, जग जीवन से हो एकप्राण !
मानव स्वभाव ही बन मानव-आदर्श सुकर
करता अपूर्ण को पूर्ण, असुन्दर को सुन्दर !

वाणी

वाणी, वाणी,
जीवन की वाणी दो मुझको भास्वर !
मौन गगन को भेद
बोलते जिस वाणी में उडुचर,
जिसमें नीरव गिरि से निःसृत
होते मुखरित निर्झर !
जिस वाणी में मेघ गरजते,
लहरा उठते सागर,
जिसमें नित दामिनी दमकती,
मोर नाचते सुन्दर !

वाणी, वाणी,
मुझे वस्तु-वाणी दो पूर्ण, चिरन्तन !
जिस वाणी में छू मलयानिल

पुलकों से भरता तन;
जिसमें मृदु मुख कुसुम खोलते,
अणु - अणु करते नर्तन!
जिस वाणी में क्षुधा, तृषा
औ' काम दीप्त करते तन,
जिसमें इच्छा, सुख-दुख उठते,
आते शैशव, यौवन!

वाणी, वाणी,
मुझे सृष्टि की वाणी दो अविनश्वर!
जो बहु वर्ण, गन्ध, रूपों में
करती सृजन निरन्तर,
जिस वाणी में अनुभव करते
चुपके निखिल चराचर!
जो वाणी चिर जन्म-मरण
तम औ' प्रकाश से है पर,
जो वाणी जीवन की जीवन,
शाश्वत, सुन्दर, अक्षर!
वाणी, वाणी,
मुझको दो घट-घट की वाणी के स्वर!

हरिवंशराय 'बच्चन'

बच्चन छायावादोत्तर व्यक्तिवादी गीत कविता के सर्वोत्तम कवि हैं। इस धारा की समस्त सम्भावनाएँ और सीमाएँ बच्चन में पुंजीभूत हैं। बच्चन मूलतः आत्मानुभूति के कवि हैं, इसलिए उनकी जिन कृतियों में आत्मानुभूति की सघनता है वे कृतियाँ अपने प्रभाव में तीव्र और मर्मस्पर्शी हैं। जिन कृतियों में आत्मानुभूति के साथ अवधारणाओं का संयोग होता चला है उनमें प्रभाव की अन्विति टूट-टूट गई है। लगता है कवि अपनी बात कहने के बाद उसे 'जनरलाइज़ड' करने लगता है। जहाँ अवधारणाएँ अनुभूति के प्रवाह में बहती हुई आती हैं वहाँ प्रभाव में योग देती हैं, जहाँ अनुभूति से टूट जाती हैं या अनुपात में असन्तुलित हो जाती हैं वहाँ कविता को प्रभावहीन बनाने लगती हैं। 'निशा-निमन्त्रण', 'एकान्त संगीत' और 'मिलनयामिनी' के श्रेष्ठ गीतों में अवधारणाएँ अनुभूतियों के रंग में भीग गई हैं। जैसे 'आज मुझसे दूर दुनिया' वाले गीत के अनुभूति-प्रवाह में 'प्रेमियों के प्रति रही है हाय कितनी क्रूर दुनिया' जैसी अवधारणा भीगकर ही उभरती है। कवि ने स्वानुभूतिजन्य सुख-दुख और सौन्दर्य-प्रेम के उन्मुक्त सहज गीत गाए हैं, किन्तु उसका स्वर यहीं तक सीमित नहीं है। वह सुख-दुख, प्रेम-सौन्दर्य, हार-जीत के भीतर से गुजरता हुआ सामाजिक विसंगतियों का चित्रण करता है तथा उनके प्रति विद्रोह भी करता है। ऐसा करने में अवधारणा, सूक्ति, प्रवचन आदि के उठ आने की आशंका होती है। बच्चन-काव्य में ऐसा हुआ भी है।

अपनी धारा के अन्य कवियों से बच्चन इस बात में अलग हैं कि जहाँ और लोगों ने बाद में अपने को दुहराया है वहाँ बच्चन ने निर्मम भाव से अपनी जानी-पहचानी दुनिया छोड़कर यथार्थ की नई दुनिया में प्रवेश किया है और उसके अनुकूल भाषा की तलाश की है। बच्चन की परवर्ती कविता की दो धाराएँ हैं। (१) लोक-धुनों पर आधारित गीत जिनकी भावभूमि भी लोक की है, (२) मुक्त छन्द में लिखी गई छोटी-बड़ी कविताएँ, जिनमें देश-विदेश, मन के भीतर, मन के बाहर के आधुनिक यथार्थ की अभिव्यक्ति हैं। कहा जा सकता

है कि बच्चन जैसे प्रतिष्ठित कवि का अपनी जानी-पहचानी जमीन छोड़कर नई जमीन तोड़ना अपने-आपमें एक महत्त्वपूर्ण उपलब्धि है। किन्तु प्रश्न हो सकता है कि क्या नई जमीन तोड़ना अपने-आपमें उपलब्धि है ? पहली बात तो यह कि बच्चन के लिए व्यक्तिगत रूप से यह नई जमीन हो सकती है किन्तु इस युग के कवि जो जमीन तोड़ रहे हैं वह बच्चन की जमीन से काफी आगे की जमीन है और यह भी कि, जमीन तोड़ देने मात्र से कोई कवि काव्यात्मक उपलब्धि प्राप्त नहीं कर सकता। इसीलिए बच्चन की ये नई कविताएँ उनके पहले के गीतों से काव्यात्मक उपलब्धि की दृष्टि से काफी पीछे हैं। इसकी वजह यह है कि बच्चन की ये कविताएँ यथार्थ का अनुभूत्यात्मक चित्र न होकर यथार्थ का—वस्तुस्थिति का, विचार का, अवधारणा का—कथन मात्र बनकर रह जाती हैं। उनके मुक्त छन्द में अनुभूति के द्वन्द्व, संक्रान्ति, विविधरूपता के अनुसार विविध बारीक मोड़ नहीं आते, कोण नहीं उभरते बल्कि ऐसा लगता है जैसे एक साँस में सारी बात कही जा रही है। किन्तु उनकी कुछ कविताएँ निश्चय ही अपने अछूते, परिचित लोक-बिम्बों के कारण बहुत सुन्दर बन पड़ी हैं। नेहरू जी की मृत्यु पर लिखी गई कविता ऐसी ही मार्मिक अनुभूतिप्रवण और बिम्बात्मक कविताओं में से एक है।

बच्चन जी की प्रमुख रचनाएँ—मधुशाला, मधुबाला, प्रणयगीत, निशा-निमन्त्रण, दशद्वार से सोपान तक आदि हैं।

मधुशाला

मृदु भावों के अंगूरों की आज बना लाया हाला,
प्रियतम, अपने ही हाथों से आज पिलाऊँगा प्याला;
पहले भोग लगा लूँ तेरा फिर प्रसाद जग पायेगा;
सबसे पहले तेरा स्वागत करती मेरी मधुशाला ॥ १ ॥

प्यास तुझे तो, विश्व तपाकर पूर्ण निकालूँगा हाला,
एक पाँव से साकी बनकर नाचूँगा लेकर प्याला,
जीवन की मधुरता तो तेरे ऊपर कब का वार चुका,
आज निछावर कर दूँगा मैं तुझ पर जग की मधुशाला ॥ २ ॥

प्रियतम, तू मेरी हाला है, मैं तेरा प्यासा प्याला,
अपने को मुझमें भरकर तू बनता है, पीनेवाला;
मैं तुझको छक छलका करता, मस्त मुझे पी तू होता;
एक दूसरे को हम दोनों आज परस्पर मधुशाला ॥ ३ ॥

भावुकता अंगूर लता से खींच कल्पना की हाला,
कवि साकी बनकर आया है भरकर कविता का प्याला;
कभी न कण भर खाली होगा, लाख पिएँ, दो लाख पिएँ!
पाठकगण हैं पीनेवाले, पुस्तक मेरी मधुशाला ॥ ४ ॥

मधुर भावनाओं की सुमधुर नित्य बनाता हूँ हाला
भरता हूँ इस मधु से अपने अन्तर का प्यासा प्याला;
उठा कल्पना के हाथों से स्वयं उसे पी जाता हूँ;
अपने ही में हूँ मैं साकी, पीनेवाला, मधुशाला ॥ ५ ॥

चलने ही चलने में कितना जीवन हाय बिता डाला !
'दूर अभी है', पर, कहता है हर पथ बतलानेवाला;
हिम्मत है न बढ़ूँ आगे को, साहस है न फिरूँ पीछे;
किंकर्तव्यविमूढ़ मुझे कर दूर खड़ी है मधुशाला ॥ ६ ॥

धर्म-ग्रन्थ सब जला चुकी है जिसके अन्तर की ज्वाला,
मन्दिर, मस्जिद, गिरजे—सबको तोड़ चुका जो मतवाला
पण्डित, मोमिन, पादरियों के फन्दों को जो काट चुका,
कर सकती है आज उसी का स्वागत मेरी मधुशाला ॥ ७ ॥

बजी न मन्दिर में घड़ियाली, चढ़ी न प्रतिमा पर माला,
बैठा अपने भवन मुअज्जिन देकर मस्जिद में ताला,
लुटे खजाने नरपतियों के गिरीं गढ़ों की दीवारें;
रहें मुबारक पीनेवाले, खुली रहे यह मधुशाला ॥ ८ ॥

सूर्य बने मधु का विक्रेता, सिन्धु बने घट, जल हाला,
बादल बन-बन आये साकी, भूमि बने मधु का प्याला,
झड़ी लगाकर बरसे मदिरा रिमझिम, रिमझिम, रिमझिम कर,
बेलि, विटप, तृण बन मैं पीऊँ, वर्षा ऋतु हो मधुशाला ॥ ९ ॥

तारक मणियों से सज्जित नभ बन जाये मधु का प्याला,
सीधा करके भर दी जाये उसमें सागर - जल हाला,
मत्त समीरण साकी बनकर अधरों पर छलका जाये,
फैले हों जो सागर तट-से; विश्व बने यह मधुशाला ॥ १० ॥

निशा-निमन्त्रण

(१)

दिन जल्दी-जल्दी ढलता है!

हो जाय न पथ में रात कहीं
मंजिल भी तो है दूर नहीं—
यह सोच थका दिन का पंथी भी जल्दी-जल्दी चलता है!
दिन जल्दी-जल्दी ढलता है!

बच्चे प्रत्याशा में होंगे,
नीड़ों से झाँक रहे होंगे—
यह ध्यान परों में चिड़ियों के भरता कितनो चंचलता है!
दिन जल्दी - जल्दी ढलता है!

मुझसे मिलने को कौन विकल?
मैं होऊँ किसके हित चंचल?—
यह प्रश्न शिथिल करता पद को, भरता उर में विह्वलता है!
दिन जल्दी - जल्दी ढलता है!

(२)

साथी, अन्त दिवस का आया!

तरु पर लौट रहे हैं नभचर,
लौट रहीं नौकाएँ तट पर,
पश्चिम की गोदी में रवि की श्रान्त किरण ने आश्रय पाया!
साथी, अन्त दिवस का आया!

रवि - रजनी का आलिंगन है,
सन्ध्या स्नेह-मिलन का क्षण है,
कान्त - प्रतीक्षा में गृहिणी ने, देखो, घर-घर दीप जलाया !
साथी, अन्त दिवस का आया !

जग के विस्तृत अन्धकार में,
जीवन के शत - शत विचार में,
हमें छोड़कर चली गयी, लो, दिन की मौन संगिनी छाया !
साथी, अन्त दिवस का आया !

(३)

गिरजे से घण्टे की टन-टन !

मन्दिर से शंखों की तानें,
मस्जिद से पाबन्द अजानें
उठकर नित्य किया करती हैं अपने भक्तों का आवाहन
गिरजे से घण्टे की टन - टन !

मेरा मन्दिर था, प्रतिमा थी,
मन में पूजा की महिमा थी,
किन्तु निरभ्र गगन से गिरकर वज्र गया कर सबका खण्डन !
गिरजे से घण्टे की टन - टन !

जब ये पावन ध्वनियाँ आतीं,
शीश झुकाने दुनिया जाती,
अपने से पूछा करता तब, करूँ कहाँ मैं किसका पूजन ?
गिरजे से घण्टे की टन - टन !

(४)

अब निशा देती निमन्त्रण !

महल इसका तम - विनिर्मित,
ज्वलित इसमें दीप अगणित,
द्वार निद्रा के सजे हैं स्वप्न से शोभन - अशोभन !
अब निशा देती निमन्त्रण !

भूत - भावी इस जगह पर
वर्तमान - समान होकर
सामने हैं देश - काल - समाज के तज सब नियन्त्रण !
अब निशा देती निमन्त्रण !

सत्य कर सपने असम्भव !—
पर, ठहर, नादान मानव—
हो रहा है साथ में तेरे बड़ा भारी प्रवंचन !
अब निशा देती निमन्त्रण !

(५)

बीते दिन कब आनेवाले !

मेरी वाणी का मधुमय स्वर
विश्व सुनेगा कान लगाकर,
दूर गये पर मेरे उर की धड़कन को सुन पानेवाले !
बीते दिन कब आनेवाले !

विश्व करेगा मेरा आदर
हाथ बढ़ाकर, शीश नवाकर,
पर न खुलेंगे नेत्र प्रतीक्षा में जो रहते थे मतवाले !
बीते दिन कब आनेवाले !

मुझमें है देवत्व जहाँ पर,
झुक जायेगा लोक वहाँ पर,
पर न मिलेंगे मेरी दुर्बलता को अब दुलरानेवाले !
बीते दिन कब आनेवाले !

प्रणय-पत्रिका

(१)

सुमुखि, कभी क्या मेरे जीवन के भी ऐसे दिन आयेंगे?

जैसे इस गिरि की गोदी में एक बसा है नगर निराला,
घर, छप्पर, छत, बाग-बगीचों, गढ़, गढ़, गुम्बद, मीनारोंवाला,
मानचित्र-सा मेरे आगे मानव का उर फैला होगा?
सुमुखि, कभी क्या मेरे जीवन के भी ऐसे दिन आयेंगे?

जैसे इस सागर के अन्दर बिम्बित है सारा नभ-मण्डल,
तारों की पलकों का झँपना, किरणों का मुसकाना, बादल,
बिजली, तूफानों की हलचल, क्या मेरे भी अन्तस्तल में
मानव के सुख, सूनेपन, दुख, दर्द कभी घर कर जायेंगे?
सुमुखि, कभी क्या मेरे जीवन के भी ऐसे दिन आयेंगे?

है कड़आ अनुभव मानव का यह जग-जीवन-काल अधूरा,
किन्तु उसे मालूम नहीं है—कौन, कहाँ कब होगा पूरा,
जिसके हित बेचैन रहा वह, जिसके हित बेचैन रहेगा,
एक झलक भी उसकी मेरे स्वप्न कभी क्या दिखलायेंगे?
सुमुखि, कभी क्या मेरे जीवन के भी ऐसे दिन आयेंगे?

जैसे गरुड़ गगन में उड़ता महाकाव्य-सा लिखता जाता,
जैसे हंस सलिल पर तिरता लघु लहरों की पंक्ति बनाता,
लिपि-अंकित संगीत प्रकृति का करता; सहज स्वरों से मेरे
गीत निकल अन्तर-अन्तर में ध्वनित कभी क्या हो पायेंगे?
सुमुखि, कभी क्या मेरे जीवन के भी ऐसे दिन आयेंगे?

(२)

नयन तुम्हारे चरण-कमल में अर्घ्य चढ़ा फिर-फिर भर आते।

कब प्रसन्न, अवसन्न हुए कब, है कोई जिसने यह जाना ?
नहीं तुम्हारी मुख मुद्रा ने सीखा इनका भेद बताना,
ज्ञात मुझे, पर, अब तक मेरी पूर्ण नहीं पूजा हो पायी,
नयन तुम्हारे चरण-कमल में अर्घ्य चढ़ा फिर-फिर भर आते।

यह मेरा दुर्भाग्य नहीं है जो आँसू की धार बहाता,
कस उसको अपर्ना सांसों में अब तो मैं संगीत बनाता,
और सुनाता उनको जिनको दुःख-दर्दों ने अपनाया,
मेरे ऐसे यत्न तुम्हारे पास भला कैसे आ पाते।
नयन तुम्हारे चरण-कमल में अर्घ्य चढ़ा फिर-फिर भर आते।

और न मेरे मन के अन्दर किसी तरह का पछतावा है,
मैं मानव हूँ और रहूँगा इतना ही मेरा दावा है,
पशुओं ने कब प्यार किया है, कब वे सुन्दरता पर बिखरे ?
शक्ति-सुरुचि दोनों से वंचित ही इनको दुर्गुण बतलाते।
नयन तुम्हारे चरण-कमल में अर्घ्य चढ़ा फिर-फिर भर आते।

इस जल-कण माला का मतलब साफ यहीं तक हो पाया है,
ऐसा लगता दूर कहीं से भार हृदय ढोकर लाया है,
अनायास अनजान, प्रयोजनहीन समर्पण करके तुमको
अन्तर का कुछ श्रम कम होता औ' कुछ-कुछ लोचन हलकाते।
नयन तुम्हारे चरण-कमल में अर्घ्य चढ़ा फिर-फिर भर आते।

(३)

हर रात तुम्हारे पास चला मैं आता हूँ।
जब घन अँधियाला तारों से ढल धरती पर आ जाता है,
जब दर-परदा-दीवारों पर भी नींद-नशा छा जाता है,
तब यन्त्र-सदृश अपने बिस्तर से हो बाहर चुपके-चुपके
हर रात तुम्हारे पास चला मैं आता हूँ।

समतल भू-तल, बत्ती की पाँतों के पहरे में सुप्त नगर
अम्बर को दर्पण दिखलाते सरवर सागर, मधुवन, बंजर,
हिम-तरु-मण्डित, नंगी पर्वत-माला, मरुथल जंगल, दलदल—
सबकी दुर्गमता के ऊपर मुसकाता हूँ।
हर रात तुम्हारे पास चला मैं आता हूँ।

सपनों से डैने माँग लगाकर कन्धो पर उड़ता आता,
मेरे मन का उन्माद, हौसला प्राणों का पथ बतलाता,
विज्ञानी ने ईजाद किये जितने वाहन, जितने साधन
गति के—सबको चकराता हूँ, शरमाता हूँ।
हर रात तुम्हारे पास चला मैं आता हूँ।

पर कभी-कभी क्या निद्रा को हो जाता है रूठा करती,
तुमको पाने के मेरे सारे यत्नों को झूठा करती,
तब भाव-जलद पर इन्द्रधनुष-रूपक धरकर छन्दों से कम
तुम तक गीतों के सौ-सौ सेतु बनाता हूँ।
हर रात तुम्हारे पास चला मैं आता हूँ।

गजानन माधव मुक्तिबोध

अपनी पूरी पीढ़ी में मुक्तिबोध का व्यक्तित्व विशिष्ट है। मुक्तिबोध एक ऐसे कवि हैं जिनका अनुभव जगत बहुत व्यापक है, जो अपने परिवेश के जीवन से बहुत गहन भाव से जुड़े हुए हैं। अनुभव की व्यापकता और परिवेश-जीवन से गहन सम्बद्धता कवि को रूमानी भूख-प्यास के सीमित दायरे से बाहर निकालकर विविध छवियों, प्रश्नों और संवेदनाओं से भरे जीवन के बीच ला खड़ा करती है। कवि की प्रगतिवादी दृष्टि उसके परिवेश-बोध, सामाजिक चिन्तन और अनुभव वैविध्य को और बल देती है। अतः कहा जा सकता है कि बाद में जीवन की बहुविध छवि को लेकर विकसित होने वाली नई कविता के अग्रज कवि सच्चे अर्थों में मुक्तिबोध ही हैं। मुक्तिबोध की भाषा नई कविता की भाषा की अपेक्षा परम्परित ही अधिक लगती है। किन्तु यह सारी स्थिति 'तारसप्तक' के समय तक की है। परवर्ती कविताओं में ये दोष कम होते गए हैं, भाषा की अपेक्षाकृत नई होती गई है और विराट तथा सघन जीवन-अनुभव उनके शिल्प के शैथिल्य को अपने में आतमसात करता गया है फिर भी लम्बी-लम्बी कविताओं में प्रभाव की गठन की जगह पर प्रभाव का बिखराव ही अधिक लक्षित होता है जैसे अनुभवों के बड़े-बड़े शिलाखण्ड एक दूसरे से असम्बद्ध यहाँ से वहाँ तक पड़े हुए हैं—यह दूसरी बात है कि इस असम्बद्ध सम्बद्धता का भी एक सौन्दर्य है। मुक्तिबोध में फैन्टेसी है अर्थात् एक जादुई कथा में आधुनिक जीवन-अनुभवों की अभिव्यक्ति है। लगता है कि पाठक किसी जादुई लोक में घूम रहा है जहाँ रह-रहकर दृश्य बदलते हैं, तरह-तरह के विचित्र व्यापार दिखाई पड़ते हैं, रह-रहकर जादुई चमत्कार होते हैं और पाठक भय, घृणा, आक्रोश, यातना, आत्महीनता, शक्ति के मिले-जुले अनुभव-लोक से गुजरने लगता है। वास्तव में यह सारा जादुई लोक इसी मिले-जुले आधुनिक जीवन-अनुभव की अभिव्यक्ति के लिए रचा गया काव्यलोक है। 'अँधेरे में', 'ब्रह्मराक्षस' कविताएँ इस दृष्टि से अत्यधिक उल्लेखनीय कविताएँ हैं। मुक्तिबोध

सामाजिक जीवन यथार्थ के कवि हैं, वे इस यथार्थ को अपने अनुभव का अंग बनाकर व्यक्त करते हैं। उनका अनुभव वर्ग-सिद्धान्तों से नहीं, संघर्षमय जीवन-भोग से निर्मित है। उनके इस संघर्षमय जीवन में पीड़ा है, पराजय है, सामाजिक विकृतियों का तीखा बोध है किन्तु लगता है कवि अन्धकार में अकुलाता हुआ भी प्रकाश की खोज से हारा नहीं है। यह प्रकाश ऊपर से नहीं बरसता, अपनी आत्मा की पीड़ा से ही फूटता है, विवेक-दृष्टि से दिखाई पड़ता है।

मुक्तिबोध की प्रमुख रचनाएँ—'चाँद का मुँह टेढ़ा है', 'भूरि भूरि खाक धूल', 'एक साहित्यिक की डायरी' आदि हैं।

लकड़ी का रावण

दीखता
त्रिकोण इस पर्वत-शिखर से
अनाम, अरूप और अनाकार
असीम एक कुहरा,
भस्मीला अन्धकार
फैला है कटे-पिटे पहाड़ी प्रसारों पर;
लटकती हैं मटमैली
ऊँची-ऊँची लहरें
मैदानों पर सभी ओर

लेकिन उस कुहरे से बहुत दूर
ऊपर उठ
पर्वतीय ऊर्ध्वमुखी नोक एक
मुक्त और समुत्तुंग ! !

उस शैल-शिखर पर
खड़ा हुआ दीखता है एक द्यौः पिता भव्य
निःसंग
ध्यान-मग्न ब्रह्म···
मैं ही वह विराट् पुरुष हूँ
सर्व-तन्त्र, स्वतन्त्र, सत्-चित् !
मेरे इन अनाकार कन्धों पर विराजमान
खड़ा है सुनील

शून्य
रवि-चन्द्र-तारा-द्युति-मण्डलों के परे तक ।

दोनों हम
अर्थात्
मैं व शून्य
देख रहे···दूर···दूर···दूर तक
फैला हुआ
मटमैली जड़ीभूत परतों का
लहरीला कम्बल ओर-छोर-हीन
रहा ढाँक
कन्दरा-गुहाओं को, तालों को
वृक्षों के मैदानी दृश्यों के प्रसार को

अकस्मात्
दोनों हम
मैं व शून्य
देखते कि कम्बल की कुहरीली लहरें
हिल रहीं, मुड़ रहीं !!
क्या यह सच,
कम्बल के भीतर है कोई जो
करवट बदलता-सा लग रहा ?
आन्दोलन ?
नहीं, नहीं, मेरी ही आँखों का भ्रम है
फिर भी उस आर-पार फैले हुए
कुहरे में लहरीला असंयम !!
हाय ! हाय !

क्या है यह !! मेरी ही गहरी उसाँस में
कौन-सा है नया भाव ?
क्रमशः
कुहरे की लहरीली सलवटें
मुड़ रहीं, जुड़ रहीं,
आपस में गुँथ रहीं !!
क्या है यह !!
यह क्या मज़ाक है,
अरूप अनाम इस
कुहरे की लहरों से अगनित
कई आकृति-रूप
बन रहे, बनते-से दीखते !!
कुहरीले भाप-भरे चेहरे
अशंक, असंख्य व उग्र…
अजीब है,
अजीबोगरीब है
घटना का मोड़ यह।

अचानक
भीतर के अपने से गिरा कुछ,
खसा कुछ;
नसें ढीली पड़ रहीं
कमज़ोरी बढ़ रही; सहसा
आतंकित हम सब
अभी तक
समुत्तुंग शिखरों पर रहकर
सुरक्षित हम थे

जीवन की प्रकाशित कीर्ति के क्रम थे,
अहं-हुंकृति के ही···यम-नियम थे,
अब क्या हुआ यह
दुःसह !!
सामने हमारे
घनीभूत कुहरे के लक्ष-मुख
लक्ष-वक्ष, शत-लक्ष-वाहु ये रूप, अरे
लगते हैं घोरतर !

जी नहीं,
वे सिर्फ कुहरा ही नहीं हैं,
काले-काले पत्थर
व काले-काले लोहे के लगते हैं वे लोग।
हाय, हाय, कुहरे की घनीभूत प्रतिमा या
भरमाया मेरा मन,
उनके वे स्थूल हाथ
मनमाने बलशाली
लगते हैं खतरनाक;
जाने-पहचाने-से लगते हैं मुख वे।

डरता हूँ,
उनमें से कोई, हाय
सहसा न चढ़ जाय
उत्तुंग शिखर को सर्वोच्च स्थिति पर,
पत्थर व लोहे के रंग का यह कुहरा !

बढ़ न जायँ
छा न जायँ

मेरी इस अद्वितीय
सत्ता के शिखरों पर स्वर्णाभ,
हमला न कर बैठें ख़तरनाक
कुहरे के जनतन्त्री
वानर ये, नर ये !!
समुदाय, भीड़
डार्क मासेज़ ये मॉब हैं
श्यामवर्ण मूढ़ों के दिमाग खराब हैं,
हलचलें गड़बड़,
नीचे थे जब तक
फ़ासलों में खोये हुए कहीं दूर, पार थे;
कुहरे के घने-घने श्याम प्रसार थे।
अब ये लंगूर हैं
हाय हाय
शिखरस्थ मुझको ये छू न जायँ !!

आसमानी शमशीरो, बिजलियो,
मेरी इन भुजाओं में बन जाओ
ब्रह्म-शक्ति !
पुच्छल ताराओ,
टूट पड़ो बरसो
कुहरे के रंगवाले वानरों के चेहरे
विकृत, असभ्य और भ्रष्ट हैं···
प्रहार करो उन पर,
कर डालो संहार !!

अरे, अरे !
नभचुम्बी शिखरों पर हमारे

बढ़ते ही जा रहे
जा रहे चढ़ते
हाय, हाय,
सब ओर घिरा हूं ।

सब तरफ अकेला,
शिखर पर खड़ा हूँ
लक्ष-मुख दानव-सा, लक्ष-हस्त देव-सा ।
परन्तु, यह क्या
आत्म-प्रतीति भी धोखा ही दे रही !!
स्वयं को ही लगता हूँ
बाँस के व कागज के पुट्ठे के बने हुए
महाकाय रावण-सा हास्यास्पद
भयंकर !!

हाय, हाय,
उग्रतर हो रहा चेहरों का समुदाय
और कि भाग नहीं पाता मैं
हिल नहीं पाता हूँ
मैं मन्त्र-कीलित-सा, भूमि में गड़ा-सा,
जड़ खड़ा हूँ
अब गिरा, तब गिरा
इसी पल कि उस पल…

दिमागी गुहान्धकार का ओराँग-उटाँग !

स्वप्न के भीतर एक स्वप्न,
विचारधारा के भीतर और

एक अन्य
सघन विचारधारा प्रच्छन्न !!
कथ्य के भीतर एक अनुरोधी
विरुद्ध-विपरीत,
नेपथ्य-संगीत !!

मस्तिष्क के भीतर एक मस्तिष्क
उसके भी अन्दर एक और कक्ष
कक्ष के भीतर
एक गुप्त प्रकोष्ठ और
कोठे के साँवले गुहान्धकार में
मज़बूत सन्दूक
दृढ़, भारी-भरकम
और उस सन्दूक भीतर कोई बन्द है
यक्ष
या कि ओरांग-उटांग हाय
अरे ! डर यह है...
न ओरांग-उटांग कहीं छूट जाय,
कहीं प्रत्यक्ष न यक्ष हो !

करीने से सजे हुए संस्कृति-प्रभामय
अध्ययन-गृह में
बहस उठ खड़ी जब होती है—
विवाद में हिस्सा लेता हुआ मैं
सुनता हूँ ध्यान से
अपने ही शब्दों का नाद, प्रवाह और
पाता हूँ अकस्मात्
स्वयं के स्वर में

ओराँग-उटाँग की बौखलाती हुंकृति ध्वनियाँ
एकाएक भयभीत
पाता हूँ पसीने से सिंचित
अपना यह नग्न मन !
हाय-हाय कोई न जान ले
कि नग्न और विद्रूप
असत्य शक्ति का प्रतिरूप
प्राकृत ओराँग-उटाँग यह
मुझमें छिपा हुआ है।

स्वयं की ग्रीवा पर
फेरता हूँ हाथ कि
करता हूँ महसूस
एकाएक गरदन पर उगी हुई
सघन अयाल और
शब्दों पर उगे हुए बाल तथा
वाक्यों में ओराँग-उटाँग के
बढ़े हुए नाखून !!

दीखती है सहसा
अपनी ही गुच्छेदार मूँछ
जो कि बनती है कविता
अपने ही बड़े-बड़े दाँत
जो कि बनते हैं तर्क और
दीखता है प्रत्यक्ष
बौना यह भाल और
झुका हुआ माथा
जाता हूँ चौंक मैं निज से

अपनी ही बालदार सज से
कपाल की धज से ।

और, मैं विद्रूप वेदना से ग्रस्त हो
करता हूँ धड़ से बन्द
वह सन्दूक
करता हूँ महसूस
हाथ में पिस्तौल बन्दूक !!
अगर कहीं पेटी वह खुल जाये,
ओरांग-उटांग यदि उसमें से उठ पड़े,
धाँय-धाँय गोली दागी जाएगी ।
रक्ताल...फैला हुआ सब ओर
ओरांग-उटांग का लाल-लाल
खून...तत्काल...
ताला लगा देता हूँ मैं पेटी का
बन्द है सन्दूक !!
अब इस प्रकोष्ठ के बाहर आ
अनेक कमरों को पार करता हुआ
संस्कृति-प्रभामय अध्ययन-गृह में
अदृश्य रूप से प्रवेश कर
चली हुई बहस में भाग ले रहा हूँ !!
सोचता हूँ—विवाद में ग्रस्त कई लोग,
कई तल
सत्य के बहाने
स्वयं को चाहते हैं प्रस्थापित करना ।
अहं को, तथ्य के बहाने ।
मेरी जीभ एकाएक तालू से चिपकती

अक्ल क्षारयुक्त-सी होती है···
और मेरी आँखें उन बहस करनेवालों के
कपड़ों में छिपी हुई
सघन रहस्यमय लम्बी पूँछ देखतीं !!
और मैं सोचता हूँ···
कैसे सत्य हैं—
ढाँक रखना चाहते हैं बड़े-बड़े नाखून !!
किसके लिए हैं वे बाघनख !!
कौन अभागा वह !!

मुझे कदम-कदम पर

मुझे कदम-कदम पर
चौराहे मिलते हैं
बाँहें फैलाये !!

एक पैर रखता हूँ
कि सौ राहें फूटतीं,
व मैं उन सब पर से गुज़रना चाहता हूँ;
बहुत अच्छे लगते हैं
उनके तजुर्बे और अपने सपने···
सब सच्चे लगते हैं;
अजीब-सी अकुलाहट दिल में उभरती है,
मैं कुछ गहरे में उतरना चाहता हूँ,
जाने क्या मिल जाए !!

मुझे भ्रम होता है कि प्रत्येक पत्थर में
चमकता हीरा है,
हरएक छाती में आत्मा अधीरा है,
प्रत्येक सुस्मित में विमल सदानीरा है,
मुझे भ्रम होता है कि प्रत्येक वाणी में
महाकाव्य-पीड़ा है,
पलभर मैं सबमें से गुज़रना चाहता हूँ,
प्रत्येक उर में से तिर आना चाहता हूँ,
इस तरह खुद ही को दिए-दिए फिरता हूँ,
अजीब है ज़िन्दगी !!
बेवकूफ बनने के खातिर ही
सब तरफ अपने को लिए-लिए फिरता हूँ;
और यह देख-देख बड़ा मजा आता है
कि मैं ठगा जाता हूँ…
हृदय में मेरे ही,
प्रसन्न-चित्त एक मूर्ख बैठा है
हँस-हँसकर अश्रुपूर्ण, मत्त हुआ जाता है,
कि जगत्…स्वायत्त हुआ जाता है।

कहानियाँ लेकर और
मुझको कुछ देकर ये चौराहे फैलते
जहाँ जरा खड़े होकर
बातें कुछ करता हूँ…
…उपन्यास मिल जाते।

दुःख की कथाएँ, तरह-तरह की शिकायतें
अहंकार-विश्लेषण, चारित्रिक आख्यान,

जमाने के जानदार सूरे व आयतें
सुनने को मिलती हैं !

कविताएँ मुसकरा लाग-डाँट करती हैं
प्यार बात करती हैं ।
मरने और जीने की जलती हुई सीढ़ियाँ
श्रद्धाएँ चढ़ती हैं !!

घबराए प्रतीक और मुसकाते रूप-चित्र
लेकर मैं घर पर जब लौटता...
उपमाएँ, द्वार पर आते ही कहती हैं कि
सौ बरस और तुम्हें
जीना ही चाहिए ।

घर पर भी, पग-पग पर चौराहे मिलते हैं,
बाँहें फैलाए रोज मिलती हैं सौ राहें,
शाखा-प्रशाखाएँ निकलती रहती हैं,
नव-नवीन रूप दृश्यवाले सौ-सौ विषय
रोज-रोज मिलते हैं...
और, मैं सोच रहा कि
जीवन में आज के
लेखक की कठिनाई यह नहीं कि
कमी है विषयों की
वरन् यह कि आधिक्य उनका ही
उसको सताता है,
और, वह ठीक चुनाव कर नहीं पाता है !!

धूमिल

धूमिल साठोत्तरी कविता के अत्यन्त सशक्त हस्ताक्षर हैं। धूमिल ने अपनी काव्य-यात्रा गीतों से शुरू की थी। साठोत्तर काल में वे अकविता से जुड़ गए। अकविता अपने स्वस्थ रूप में अपने समय की एक आवश्यकता थी। उसने नई कविता की बनती रूढ़ियों के विरुद्ध कविता को एक खुलापन देना चाहा और देश और समाज में व्याप्त मोह-भंग को निर्मम अभिव्यक्ति दी किन्तु वह शीघ्र ही सेक्स की अश्लीलता, जुगुप्सा, जिघासा, और मूल्य सम्बन्धी विकृतियों से लदफद गई। धूमिल में भी अकबिता की अशक्ति के प्रभाव हैं और अन्त तक रहे किन्तु वे शीघ्र ही अकविता के व्यक्तिवादी संसार से निकलकर सामाजिक संसार में आ गए। अकविता के दौर में भी उनका स्वर समाजोन्मुख रहा। वे समग्रत: सेक्स में न उलझकर देश की राजनीति और सामाजिक व्यवस्था की विसंगतियों से टकराते रहे और इस प्रक्रिया में सामान्य जन की पक्षधरता करते रहे। धूमिल ने बहुत निर्भयता से देश की जनतान्त्रिक व्यवस्था और अभिजात वर्ग के दोगले चरित्र का उद्घाटन किया। इस कथ्य के निरूपण के लिए धूमिल ने बहुत सीधी लट्ठमार भाषा और शैली का सहारा लिया। जहाँ उनके समय के अनेक कवि सेक्स के उलझे हुए बिम्बों में फँसे थे वहाँ धूमिल ने सामाजिक-राजनीतिक जीवन और कृषि-परिवेश के तमाम परिचित बिम्बों के चयन और निर्माण से भाषा में एक खुलापन और वेग भरा। धूमिल की भाषा कलात्मक होते हुए भी खुली हुई है किन्तु अनेक स्थानों पर वे बयान की सपाट भाषा का इस्तेमाल करते हैं। अनेक लटकों, सूक्तियों और तुकों से लदी हुई उनकी कविता एक दूसरे प्रकार की काव्य-रूढ़ि की ओर मुड़ जाती है। अपनी सारी शक्तियों और अशक्तियों के साथ धूमिल अपने समय के विशिष्ट और विवाद-ग्रस्त कवि हैं। इन्होंने काव्य-भाषा को एक नया मुहावरा दिया। पटकथा, मोचीराम जैसी उनकी अनेक सशक्त कविताएँ चर्चा के केन्द्र में रही हैं। 'संसद से सड़क तक', 'कल सुनना मुझे' और 'सुदामा पाण्डे का प्रजातन्त्र' उनके तीन काव्य संग्रह हैं।

मोचीराम

राँपी से उठी हुई आँखों ने मुझे
क्षण भर टटोला
और फिर
जैसे पतियाए हुए स्वर में
वह हँसते हुए बोला—
बाबू जी ! सच कहूँ—मेरी निगाह में
न कोई छोटा
न कोई बड़ा है
मेरे लिए, हर आदमी एक जोड़ी जूता है
जो मेरे सामने
मरम्मत के लिए खड़ा है

और असल बात तो यह है
कि वह चाहे जो है
जैसा है, जहाँ कहीं है
आजकल
कोई आदमी जूते की नाप से
बाहर नहीं है
फिर भी मुझे ख्याल रहता है
कि पेशेवर हाथों और फटे हुए जूतों के बीच
कहीं-न-कहीं एक अदद आदमी है
जिस पर टाँके पड़ते हैं,
जो जूते से झाँकती हुई अंगुली की चोट छाती पर
हथौड़े की तरह सहता है।

यहाँ तरह-तरह के जूते आते हैं
और आदमी की अलग-अलग नवैयत
बतलाते हैं
सबकी अपनी-अपनी शक्ल है
अपनी-अपनी शैली है
मसलन एक जूता है :
जूता क्या है—चकतियों की थैली है
इसे एक चेहरा पहनता है
जिसे चेचक ने चुग लिया है
उस पर उम्मीद को तरह देती हुई हँसी है
जैसे 'टेलीफून' के खम्भे पर
कोई पतंग फँसी है
और खड़खड़ा रही है
बाबूजी ! इस पर पैसा
क्यों फूंकते हो ?'
मैं कहना चाहता हूँ
मगर मेरी आवाज़ लड़खड़ा रही है
मैं महसूस करता हूँ—भीतर से
एक आवाज़ आती है—'कैसे आदमी हो,
अपनी जाति पर थूकते हो।'
आप यकीन करें, उस समय
मैं चकतियों की तरह आँखें टाँकता हूँ
और पेशे में पड़े हुए आदमी को
बड़ी मुश्किल से निबाहता हूँ

एक जूता और है जिससे पैर को
'नाथ कर' एक आदमी निकलता है

सैर को
न वह अक्लमन्द है
न वक्त का पाबन्द है
उसकी आँखों में लालच है
हाथों में घड़ी है
उसे कहीं जाना नहीं है
मगर चेहरे पर
बड़ी हड़बड़ी है
वह कोई बनिया है
या बिसाती है
मगर रोब ऐसा कि हिटलर का नाती है
'इशे बाँधो, उशे काटो, हियाँ ठठोक्को, वहाँ पीट्टो
घिश्शा दो, अइशा चमकाओ, जुत्ते को ऐना बनाओ
...ओफ्फ ! बड़ी गर्मी है, रूमाल से हवा
करता है, मौसम के नाम पर बिसूरता है
सड़क पर 'आतियों-जातियों' को
बानर की तरह घूरता है
गरज यह कि घंटे भर खटवाता है
मगर नामा देते वक्त
साफ 'नट' जाता है
'शरीफों को लूटते हो' वह गुर्राता है
और कुछ सिक्के फेंक कर
आगे बढ़ जाता है
अचानक चिहुँक कर सड़क से उछलता है
और पटरी पर चढ़ जाता है
चोट जब पेशे पर पड़ती है
तो कहीं न कहीं एक चोर कील

दबी रह जाती है
जो मौका पा कर उभरती है
और अँगुली में गड़ती है

मगर इसका मतलब यह नहीं है
कि मुझे कोई गलतफहमी है
मुझे हर वक्त यह खयाल रहता है कि जूते
और पेशे के बीच
कहीं-न-कहीं एक अदद आदमी है
जिस पर टाँके पड़ते हैं
जो जूते से झाँकती हुई अंगुली की चोट
छाती पर
हथौड़े की तरह सहता है
और बाबूजी ! असल बात तो यह है कि जिन्दा रहने के पीछे
अगर सही तर्क नहीं है
तो रामनामी बेच कर या रण्डियों की
दलाली करके रोजी कमाने में
कोई फर्क नहीं है
और यही वह जगह है जहाँ हर आदमी
अपने पेशे से छूट कर
भीड़ का टमकता हुआ हिस्सा बन जाता है
सभी लोगों की तरह
भाषा उसे काटती है
मौसम सताता है
अब आप इस बसन्त को ही लो
यह दिन को ताँत की तरह तानता है
पेड़ों पर लाल-लाल पत्तों के हजारों सुखतल्ले

धूप में, सीझने के लिए
लटकाता है

सच कहता हूँ—उस समय
राँपी की मूठ को हाथ में सँभालना
मुश्किल हो जाता है
आँख कहीं जाती है
हाथ कहीं जाता है
मन किसी झुँझलाए हुए बच्चे-सा
काम पर आने से बार-बार इनकार करता है
लगता है कि चमड़े की शराफत के पीछे
कोई जंगल है जो आदमी पर
पेड़ से वार करता है
और यह चौंकने की नहीं, सोचने की बात है
मगर जो ज़िन्दगी को किताब से नापता है
जो असलियत और अनुभव के बीच
खून के किसी कमजात मौके पर कायर है
वह बड़ी आसानी से कह सकता है
कि यार ! तू मोची नहीं, शायर है
असल में वह एक दिलचस्प गलतफहमी का
शिकार है
जो यह सोचता है कि पेशा एक जाति है
और भाषा पर
आदमी का नहीं, किसी जाति का अधिकार है
यद्यपि असलियत यह है कि आग
सबको जलाती है, सच्चाई
सबसे होकर गुजरती है

कुछ हैं जिन्हें शब्द मिल चुके हैं
कुछ हैं जो अक्षरों के आगे अन्धे हैं
वे हर अन्याय को चुपचाप सहते हैं
और पेट.की आग से डरते हैं
जबकि मैं जानता हूँ कि 'इनकार से भरी हुई एक चीख'
और 'एक समझदार चुप'
दोनों का मतलब एक है
भविष्य गढ़ने में, 'चुप' और 'चीख'
अपनी-अपनी जगह एक ही किस्म से
अपना-अपना फ़र्ज़ अदा करते हैं।

प्रौढ़ शिक्षा

काले तख्ते पर सफ़ेद खड़िया से
मैं तुम्हारे लिए लिखता हूँ—'अ'
और तुम्हारा मुख
किसी अन्धी गुफा के द्वार की तरह
खुल जाता है—'आऽऽ!'

यह भविष्य है यानी कि शब्दों की दुनिया में,
आने की सहमति ! तुमने पहली बार
बीते दिनों की यातना के ख़िलाफ़
मुँह खोला है

और यह उस आदमी का भविष्य है जिसका गूंगापन
न सिर्फ़, आत्महत्या की सरहद पर बोलता है

मुहावरों के हवाई हमले से बचने के लिए
जिसके दिमाग में शताब्दियों का अन्धा कूप है

जो खोए हुए साहस की तलाश में
पशुओं की पूँछ के नीचे टटोलता है
जो किताबों के बीच है
जानवर-सा चुप है
यह उस आदमी का भविष्य है जो अचानक,
ढूँढ़ते-ढूँढ़ते, इस तरह तन गया है
कि कल तक जो मवेशीखाना था उसके लिए
आज पंचायत-भवन बन गया है।

लालटेन की लौ जरा और तेज़ करो
उसे यहाँ—
पेड़ से गड़ी हुई कील से
लटका दो
हाँ, अब ठीक है
आज का सबक शुरू करने से पहले
मैं एक बार फिर वह सब बतलाना चाहूँगा
जिसे मैंने कल कहा था
क्योंकि पिछले पाठ का दुहराना
हर नई शुरुआत में शरीक है

कल मैंने कहा था कि वह नई दुनिया
जिसे ढकने के लिए तुम नंगे ही रहे थे
उसी दिन उघर गई थी
जिस दिन हर भाषा
तुम्हारी अँगूठा-निशान की स्याही में डूबकर
मर गई थी

तुम अनपढ़ थे
गँवार थे
सीधे इतने कि बस—
दो और दो चार थे

मगर चालाक 'सुराजिये'।
आजादी के बाद के अँधेरे में
अपने पुरखों का रंगीन बलगम
और गलत इरादों का मौसम जी रहे थे
अपने-अपने दराजों की भाषा में बैठकर
'गर्म कुत्ता' खा रहे थे
'सफेद घोड़ा' पी रहे थे

तुम्हें तुम्हारी भूख पर भरोसा था
सबसे पहले उन्होंने एक भाषा तैयार की
जो तुम्हें न्यायालय से लेकर नींद से पहले की
प्रार्थना तक, गलत रास्तों पर डालती थी
'वह सच्चा पृथ्वी-पुत्र है'
'वह संसार का अन्नदाता है'

मगर तुम्हारे लिए कहा गया हर वाक्य
एक धोखा है जो तुम्हें दलदल की ओर
ले जाता है

लहलहाती हुई फसलें···
बहती हुई नदी···
उड़ती हुई चिड़ियाँ···
यह सब, सिर्फ, तुम्हें गूँगा करने की चाल है
क्या तुमने कभी सोचा कि तुम्हारा—

यह जो बुरा हाल है
इसकी वजह क्या है ?

इसकी वजह वह खेत है
जो तुम्हारी भूख का दलाल है
आह ! मैं समझता हूँ कि यह एक ऐसा सत्य है
जिसे सकारते हुए हर आदमी झिझकता है

मगर तुम सोचो कि उर्वर में
डूबता हुआ सूरज
खेत की मेड़ पर खड़े आदमी को
एक लम्बी परछाईं के सिवा और क्या दे सकता है

काफी दुविधा के बाद
मुझे यह सचाई सकारनी पड़ी है
यद्यपि यह सही है कि सूरज
तुम्हारी जेब-घड़ी है

तुम्हारी पसलियों पर
मौसम की लटकती हुई ज़ंजीर
हवा में हिलती है और
पशुओं की हरकतों से
तुम्हें आने वाले खतरों की गन्ध
मिलती है
लेकिन इतना ही काफी नहीं है
इसीलिए मैं फिर कहता हूँ कि हर हाथ में
गीली मिट्टी की तरह—हाँ-हाँ मत करो
तनो
अकड़ो

अमरबेलि की तरह मत जियो,
जड़ पकड़ो

बदलो—अपने-आपको बदलो
यह दुनिया बदल रही है
और यह रात है, सिर्फ रात···
इसका स्वागत करो
यह तुम्हें
शब्दों के नये परिचय की ओर लेकर
चल रही है।

बलदेव वंशी

बलदेव वंशी साठोत्तर काल के विशिष्ट कवि हैं। बलदेव की विशेषता इस बात में लक्षित होती है कि वे अकविता के प्रभावशाली दौर में भी उसकी असामाजिक और मूल्य विरोधी चेतना से प्रभावित नहीं हुए और सामाजिक सरोकारों की कविता लिखते रहे। मोहभंग सातवें दशक का क्रूर यथार्थ है। उससे बचना यथार्थ से बचना है। सवाल यह है कि मोहभंग के यथार्थ का साक्षात्कार किन सन्दर्भों में किया जा रहा है। बलदेव वंशी और उन जैसे कुछ और कवियों ने यह साक्षात्कार सामाजिकार्थिक सन्दर्भों में किया। 'दर्शक दीर्घा' की कविताएँ इसका प्रमाण हैं। वैसे अकविता के यौन सन्दर्भीय प्रभाव से बलदेव भी बचे नहीं हैं किन्तु वह उनका मुख्य स्वर नहीं है। बलदेव वंशी की कविताएँ लगातार सामाजिक परिप्रेक्ष्य और मानवीय चिन्ता से जुड़ती गईं। अतः एक ओर वे सामाजिक और राजनीतिक विसंगतियों से टकराती हैं तो दूसरी ओर आदमी की भीतरी दुनिया की भी यात्रा करती हैं। प्रेम तथा प्रकृति-सौन्दर्य की सुकमार दीप्तियाँ भी इनकी कविताओं में हैं और निषेध तथा विद्रोह की आँच भी। बलदेव वंशी की बहुत-सी कविताएँ बच्चों पर हैं जो उनके काव्य-संग्रह 'बच्चे की दुनिया' में संगृहीत हैं। इनमें कवि ने बाल मनोविज्ञान का वर्णन नहीं किया है बल्कि आज के विसंगत सामाजिक यथार्थ के दबाव में संक्रान्त होती उनकी मानसिकता और चरित्र की अभिव्यक्ति की है। समग्रतः बलदेव वंशी सामाजिक चेतना और मूल्यों के प्रति आस्था रखने वाले सशक्त कवि हैं। ये अपने कथ्य को कलात्मक ढंग से व्यक्त करते हैं, उसका सपाट कथन नहीं करते। इस प्रक्रिया में कहीं-कहीं वे गुंजलक की भी सृष्टि कर देते हैं। इनके काव्य-संग्रह हैं—'दर्शक दी सेर्घा', 'उपनगर में वापसी', 'अँधेरे के बावजूद', 'बच्चे की दुमिया' और 'कोई आवाज नहीं'। 'आत्मदान' नामक इनका एक प्रबन्ध काव्य भी है जिसमें अहल्या का प्रसंग लिया गया है।

बच्चे और भेड़िये

पड़ोस में एक व्यक्ति
एक मेमना लाया—
चंचल, चुहल-सा, चटकीले रंग का…

एक बच्चा उसके पास गया
खेलने लगा
दूसरा बच्चा उसके पास गया
पुचकारने लगा
तीसरा बच्चा उसके पास गया
रोटी देने लगा
चौथा बच्चा उसके पास गया
कान उमेठने लगा
वे चारों बच्चे दिन भर खेले
उस मेमने के साथ
यह साथी उन्हें अपना-सा लगा—
चंचल, चुहल-सा, चटकीले रंग का…

बच्चों के स्वप्न में उतर गया खेलता हुआ मेमना
वे नींद में उड़ने लगे रंगीन पंखों पर
वे नींद में चहकने लगे हरियल पेड़ों पर
रातों से भी लम्बी हो गयीं उनकी नींदें…

कुछ रोज़ बाद मेमने को मारकर पड़ोसी खा गया
बच्चे हैरान हैं : मेमना कहाँ गया ?
माँ ने बताया : मेमने को भेड़िया ले गया

—मेमने को भेड़िया ले जाता है ?
'हाँ, मेमने को भेड़िया ले जाता है !'
—मेमने को भेड़िया खा जाता है ?
'हाँ, मेमने को भेड़िया खा जाता है !'
—मेमना रोया होगा पीड़ा से?
'हाँ, मेमना रोया था पीड़ा से !'
—मेमने को बचाया नहीं किसी ने भेड़िये से ?
'हाँ, मेमने को नहीं बचाया किसी ने भेड़िये से !'

बच्चों ने बहुत से डरावने दृश्य देख लिये हैं
बच्चों ने बहुत-सी डरावनी कहानियाँ सुन ली हैं
बच्चों ने बहुत-सी डरावनी सच्चाइयाँ जान ली हैं

अब बच्चों के स्वप्न में भेड़िये उतर गये हैं
बच्चे डरते हुए भाग रहे हैं घरों से
बच्चे डरते हुए भाग रहे हैं स्कूलों से
बच्चे डरावने दृश्यों, कहानियों, सच्चाइयों से
भाग रहे हैं लगातार…

अब बच्चों की नींदें छोटी
और रातें लम्बी हो गयी हैं।
बच्चे स्वप्न में पिटकर परेशान हो रहे हैं
बच्चे स्वप्न में घायल और लहूलुहान हो रहे हैं

बच्चे इन स्वप्नों में
यों बड़े हो रहे हैं
बच्चों की नींद में
भेड़िये भी बड़े हो रहे हैं

पहले कभी बच्चों से ड़र भागते थे
आज बच्चे डर से भाग रहे हैं
पहले कभी बच्चे मेमने से खेलते थे
आज भेड़िये बच्चों से खेल रहे हैं !

लंच पर झुकते हुए

कहने को बहुत कुछ होते हुए भी
कहने के लिए
चुनाव करने
और करते रहने के बीच
घिर आती हैं
उप-पत्तियाँ
जैसे लंच-बाक्स खोलते ही बढ़ आए
कोई बे-झिझक, बे-तकल्लुफ हाथ
ऐसे ही बे-मौके की दुर्घटना हो सकता है
उड़ीसा का तूफान
या पड़ौसी देश में कत्लेआम
आदमी सोते भी हैं
और चलते भी
ठीक चलते रहने के लिए···
क्या कहें ?
सब मजबूरियाँ होती हैं
ऐसी ही
महत्त्वपूर्ण
और एक साथ गिरती हैं
फट कर

कि सँभलते
न सँभलते
उग आती हैं वारदातें
या ऐसी-वैसी बातें
तब समय खिंचता है लम्बा
रबर का फीता । आज
कौन करता है स्थगित
यात्राएँ
सभी करते हैं
बाद में फिक्र
किन्तु खाने पर जुटे हुए
न जाने क्यों घेरे रहती हैं कमबख्त (!)
नुकीली आँखें
जो व्यग्रता से केतला के पेंदे में बची
चाय के लिए करती हैं इन्तज़ार
और व्यस्त रहने के अंदाज़ में
कमरे के बाहर कौओं को उड़ाती हुई
झाँक जाती हैं भीतर
यहाँ चल रही हैं चर्चाएँ
उड़ीसा के तूफान की
पड़ोस की
युद्ध और यात्राओं की…

नन्दकिशोर आचार्य

नई कविता के सशक्त हस्ताक्षरों में नन्दकिशोर आचार्य अपेक्षाकृत 'नये' होकर भी पर्याप्त 'प्रौढ़' हैं। इनकी काव्य-चेतना इनके संघर्ष और तनावपूर्ण जीवन के बीच अंकुरित और पल्लवित हुई है। ३१ अगस्त १९४५ को, बीकानेर के एक परम्परावादी ब्राह्मण परिवार में इनका जन्म हुआ। यह वह समय था जब देश स्वतन्त्रता की प्रसव-पीड़ा से कराह रहा था। नन्दकिशोर आचार्य ने देश के स्वातन्त्र्य प्रभात में होश सँभाला तो देखा कि परिस्थितियाँ न शिक्षा के अनुकूल हैं न सम्यक् बौद्धिक-मानसिक विकास के। माँ और पितामह की सस्नेह प्रेरणा ने फिर भी इनका मार्ग प्रशस्त किया। अपनी रुचि भी कम नहीं थी। कभी सहज उपलब्ध और कभी माँगकर अथवा अधिक उत्सुकता के साथ अधिक विवशता होने पर कहीं से हठात् हथियाकर भी इन्होंने भरपूर साहित्य पढ़ा। काव्य रचनाओं के अतिरिक्त धर्म-दर्शन सम्बन्धी ग्रन्थों ने इन्हें विशेष तन्मय किया। एम० ए० तक की औपचारिक शिक्षा पूरी होते-होते साहित्य की दहलीज़ पर कदम रखा, अर्थात् छात्रावस्था में ही 'तथागत' नामक उपन्यास प्रकाश में आया।

शिक्षा पूर्ण होने के पश्चात् इन्होंने सर्वप्रथम अध्यापन-वृत्ति अपनाई। तर्कशील और विवादी तो विद्यार्थी-जीवन से ही थे, अध्यापक-दृष्टि ने वाणी को और भी पैना कर दिया। परिणामतः जहाँ सह-चिन्तक और सह-सम्वेदक लोगों के बहुत बड़े वर्ग में आ गए, वहीं अपनी सामाजिक जागरूकता, प्रखरता और नवदृष्टि के कारण विवाद के दायरों में भी घिरते रहे। साथ ही अपनी साहित्यिक अभिरुचियों के वश इन्होंने पत्रकारिता से भी दामन जोड़ा। क्रमशः 'वातायन', 'चिंति' तथा 'नया प्रतीक' के सम्पादन-सहयोग में अग्रणी रहे। अपने प्रदेश के छः नये कवियों के काव्य-संकलन 'संवेदन कृति' का भी इन्होंने संपादन किया। अन्य अनेक स्थानीय साप्ताहिक पत्रों के सम्पान से जुड़े रहने के अतिरिक्त, अंग्रेजी के 'एवरीमेंस' (Every Man's) नामक पत्र के भी सम्पादन-सहयोगी रहे। इनकी प्रकाशित कृतियों में 'अज्ञेय की काव्य-तितीर्षा' तथा

'दि कल्चरल पोलिटी आफ दि हिन्दूज' (The Cultural Polity of the Hindus) नामक शोधग्रन्थ विशेष उल्लेखनीय हैं।

काव्यक्षेत्र में आचार्य जी नवसंवेदनाओं के आख्याता हैं। वैयक्तिक अनुभूति-क्षण शब्दों के आवरण में अनायास साकार हो उठे हैं। यह व्यक्ति-चेतना अपने सूक्ष्म बिन्दुओं के नन्हे छिद्रों से सुदूर तक व्याप्त समष्टि-चेतना के वृत्त में झाँकती प्रतीत होती है। इनकी कविता में मुखरित 'मैं' और 'तुम' का संवाद वास्तव में व्यक्ति और समाज, आत्म और पर तथा अस्ति और नास्ति का संलाप है जिसमें आज के मानव की अस्मिता या अहम्मन्यता पूरे वेग के साथ, साथ ही पूरी शालीनता के साथ प्रत्यक्ष हो गई है। यों, इनकी कविता जीवन से अलग कोई कलाकृति न होकर, जीवन का ही प्रतिरूप प्रस्तुत करने वाला प्रामाणिक साक्ष्य है जिसमें प्रकृति भी है, दर्शन भी; सहज राग-विराग-संवेदना भी है और स्थितिजन्य ऊहापोह भी; स्वीकार भी है और अस्वीकार भी; अतीत और वर्तमान भी है तथा परम्परा और भविष्य भी।

शिल्प के स्तर पर नन्दकिशोर आचार्य कविता में शब्द को विशेष महत्त्व देते हैं। इनका कथन है—"प्रत्येक कविता शब्द के अर्थ-विस्तार का प्रयत्न है। शिल्प या तन्त्र के सवाल पर भी इसी धारणा के अन्तर्गत विचार किया जाना चाहिए क्योंकि शिल्प के नाम पर कवि जो कुछ करता है वह शब्द के साथ ही तो, शब्द के माध्यम से ही तो कर रहा होता है। प्रतीक, बिम्ब, उपमान, छन्द या ऐसे ही अन्य काव्य-उपकरण शब्द के अर्थ-विस्तार के ही तो उपकरण हैं।"

नन्दकिशोर आचार्य कविता में लय को विशेष महत्त्व देते हैं। वे लय को कविता की—कलामात्र की बुनियाद मानते हैं। उनके मतानुसार "प्रत्येक कविता शब्द, अर्थ व लय की अन्तर्ग्रंथना है।" उनकी कविता निस्सन्देह इस कसौटी पर खरी उतरती है—

(क) तुम्हारे और मेरे बीच/एक सेतु होता है/शब्द-सेतु
पर शब्दों के बीच का सीमेंट/झर गया है…

(ख) कगारों-से इन कटावों-उभारों में/बँधा बहता तनतनाता जल
बीच धारा भँवर भी हैं, वेग भी/कहीं गहरे कसमसाती है उफन
नदी हो तुम!

जल है जहाँ

नदी उमड़ी नहीं आती है
सागर ही है
जो बहता रहता है नदी की ओर।

नहीं तो कैसे बहे वह
किस तरह सागर रहे यह
बिन बहे
—तभी तो नदी पर्वत से नहीं
सागर से बहती है कि सागर रहे।

बल्कि क्या है नदी भी ?
वह पाट, जल जिस पर हो कर गुजरता है
और जो बहता है जल
सागर है !

बल्कि जल होना ही बहना है
और वह भी सदा बहता है
खुद ही की ओर।

इसलिए जल है जहाँ
सागर भी वहीं है
तो तुम्हारी आँख क्यों सागर नहीं है !

तुम्हारे और मेरे बीच

तुम्हारे और मेरे बीच
एक सेतु होता है
शब्द-सेतु
पर शब्दों के बीच का सीमेंट
झर गया है
और सभी शब्द एक-दूसरे से
अलग-थलग पड़े हैं
हमें वहन करने में असमर्थ;

तुम्हारे और मेरे बीच
एक कपोत उड़ता है
राग-कपोत
पर उस के पंख झुलस गए हैं
और चोंच से खुजला-खुजला कर
उसने अपने गले में घाव कर लिये हैं;

तुम्हारे और मेरे बीच
रह गई है अब
गहरी खाइयों वाली
बर्फ की एक विशाल नंगी झील
जिस के नीचे दबे
हमारे सूर्य में
वह ताव नहीं जो इसे
पिघला सके
और बर्फ है कि—
गिरती ही जा रही है...

राजेश जोशी

जन्म : 18 जुलाई, 1946 नरसिंहगढ़, मध्यप्रदेश।

समरगाथा (एक लम्बी कविता) के साथ ही पाँच कविता संग्रह : एक दिन बोलेंगे पेड़, मिट्टी का चेहरा, नेपथ्य में हँसी, दो पंक्तियों के बीच, चाँद की वर्तनी।

धूप घड़ी (एक दिन बोलेंगे पेड़ और मिट्टी का चेहरा का संयुक्त संस्करण), गेंद निराली मीठू की (बच्चों के लिए कविताएँ), ब्रह्मराक्षस का नाई (बच्चों के लिए नाटक), सोमवार और अन्य कहानियाँ तथा कपिल का पेड़ : कहानी संग्रह।

जादू जंगल, अच्छे आदमी, तुम सआदत हसन मंटो हो, पाँसे, सपना मेरा यही सखी, हमें जवाब चाहिए : नाटक; एक कवि की नोटबुक तथा एक कवि की दूसरी नोटबुक : समकालीनता और साहित्य : आलोचनात्मक टिप्पणियों का संग्रह।

पतलून पहिना बादल (मायकोव्स्की की कविताओं का अनुवाद), भूमि का कल्पतरु यह (भर्तृहरि की कविताओं की अनुरचना); कविताओं का अनेक भारतीय तथा विदेशी भाषाओं में अनुवाद।

इसलिए पत्रिका का कुछ वर्ष तक प्रकाशन एवं सम्पादन।

नया पथ के निराला शताब्दी अंक के साथ ही पाँच अंक तथा वर्तमान साहित्य के कविता विशेषांक का सम्पादन।

त्रिलोचन के कविता संग्रह ताप के ताए हुए दिन, नागार्जुन संचयन, शरद बिल्लौरे का कविता संग्रह तय तो यही हुआ था तथा नाटक अमरू का कुर्ता का सम्पादन।

साहित्य अकादेमी सम्मान 2002, श्रीकान्त वर्मा स्मृति सम्मान, पहल सम्मान, शेर सम्मान, मुक्तिबोध सम्मान, माखनलाल चतुर्वेदी पुरस्कार तथा शिखर सम्मान।

आजकल स्वतन्त्र लेखन।

ज़हर के बारे में कुछ बेतरतीब पंक्तियाँ

अनेक औषधियों और उपचार की कई नई और पुरानी
पद्धतियों में काम आता है ज़हर

इस जानकारी का एक फ़ायदा तो यह है
कि ज़हर जैसे लफ्ज़ के साथ जो एक सनसनी सी जुड़ी है
उससे निज़ात पाई जा सकती है और
इस जानकारी के मद्देनज़र एक आम राय बनाई जा सकती है
ज़हर के पक्ष में
कुछ कुछ उसी तरह जैसे कहा जाता है नई आर्थिक नीति के बारे में
आम राय उसके पक्ष में है
बहरहाल हम फिर मुद्दे पर आएँ और

ज़हर के बारे में कुछ विचार करें
और विषयान्तर से थोड़ा बचा जा सके तो बेहतर होगा
फ़िलहाल ज़हर के ख़तरों का ज़िक्र थोड़ी देर को टाल दें
उन लोगों का ज़िक्र भी थोड़ी देर को मुल्तवी रखें
जो ज़िंदगी से तंग आकर इसका उपयोग कर डालते हैं
और कूच कर जाते हैं दुनिया जहान से
फ़िलहाल उस ज़हर के बारे में बात करने को भी टाला जा सकता है
जो जैसा कि सभी जानते हैं मिलाया जा रहा है
हमारी हवा पानी और रोटी में
यहाँ उस ज़हर के बारे में भी कोई वक्तव्य नहीं दूँगा
जो धीरे-धीरे मार रहा है हमारी आज़ादी को
धीमा ज़हर कई चीज़ों में पाया जाता है
तथ्यात्मक रूप से चाहे ग़लत हो पर कहा तो यहाँ तक जाता है
कि कुछ लोगों की बातों में भी यह मौजूद होता है

(सत्ताएँ इस ज़हर के बारे में बहुत अच्छी तरह जानती हैं
और इसका उपयोग करने में बहुत हुनरमंद होती हैं)
धीमे ज़हर की यह तासीर होती है
कि वह बहुत धीरे धीरे खत्म करता है जीवन को
क्या इस तर्क के आधार पर
समय को एक धीमा ज़हर कहा जा सकता है?

ज़हर में भय और सनसनी से भरा
एक अजीब किस्म का अद्भुत सा सम्मोहन होता है
कुछ ज़हर ऐसे होते हैं जो ज़बान पर धरते ही
कर डालते हैं काम तमाम
कुछ मंथर गति से चलते हैं दबे पाँव
ऐसे ज़हर अक्सर बहुत लुभावने और स्वादिष्ट होते हैं
ये कभी कभी आदमी की आदत में शामिल हो जाते हैं
और लत बन जाते हैं एक दिन

ज़हर के स्वाद के बारे में लोगों के अनुभव और मत
बहुत अलग अलग हैं
क्योंकि ज़हर की क़िस्में भी बहुत अलग अलग हैं
इसलिए ऐसा होना स्वाभाविक भी है
कुछ ज़हर मीठे होते हैं और कुछ बहुत कड़वे
यहाँ तक कि कड़वे को ज़हर कहने का भी चलन है हमारी भाषा में
कुछ ज़हर एक सनसनी की तरह चढ़ते और दौड़ते हैं बदन में

हिंसा की उत्तेजना
साँप और बिच्छू को मात कर सकती है हज़ार बार
बहरहाल ज़हर धीमा हो या तेज़
वह अपना काम ज़रूर करता है
एक न एक दिन

इन बेतरतीब वाक्यों में एक वाक्य और जोड़ना चाहता हूँ अन्त में
ज़हर को ज़हर की तरह बिलकुल नहीं दिया जाता
जब दिया जाता है उसे
किसी समाज को
बड़े पैमाने पर !!

अरुण कमल

15 फरवरी, 1954, नासरीगंज (रोहतास), बिहार में जन्म। चार कविता-पुस्तकों 'अपनी केवल धार' (1980), 'सबूत' (1989), 'नये इलाके में' (1996) 'पुतली में संसार' (2004) तथा एक आलोचना-पुस्तक 'कविता और समय (1999) प्रकाशित। एक कविता-संग्रह तथा आलोचना पुस्तक शीघ्र प्रकाश्य। वियतनामी कवि तो हू की कविताओं तथा टिप्पणियों की एक अनुवाद-पुस्तिका, मायकोव्स्की की आत्मकथा का अनुवाद तथा अंग्रेज़ी में 'वॉयसेज़' नाम से भारतीय युवा कविता के अनुवादों की किताब प्रकाशित।

बीच में नवभारत टाइम्स (पटना) के लिए 'जन-गण-मन' स्तम्भ में सामयिक टिप्पणियां लिखीं, 'अनुस्वार' नाम से एक अनुवाद स्तम्भ 'प्रभात खबर' (राँची) में; तथा इंटरनेट पत्रिका 'लिटरेट वर्ल्ड' के लिए भी स्तम्भ लेखन किया।

कविता के लिए भारतभूषण अग्रवाल स्मृति पुरस्कार (1980), सोवियत भूमि नेहरू पुरस्कार (1989), श्रीकांत वर्मा स्मृति पुरस्कार (1990), रघुवीर सहाय स्मृति पुरस्कार (1996), शमशेर सम्मान (1997) तथा 'नये इलाके में' पुस्तक के लिए वर्ष 1998 का साहित्य अकादेमी पुरस्कार।

अफ्रोएशियाई युवा लेखक सम्मेलन, ब्राजाविले (कांगो) में भारत के प्रतिभागी। रूस, चीन, इंगलैंड, पाकिस्तान तथा म्यामार की साहित्यिक यात्रा। अनेक देशी-विदेशी भाषाओं में कविताएँ अनूदित। उर्दू, पंजाबी, उड़िया एवं बांग्ला में कविता-पुस्तकें प्रकाशित।

साहित्य अकादेमी की सामान्य परिषद् एवं हिन्दी सलाहकार समिति के सदस्य। हिन्दी साहित्य सम्मेलन, प्रयाग तथा केंद्रीय हिंदी संस्थान, आगरा की कार्य समिति एवं भारतीय उच्च अध्ययन संस्थान, शिमला की सामान्य समिति के सदस्य। पटना विश्वविद्यालय के अंग्रेजी विभाग में अध्यापन।

पृथ्वी किसलिए घूमती रही

जिन्हें कभी जीवन में मिला नहीं
सुख से भोजन दो जून
वे औरतें गाती हैं छप्पन व्यंजनों के गीत!

जिनके बच्चों ने खल्ली भी छुई नहीं
वे माताएँ गाती हैं पढ़े-लिखे पंडित
दामादों के गीत!

और जिन्होंने आज तक आँख भी खोली नहीं
वे गा रहे हैं सूर्य के महिमा-गान!

किससे माँग रही हैं वे औरतें
सोने की थाली में छप्पनों व्यंजन?
किससे माँग रही हैं माताएँ
पढ़े-लिखे बेटे-दामाद?
किससे, किससे वे माँगते हैं
जीवन की ज्योति?

सूर्य से, सूर्यदेव से
सूर्य-सूर्यदेव से
सूर्य के चारों ओर
घूमती रही जीवन भर पृथ्वी
फिर भी जब चैन नहीं
तो सिर्फ पाँच फेरों से सुनेगा सूर्य कब
इतनी प्रार्थनाएँ
कोई देवी-देव नहीं, कोई सूर्यदेव नहीं
तुम्हीं से पूरी होंगी सारी इच्छाएँ

यहीं इसी धरती पर मिलते हैं
छप्पन व्यंजन
पढ़े-लिखे बेटे-दामाद
और सुख भरा जीवन—
कभी नहीं बदलीं ये छोटी इच्छाएँ
हजारों वर्षों के बाद भी अतृप्त हैं इच्छाएँ
आज भी सबसे बड़ी इच्छा है भरपेट अन्न।

पृथ्वी किसलिए घूमती रही तब इतने दिन?

मंगलेश डबराल

जन्म : 16 मई 1948; टिहरी गढ़वाल ज़िले के काफलपानी गाँव में।

क़रीब चौबीस वर्ष पहले दिल्ली आकर 'हिंदी पेट्रियट', 'प्रतिपक्ष' और 'आसपास' में काम करने के बाद भोपाल में 'पूर्वग्रह' के सहायक सम्पादक। छह साल इलाहाबाद और लखनऊ से प्रकाशित 'अमृत प्रभात' में साहित्य सम्पादक। 1983 से दैनिक 'जनसत्ता' में वरिष्ठ सहायक सम्पादक।

चार कविता-संग्रह—पहाड़ पर लालटेन (1981), घर का रास्ता (1988), हम जो देखते हैं (1995) और आवाज़ भी एक जगह है (2000), एक यात्रा-डायरी एक बार आयोवा (1996) और दो गद्य-संग्रह लेखक की रोटी (1997), कवि का अकेलापन (2008) प्रकाशित। राजस्थान के शिक्षक कवियों की कविताओं के संग्रह रेतघड़ी और पचास वर्षों की हिन्दी कविता के संकलन कविता उत्तरशती का सम्पादन। बेर्टोल्ट ब्रेष्ट, हांस माग्नुस ऐंत्सेंसबर्गर (जर्मन), यानिस रित्सोस (यूनानी), ज़्बग्नीयेव हेर्बेत, तादेऊष रूज़ेविच (पोल्स्की), पाब्लो नेरुदा, एर्नेस्तो कार्देनल (स्पानी), डोरा गाबे, स्तांका पेंचेवा (बल्गारी) आदि की कविताओं के अनुवाद। जर्मन उपन्यासकार हेरमन हेस्से के उपन्यास सिद्धार्थ और बांग्ला कवि नवारुण भट्टाचार्य के संग्रह यह मृत्यु उपत्यका नहीं है मेरा देश के सह-अनुवादक।

प्रायः सभी भारतीय भाषाओं के अलावा अंग्रेज़ी, रूसी, जर्मन, फ्रांसीसी, स्पानी, पोल्स्की और बल्गारी, आदि विदेशी भाषाओं में कविताओं के अनुवाद प्रकाशित। कुछ अंग्रेज़ी अनुवाद डेनियल वाइसबोर्ट और अरविंद कृष्ण मेहरोत्रा द्वारा सम्पादित पेरीप्लस, वाइसबोर्ट और गिरधर राठी द्वारा सम्पादित सरवाइवल, के. सच्चिदानंदन द्वारा सम्पादित जेस्वर्स, एक सौ भारतीय कवियों के संकलन सिग्नेचर्स और एंथोलॉजी ऑफ़ हिन्दी पोयट्री में संकलित।

1988 में बल्गारिया और तत्कालीन चेकोस्लोवाकिया की यात्रा। 1991 में तीन महीने के लिए अमेरिका के आयोवा विश्वविद्यालय में इंटरनेशनल राइटिंग

प्रोग्राम की फ़ेलोशिप और कुछ शहरों की यात्रा। 1996-97 में मॉस्को, मॉरीशस और नेपाल की यात्राएँ।

ओमप्रकाश स्मृति सम्मान (1992), श्रीकांत वर्मा पुरस्कार (1989), शमशेर सम्मान (1995), पहल सम्मान (1996) और हम जो देखते हैं के लिए वर्ष 2000 का साहित्य अकादेमी पुरस्कार।

पहाड़ पर लालटेन

जंगल में औरतें हैं
लकड़ियों के गट्ठर के नीचे बेहोश
जंगल में बच्चे हैं
असमय दफ़नाये जाते हुए
जंगल में नंगे पैर चलते बूढ़े हैं
डरते-खांसते अन्त में ग़ायब हो जाते हुए
जंगल में लगातार कुल्हाड़ियाँ चल रही हैं
जंगल में सोया है रक्त

धूप में तपती हुई चट्टानों के पीछे
वर्षों के आर्त्तनाद हैं
और थोड़ी-सी घास है बहुत प्राचीन
पानी में हिलती हुई
अगले मौसम के जबड़े तक पहुँचते पेड़
रातोंरात नंगे होते हैं
सूई की नोक जैसे सन्नाटे में
जली हुई धरती करवट लेती है
और एक विशाल चक्के की तरह घूमता है आसमान

जिसे तुम्हारे पूर्वज लाये थे यहाँ तक
वह पहाड़ दुख की तरह टूटता आता है हर साल
सारे वर्ष सारी सदियाँ
बर्फ़ की तरह जगती जाती हैं निःस्वप्न आँखों में
तुम्हारी आत्मा में
चूल्हों के पास पारिवारिक अन्धकार में

बिखरे हैं तुम्हारे लाचार शब्द
अकाल में बटोरे गये दानों जैसे शब्द

दूर एक लालटेन जलती है पहाड़ पर
एक तेज़ आँख की तरह
टिमटिमाती धीरे-धीरे आग बनती हुई
देखो अपने गिरवी रखे हुए खेत
बिलखती स्त्रियों के उतारे गये गहने
देखो भूख से बाढ़ से महामारी से मरे हुए
सारे लोग उभर आये हैं चट्टानों से
दोनों हाथों से बेशुमार बर्फ़ झाड़कर
अपनी भूख को देखो
जो एक मुस्तैद पंजे में बदल रही है
जंगल से लगातार एक दहाड़ आ रही है
और इच्छाएँ दाँत पैने कर रही हैं
पत्थरों पर।

चन्द्रकान्त देवताले

जौलखेड़ा (जिला बैतूल), म.प्र. में 7 नवम्बर 1936 को जन्म।

शिक्षा : एम.ए., पीएच.डी.।

कविता-संग्रह : 'पहचान' सीरीज़ में प्रकाशित हड्डियों में छिपा ज्वर (1973); दीवारों पर खून से (1975); लकड़बग्घा हँस रहा है (1980);रोशनी के मैदान की तरफ़ (1982), भूखंड तप रहा है (1982); आग हर चीज़ में बताई गई थी (1987); पत्थर की बेंच (1996); इतनी पत्थर रोशनी (2002); उसके सपने (1997, विष्णु खरे-चन्द्रकांत पाटील द्वारा सम्पादित संचयन); बदला बेहद महँगा सौदा (1995, नवसाक्षरों के लिए साम्प्रदायिकता विरोधी कविताएँ)।

मराठी से अनुवाद : पिसाटी का बुर्ज-दिलीप चित्रे की कविताएँ (1987)।

समीक्षा : मुक्तिबोध : कविता और जीवन विवेक (2003)। सम्पादन : दूसरे-दूसरे आकाश (1967, यात्रा संस्मरण)। डबरे पर सूरज का बिम्ब (2002, मुक्तिबोध का प्रतिनिधि गद्य)।

समकालीन साहित्य के बारे में अनेक लेख, विचार-पत्र तथा टिप्पणियाँ प्रकाशित। अंग्रेजी, मलयालम, मराठी से कविताओं के हिन्दी अनुवाद।

कविताओं के अनुवाद प्रायः सभी भारतीय भाषाओं और कई विदेशी भाषाओं में भी। अंग्रेज़ी, जर्मन, बंगला, उर्दू, कन्नड़ तथा मलयालम अनुवाद-संकलनों में कविताएँ। लम्बी कविता भूखंड तप रहा है तथा संकलन उसके सपने का मराठी में अनुवाद। आवेग के अतिरिक्त त्रिज्या, वयम् तथा मराठी पत्रिका नंतर से सम्बद्ध रहे। ब्रेख्त की कहानी सुकरात का घाव का नाट्य-रूपान्तरण।

सम्मान एवं सम्बद्धता : सृजनात्मक लेखन के लिए 'मुक्तिबोध फ़ैलोशिप' तथा 'माखनलाल चतुर्वेदी कविता पुरस्कार' से सम्मानित। वर्ष 1986-87 में म.प्र. शासन का 'शिखर सम्मान'। उड़ीसा की 'वर्णमाला साहित्य संस्था' द्वारा 1993 में 'सृजन भारती' सम्मान। 1999-2000 का अ.भा. मैथिलीशरण गुप्त सम्मान। 2002 का पहल समान। म.प्र. साहित्य परिषद् के उपाध्यक्ष के

अतिरिक्त नेशनल बुक ट्रस्ट, राजा राममोहन लाइब्रेरी फाउंडेशन, केन्द्रीय हिन्दी संस्थान आदि के सदस्य। केन्द्रीय साहित्य अकादमी के भी सदस्य रहे।

1987 में भारतीय कवियों के प्रतिनिधि-दल के साथ अन्तर्राष्ट्रीय प्रेमिओं लित्तेरारिओ मोंदेल्लो, पालेमो (इटली) साहित्य समारोह में शिरकत।

क्षमाप्रार्थी हों कविगण

विकट कवि-कर्म जोखिम भरा
उलटा-पुलटा हो जाता कभी-कभी

धरती का रस निचोड़ने में
मशगूल लोगों के
खुशामदी लालची धूर्त कपटी और हिंसक
चरित्र को उजागर करने
कवियों और पुरखों ने मदद ली
जीव-जन्तुओं के गुण-धर्मों से
छोटे-मोटों की क्या बिसात
हाथी-घोड़ों तक का कद छोटा हुआ

अपनों पर ही घात करने
या बेबात अड़ने वालों के पीछे
पुष्ट होती हड्डियाँ जिस नेकी से
उसे भेड़िए ने तो नहीं गाड़ा खोद के ज़मीन में
गूँगे-कायर होने का
प्रशिक्षण देने नहीं आया विशेषज्ञ सियार
रंग बदलने वालों की देह में
क्या छिपकर बैठा था गिरगिट
या केंचुआ उनकी आत्मा में
जो नहीं खड़े हो पाए, कहने 'नहीं' तनकर
उल्टी ही तो बह रही गंगा
सचमुच लांछित हुआ ऐसी तुलनाओं से

यदि जीव-जन्तु जगत
यदि वे महसूस करते शर्मिंदगी इससे
और भेजते हों लानत मनुष्य आचरण पर
तो बेशक क्षमाप्रार्थी हों सब कविगण

ओमप्रकाश वाल्मीकि

जन्म : 30 जून, 1950, बरला, जिला-मुजफ्फरनगर (उत्तर प्रदेश)।

शिक्षा : एम.ए. (हिन्दी साहित्य)।

प्रकाशित कृतियाँ : सदियों का सन्ताप, बस्स! बहुत हो चुका (कविता-संग्रह); जूठन (आत्मकथा); पंजाबी, मलयालम, तमिल, कन्नड़, अंग्रेजी, जर्मनी, स्वीडिश भाषाओं में अनूदित। सलाम, घुसपैठिए (कहानी-संग्रह); *Amma and Other Stories* (अंग्रेज़ी); दलित साहित्य का सौन्दर्यशास्त्र, मुख्यधारा और दलित साहित्य (आलोचना); सफाई देवता (समाजशास्त्रीय अध्ययन)।

अनुवाद : *Why I am not a Hindu (Kancha Ellayya)* का हिन्दी अनुवाद।

सम्पादन : दलित हस्तक्षेप (रमणिका गुप्ता); प्रज्ञा साहित्य (अतिथि सम्पादन); *तीसरा पक्ष* (सलाहकार सम्पादन)।

अन्य : 1. लगभग 60 नाटकों में अभिनय एवं निर्देशन, 2. अनेक पाठ्यक्रमों में रचनाएँ शामिल, 3. प्रथम हिन्दी दलित लेखक साहित्य सम्मेलन, नागपुर, 1993 के अध्यक्ष, 4. 28वें अस्मिता दर्श साहित्य सम्मेलन, चन्द्रपुर (महाराष्ट्र), 2008 के अध्यक्ष।

पुरस्कार : डॉ. अम्बेडकर राष्ट्रीय पुरस्कार (1993), परिवेश सम्मान (1995), कथाक्रम सम्मान (2001), न्यू इंडिया बुक पुरस्कार (2004), 8वाँ विश्व हिन्दी सम्मेलन (2007), न्यूयॉर्क, अमेरिका सम्मान, साहित्य भूषण सम्मान (2008)।

लेखा-जोखा

पसीना मिश्रित जल से
उगायीं फ़सलें
लगाये पेड़
पल भर ठिठक कर
जानना चाहा धूप का रंग

न फ़सल ही अपनी हो सकी
न पेड़ ही

तपती दुपहर में
रजबाहे की नालियों में
बहते गंगाजल से
बुझायी प्यास अनेक बार
बिना हिसाब किये—
कितनी रेत समायी पेट में
कितना पानी बदला लहू में
फिर भी,
न गंगा ही अपनी हो सकी
न रजबाहे की रेत ही

शिवालय के दरवाज़े से दूर
खड़े होकर माँगी मन्नतें
सही दुत्कार बामन की
यह सोचकर—
कभी तो खुलेगा दरवाज़ा
अपने लिए भी
भीतर सोया देवता

जागेगा किसी रोज़
पी जायेगा समूचा विष
बाहर आकर

न दरवाज़ा ही खुला कभी
न देवता ही अपना हो सका

बालिग होते ही
नाम लिखाया मत-सूची में
कागज़ का मोहर लगा टुकड़ा
हर बार डाला मत पेटी में
इस उम्मीद में—
कोई और नहीं
लोकतंत्र तो अपना होगा

गोपनीयता की शपथ में
रची गयीं साजिशें
ख़ाकी वर्दी की मंत्रणा में
भरी-दबी इच्छाओं के सायरन-सी
गूँजती-आवाज़ें
लूट-खसोट
मारा-मारी
पालों की अदला-बदली
संसद के गलियारों का
अधमरा लोकतंत्र भी
न अपना हो सका
न जगा सका
विश्वास ही!

अनामिका

जन्म : 17 अगस्त, 1961, मुजफ्फरपुर, बिहार।

शिक्षा : एम.ए., पीएच.डी. (अंग्रेजी), दिल्ली विश्वविद्यालय।

कृतियाँ : गलत पते की चिट्ठी, बीजाक्षर, अनुष्टुप, खुरदुरी हथेलियाँ, कविता में औरत, दूब-धान (कविता-संग्रह); पोस्ट वॉर विमेन पोएट्स, डन-क्रिटिसिज्म डाउन द एजिज़, स्त्रीत्व का मानचित्र, वेयर किंग फिशर्स कैच फायर, स्त्री-विमर्श का लोकपक्ष (आलोचना); मन माँजने की जरूरत, पत्थर जो पानी पीता है (निबन्ध); अवान्तर कथा, दस द्वारे का पींजरा, तिनका तिनके पास (उपन्यास); कहती हैं औरतें (सम्पादित कविता संग्रह)।

सम्मान : राष्ट्रभाषा परिषद् पुरस्कार, भारत भूषण अग्रवाल पुरस्कार, गिरिजाकुमार माथुर पुरस्कार, ऋतुराज सम्मान, साहित्यकार सम्मान।

सम्प्रति : रीडर, अंग्रेजी विभाग, सत्यवती कॉलेज, दिल्ली विश्वविद्यालय, दिल्ली।

स्त्रियाँ

पढ़ा गया हमको
जैसे पढ़ा जाता है कागज़
बच्चों की फटी कॉपियों का
चनाजोरगरम के लिफाफे बनाने के पहले!
देखा गया हमको
जैसे कि कुफ्त हो उनींदे
देखी जाती है कलाई घड़ी
अलस्सुबह अलार्म बजने के बाद!

सुना गया हमको
यों ही उड़ते मन से
जैसे सुने जाते हैं फिल्मी गाने

सस्ते कैसेटों पर
ठसाठस ठुँसी हुई बस में!

भोगा गया हमको
बहुत दूर के रिश्तेदारों के
दुःख की तरह!
एक दिन हमने कहा
हम भी इंसान हैं—
हमें कायदे से पढ़ो एक-एक अक्षर
जैसे पढ़ा होगा बी.ए. के बाद
नौकरी का पहला विज्ञापन!

देखो तो ऐसे
जैसे कि ठिठुरते हुए देखी जाती है

बहुत दूर जलती हुई आग!

सुनो हमें अनहद की तरह
और समझो जैसे समझी जाती है
नयी-नयी सीखी हुई भाषा!

इतना सुनना था कि अधर में लटकती हुई
एक अदृश्य टहनी से
टिड्डियाँ उड़ीं और रंगीन अफवाहें
चीखती हुई चीं-चीं
दुश्चरित्र महिलाएँ, दुश्चरित्र
महिलाएँ—
किन्हीं सरपरस्तों के दम पर फूली-फैली
अगरधत्त जंगली लताएँ!
खाती-पीती, सुख से ऊबी
और बेकार बेचैन, आवारा महिलाओं
का ही
शगल हैं ये कहानियाँ और कविताएँ....
फिर ये उन्होंने थोड़े ही लिखी हैं
(कनखियाँ, इशारे, फिर कनखी)
बाकी कहानी बस कनखी है।
हे परमपिताओ,
परमपुरुषो—
बख्शो, बख्शो, अब हमें बख्शो!

कात्यायनी

जन्म : 9 मई 1959; गोरखपुर।

विगत पन्द्रह वर्षों के दौरान कुछ समय तक अंशकालिक पत्रकारिता और फिर स्वतंत्र लेखन।

सांस्कृतिक-राजनीतिक और नारी मोर्चे पर सक्रियता।

कविताएँ हिन्दी की अधिकांश पत्र-पत्रिकाओं में प्रकाशित। कुछ कविताएँ अँग्रेजी, पंजाबी और मराठी में अनूदित-प्रकाशित। काव्य-संकलन 'सात भाइयों के बीच चम्पा' और 'इस पौरुषपूर्ण समय में' और एक काव्य-पुस्तिका 'चेहरों पर आँच' प्रकाशित। नारी-प्रश्न विषयक लेखों का संकलन 'दुर्ग-द्वार पर दस्तक' प्रकाशित। समकालीन भारतीय स्त्री कवियों के पेंगुइन द्वारा प्रकाशित संकलन 'इन देयर ओन वॉयस' में कविताएँ शामिल। पाश के काव्य संकलन 'लहू है कि तब भी गाता है' का सम्पादन। आठ कहानियाँ प्रकाशित।

हाकी खेलती लड़कियाँ

आज शुक्रवार का दिन है
और इस छोटे से शहर की ये लड़कियाँ
खेल रही हैं हाकी।
खुश हैं लड़कियाँ
फिलहाल
खेल रही हैं हाकी।
कोई डर नहीं।
बॉल के साथ दौड़ती हुई
हाथों में साधे स्टिक
वे हरी घास पर तैरती हैं,
चूल्हे की आँच से
मूसल की धमक से
दौड़ती हुई
बहुत
दूर
आ जाती हैं।
वहाँ इन्तजार कर रहे हैं
उन्हें देखने आये हुए वर पक्ष के लोग,
वहाँ अम्मा बैठी राह तकती हैं
कि बेटियाँ आयें तो
सन्तोषी माता की कथा सुनायें
और
वे
अपना व्रत तोड़ें,
वहाँ बाबूजी प्रतीक्षा कर रहे हैं

दफ़्तर से लौटकर
पकौड़ी और चाय की,
वहाँ भाई घूम-घूमकर लौट आ रहा है
चौराहे से
जहाँ खड़े हैं मुहल्ले के शोहदे
रोज की तरह
और इधर
लड़कियाँ हैं
कि
हाकी
खेल रही हैं।
लड़कियाँ
पेनाल्टी कार्नर मार रही हैं
लड़कियाँ पास दे रही हैं
लड़कियाँ 'गोऽल-गोऽल' चिल्लाती हुई
बीच मैदान की ओर भाग रही हैं
लड़कियाँ एक-दूसरे पर ढह रही हैं
एक-दूसरे को चूम रही हैं
और
हँस रही हैं।
लड़कियाँ फाउल खेल रही है
लड़कियों को चेतावनी दी जा रही है
और वे हँस रही हैं
कि
यह जिन्दगी नहीं है
—इस बात से निश्चिन्त हैं लड़कियाँ
हँस रही हैं
रेफरी की चेतावनी पर।
लड़कियाँ बारिश के बाद की नम घास पर
फिसल रही हैं

और गिर रही हैं
और उठ रही हैं
वे लहरा रही हैं
चमक रही हैं
और मैदान के अलग-अलग कोनों में
रह-रहकर उमड़-घुमड़ रही हैं।
वे चीख रही हैं, सीटी मार रही हैं
और बिना रुके
भाग रही हैं
एक छोर से दूसरे छोर तक।
उनकी पुष्ट टाँगें चमक रही हैं
नृत्य की लयबद्ध गति के साथ
और लड़कियाँ हैं कि
निर्द्वन्द्व
निश्चिन्त हैं
बिना यह सोचे कि
मुँहदिखाई की रस्म करते समय
सास क्या सोचेगी।
इसी तरह खेलती रहती लड़कियाँ
निस्संकोच-निर्भीक
दौड़ती-भागती और हँसती रहतीं
इसी तरह
और हम देखते रहते उन्हें।
पर शाम है कि होगी ही
रेफरी है कि बाज नहीं आयेगा
सीटी बजाने से
और स्टिक लटकाए हाथों में
एक भीषण जंग से निपटने की
तैयारी करती लड़कियाँ

लौटेंगी घर।
अगर ऐसा न हो तो
समय रुक जायेगा
इन्द्र-मरुत-वरुण सब कुपित हो जायेंगे
वज्रपात हो जायेगा, चक्रवात आ जायेगा
घर पर बैठे
देखने आये वर-पक्ष के लोग
पर पटकते चले जायेंगे
बाबूजी घुस आयेंगे गरजते हुए मैदान में
भाई दौड़ता हुआ आयेगा
और झोंटा पकड़कर
घसीट से जायेगा
अम्मा कोसेगी—
'किस घड़ी में पैदा किया था
ऐसी कुलच्छनी बेटी!'
बाबूजी चीखेंगे—सब तुम्हारा बिगाड़ा हुआ है
घर
फिर
एक अँधेरे में
डूब जायेगा
सब सो जायेंगे
लड़कियाँ घूरेंगी अँधेरे में
खटिया पर चित लेटी हुई
अम्मा की लम्बी साँसें सुनती
इन्तजार करती हुई
कि अभी वे आकर उनका सिर सहलायेंगी
सो जायेंगी लड़कियाँ
और
सपने में

दौड़ती हुई
बॉल के पीछे
स्टिक को साधे हुए हाथों में
पृथ्वी के
छोर पर पहुँच जायेंगी
और
'गोल-गोल' चिल्लाती हुई
एक-दूसरे को चूमती हुई
लिपटकर
धरती पर
गिर जायेंगी।

शब्दार्थ एवं टिप्पणियाँ

कबीर

करनी बिना कथनी को अंग

१. कथनी कथी···। कथनी—बड़ी-बड़ी बातें, प्रवचन, उपदेश। करनी—व्यावहारिक आचरण। कालबूत—कच्चा ढाँचा।

२. जैसी मुख तैं नीकसै···। नीकसै—निकले। निचरा—निकट। निहाल—तृप्त, सन्तुष्ट।

३. जैसी मुख तैं···। मानुख—मनुष्य। स्वान—कुत्ता। जमपुर—यमलोक, मृत्यु के मुँह में।

४. पद गाये मन···। पद—गेय छन्द, भजन आदि। हरखियाँ—हर्ष में मग्न। साखी—भक्तिपरक दोहे आदि। तत—तत्त्व, वास्तविक सत्य। नाउँ—नाम, प्रभु का स्वरूप। गल—गले। परिया—पड़ा। फन्द—फन्दा, बन्धन।

५. करता दीसै कीरतन···। दीसै—दिखाई दे। तूंड—मुख (सं०—तुंड)। बूझै—समझे। रूंड—बिना सिर का धड़, ऐसा प्राणी जिसमें बुद्धि—ज्ञान का अभाव है।

कथनी बिना करनी को अंग

१. मैं जान्यौ···। जान्यौ—समझा। पढ़िबौ—पढ़ना। तैं—से। भल—भला, अच्छा। जोग—योगाभ्यास, साधना। सूं—से। भल—भले ही। नींदौ—निन्दा करें।

२. कबिरा पढ़िबा···। पढ़िबा—पढ़ना, अध्ययन, पुस्तकीय बातें। बावन अक्खिर—हिन्दी देवनागरी की वर्णमाला जिसमें स्वर व्यंजन मिलाकर ५२ अक्षर बनते हैं। ररै ममैं—'र' और 'म' अर्थात् 'राम'।

३. कबीर पढ़िबा दूरि करि···। आथि—अस्त, समाप्त। पीर—पीडा।

४. पोथी पढ़ि पढ़ि···। पढ़ि-पढ़कर। मुआ—नष्ट हो गया। पंडित—विद्वान, ज्ञानी। पीव—प्रियतम, प्रभु।

साधु को अंग

१. कबीर संगति···। कदे—कभी । निरफल—निष्फल, बेकार। बाँवना—बौना, छोटा (पौधा) । कहसी—कहेगा ।

२. कबीर संगति साधु की···। बेगि—शीघ्र, तत्काल । करीजै—कीजिए, करनी चाहिए। दुरमति—दुर्बुद्धि, अज्ञान। गवांइसी—गँवा देगी, नष्ट कर देगी । देसी—देगी । सुमति—सद्बुद्धि, ज्ञान ।

३. मथुरा जावै द्वारिका···। मथुरा, द्वारिका, जगन्नाथ आदि—भारत में सात पुरी तीर्थ-रूप में प्रसिद्ध हैं—मथुरा, द्वारिका, जगन्नाथ पुरी, काशी, काँचीपुरम् इत्यादि । भावै—चाहे ।

४. मेरे संगी···। दोइ—केवल दो । वैष्णों—विष्णु भक्त, साधु-सज्जन । सुमिरावै—स्मरण कराता है ।

५. कबीर बन-बन मैं···। सरीखे—जैसे, समान । जन—सज्जन, भक्त । सारे—सिद्ध किए, पूर्ण किए, सफल किए ।

६. कबीर सोई दिन···। सोई—वही । जा—जिस । अंक—हृदय, गल । सरीरौं—शरीर से ।

७. कबीर चन्दन का···। बिड़ा—पौधा, वृक्ष। बेढ़्या—घिरा हुआ । आक—मदार, एक नीरस पौधा । पलास—ढाक, एक सूखा-सा गंध-रसहीन पेड़ । सरीखे—सदृश, जैसे ।

८. कबीर खाईं कोट···। कोट—दुर्ग, किला । गंग—गंगा नदी । गंगोदक—गंगा का पानी ।

९. जानिबूझि···। साँचई—सत्य को । तजै—छोड़ दे । नेहु—स्नेह, प्यार। ताकी—उसकी । जनि—मत। देहु—दीजिए ।

१०. कबीर तासु मिलाइ···। तासु—उसी से । जासु—जिससे । हियाली—हृदय में । नहिं तर—नहीं तो, अन्यथा। बेगि—शीघ्र ही। गंजन—झंझट, दुःख । को—कौन ।

पद

१. एक अचम्भौ···। अचम्भौ—आश्चय । ठाढ़ा—खड़ा हुआ । सिंघ—सिंह, शेर, जीव । गाई—गाय, इन्द्रिय । पूत—पुत्र, साधक । माई—माता,

साधना।

पहिले पूत०—पुत्र पहले और माँ बाद में होने का अभिप्राय यह है कि पहले शिष्यं साधक बनता है तब उसे मुक्ति दिलाने वाली साधना (माता) का अस्तित्व संभव है।

चेला के गुरु लागे०—चेला—साधक, शिष्य। गुरु—मन, आत्मा। मछरी—मछली। तरवरि—तरुवर, वृक्ष। ब्याई—जन्म दिया। कूता—कुत्ता, बिलाई—बिल्ली।

जल कौ०—यहाँ कुण्डलिनी को मछली, सुषुम्ना नाड़ी को वृक्ष और विषय-वासनाओं को कुत्ता तथा अन्तर्मुखी चेतना को बिल्ली कहा गया है।

बैलहि—बैल को। डारि—डालकर, छोड़कर। गोंनि—बोरी, बोरा, अनाज आदि का थैला,।

बैलहि डारि०—अविवक रूपी बैल को ज्ञान रूपी बोरा घर (अलग) छोड़ देता है।

तलि—नीचे। साखा—शाखाएँ, टहनियाँ। मूल—जड़।

तलि करि०—ब्रह्मांड रूपी वृक्ष की जड़ (परमात्म सत्ता) ऊपर है तथा उससे उत्पन्न जीवादि शाखाएँ नीचे हैं। ब्रह्मरंध्र के ऊपरी सिरे पर ही मुक्ति रूपी फूल खिलते हैं।

तीनिउँ त्रिभुवन०—तीनों लोक, धरती-आकाश-पाताल।

२. चतुराई न चतुरभुज पइऐ…। चतुरभुज—चार भुजाओं वाले विष्णु, अर्थात् परमात्मा। पइऐ—प्राप्त कर सकते। लगि—तक। माधौ—माधव, प्रभु। परिहरु—छोड़ दो। अरु—और। लोकाचारु—दुनिया की दिखावटी रस्में। अहंमेड—अहंमेव, 'मैं ही सब कुछ हूँ' यह अहंकार। पाथर—पत्थर, मूर्ति आदि। करहीं—करते हैं। सेउ—सेवा। सुभाइ—सीधा, स्वभाव, सहज सादगी। भाइ—भाव।

२. झूठे तन कौं क्या गरबावै…। गरबावै—गर्व करे। खीर—क्षीर, दूध। खाण्ड—चीनी। घृत—घी। पिण्ड—शरीर। जारा—जला दिया। जिहि—जिस। सिरि—सिर पर। रचि-रचि—बना-सजाकर। पागा—पगड़ी। चंचु—चोंच से। कागा—कौए। हाड़—हड्डियाँ। झूरी—खोखली, भीतर से खाई

हुई। केस—केश, बाल। त्रिन—तिनका, घास। कूरी—ढेर। अजहुँ—अब भी। जम—यमराज, मृत्यु। डण्ड—डण्डा। मूँड—सिर। माँहि—में।

४. दुलहिनीं गावहु मंगलचार···। दुलहिनी—वधू, इन्द्रियाँ, जीवात्मा। मंगलचार—शुभ अवसर के मंगलगान। भरतार—पति, प्रभु, ब्रह्म। रत—लीन। पाँचउ तत—पाँच तत्त्व, पृथ्वी-जल-तेज-वायु-आकाश, इन्हीं से शरीर और सृष्टि की रचना होती है। पाहुनैं—अतिथि, दूल्हा। जोबन—यौवन। मैंमाती—मद-मत्त, मस्त। सरोवर—यज्ञमंडप। बेदी—विवाह-मंडप। भाँवरि—फेरे। धनि—धन्य। सुर तैंतोसों कोटिक—तैंतीस करोड़ देवता। सहस—हजार। पुरिख—पुरुष।

५. बहुत दिनन मैं प्रीतम आए···। मंगलचार—शुभ अवसर पर गाए जाने वाले मंगल गान। माँहि—में। रसाइंन—रसायन, विशेष आयुर्वेदिक औषधि। रसना—जीभ। मंदिर—शरीर। भया—हो गया। सूती—सो गई। पीव—प्रियतम। निरास—निराश। नौ निधि—नौ प्रकार का खजाना, रत्न आदि। धनसम्पत्ति के देवता कुबेर के भण्डार में नौ प्रकार के रत्न बताए जाते हैं—पद्म, महपद्म, शंख, मकर, कश्यप, मुकुन्द, कुन्द, नील, खाई। सहज—स्वाभाविक रूप से। सुहाग—सौभाग्य।

६. भयौ रे मन पाहुनाँ दिन चारि···। पाहुनाँ—अतिथि, कुछ ही समय तक रहने वाला, अस्थायी। आजिक—आज ही। काल्हिक—कल ही। किन—क्यों न। सँवारि—सँभाला। सौंज—सामग्री। जिनि—मत। धूँवरि—धुएँ का दिखावटी, अवास्तविक। मेंह—बादल, वर्षा। इसो—ऐसा। अंजुरी—हथेली की गहराई। बार—विलम्ब, देर। सैंवल—सेमल, रसहीन फूल। फूल्यौ—प्रसन्न हो रहा है। गरब्यौ—गर्व कर रहा है। खोटो—तुच्छ, बेकार पदार्थ। खाटै—इकट्ठा करता है। खरा—वास्तविक तत्त्व, सत्य स्वरूप, आत्म तत्त्व। साटि—व्यापार, सौदा, लेन-देन, मोल-भाव। बनिज—वाणिज्य, व्यापार। इहि—इस। हाटि—बाजार (संसार रूपी मंडी)।

७. हमारे राँम रहीम करीमा केसो···। रहीम—दयालू अल्लाह। करीमा—कृपालु भगवान। केसो—केशव, कृष्ण। अलह—अल्लाह, खुदा। सति—सत्य स्वरूप। बिसमिल—बिसमिल्लाह, ईश्वर का नाम। बिसंभर—विश्वंभर, परमात्मा। काजी—न्यायाधीश। मुल्लाँ—मुल्ला, मुसलमानों के धार्मिक मुखिया,

मौलवी। वीर—गुरु। पैकंबर—पैगम्बर, ईश्वर का दूत। रोजा—उपवास। निवाज—नमाज़। पूरब—पूर्व। दिसा—दिशा। दिज—द्विज, ब्राह्मण आदि। ग्यारसि—एकादशी (का व्रत आदि)। दिवाजा—दीप जलाकर आरती-पूजा करना। तुरक—मुसलमान। मसीति—मस्जिद। देहुरैं—देवालय, मंदिर। दुहूँठा—दोनों स्थानों पर। खुदाई—खुदा, परमात्मा। काकी—किस की। ठंकुराई—स्वामित्व, अधिकार। कनराई—वास्तविक मार्ग से अलग। अरध—नीचे। उरध—ऊपर। जित—जहाँ, जिधर। तित—वहाँ, उधर। पूरि—पूर्ण भरपूर। राई—स्वामी, ईश्वर। रहि—राह, सत्य पथ। करता—रचना करने वाला। ता—उसकी। गति—स्थिति, महिमा। लखी—देखी।

सूरदास

विनय के पद

१. अब मैं नाच्यो···। पहिरि—पहनकर। चोलना—वेश, चोगा। कंठ—गले में। विषय—वासना आदि कुप्रवृत्तियाँ। नूपुर—घुंघरू। रसाल—रसीला। भ्रमभोयौ—भ्रम में फँसा हुआ। असंगत—तिरछी, बुरी संगति। नाद—ध्वनि। करति—करती है। घट—शरीर। नाना—अनेक प्रकार से। तरल—थाप। कटि—कमर। फेंटा—दुपट्टा, कमरबंद। भाल—मस्तक। कोटिक—करोड़ों। काछि—बना-बनाकर। थल—स्थल। सुधि—ज्ञान, होश।

२. हमारे प्रभु, औगुन चित न धरौ···। औगुन—अवगुण, दोस। चित न धरौ—ध्यान में मत लाओ। समदरसी—समदर्शी, सभी को समान समझने वाले। बधिक—शिकारी। दुविधा—उलझन, भेदभाव। पारस—एक विशेष प्रकार का पत्थर, कहते हैं इसे छूने से लोहा भी सोना बन जाता है। कंचन—स्वर्ण। खरौ—सच्चा, शुद्ध। नार—नाला। नीर—पानी। बरन—वर्ण, रंग। कै—या तो। निरधार—निश्चित, निर्णय। टरौ—टल रहा है, झूठा पड़ रहा है।

वात्सल्य (गोकुल-लीला)

१. जसोदा हरि पालनै झुलावै···। पालनै—पालने (झूले) में। हलरावै—

हिलाती-डुलाती है। दुलरावै—दुलराती-पुचकारती है। मल्हावै—गाती गुन-गुनाती है। आउ—आओ। काहैं—क्यों। आनि—आकर। सुवावै—सुलाती है। बेगहिं—शीघ्र ही। तोकों—तुझे। कबहुँक—कभी। सैन—संकेत, इशारा। इहि अन्तर—इस बीच में। अकुलाइ—घबरा कर। अमर—देवता। दुरलभ—कठिनाई से मिलने वाला। भामिनि—स्त्री, पत्नी (यशोदा)।

२. किलकत कान्ह घुटुरुनि आवत···। किलकत—किलकारियाँ मारते हुए। घुटुरुवनि—छोटे-छोटे घुटनों के बल। मनिमय—मणियों से जड़े हुए। कनक—स्वर्ण। बिंब—परछाईं। पकरिबै—पकड़ने को। धावत—दौड़ते हैं। कबहु—कभी। निरखि—देखकर। कर—हाथ। सौं—से। पकरन—पकड़ना। किलकि—किलकारी मार कर। कनक भूमि—स्वर्ण-सी धरती। बैठकी—चौकी। अँचरा—आँचल, दुपट्टे का पल्लू। तर—तले, नीचे।

३. मैया कबहिं बढ़ैगी चोटी···। कबहिं—कब तक। किती—कितनी। बार—देर, समय। अजहुँ—अभी तक। बल—बलराम। बेनी—चोटी। ह्वै है—हो जाएगी। काढ़त—कंघी करने पर। गुहत—गूँथने पर। न्हवावत—नहलाने पर। भुईं—भूमि पर। काचौ—कच्चा, ताजा। पचि पचि—तंग कर-करके। हरि-हलधर—कृष्ण-बलराम। जोरी—जोड़ी।

४. मैया मोहिं दाउ बहुत खिझायौ···। मोहिं—मुझे। दाउ—दादा, बलदेव, बड़े भैया। मोसों—मुझसे। जायौ—जन्म दिया। इहि—इस। रिस—क्रोध, खीझ। हौं—मैं। तात—पिता। कत—क्यों, कैसे। स्यामल—साँवली। गात—शरीर। दाउहिं—बड़े भैया को। बलभद्र—बलराम। चबाई—धूर्त्त, नटखट, शरारती। जनमत—जन्म से। धूत—धूर्त्त, उत्पाती।

५. अब ये झूठहु बोलत लोग···। जोग—योग्य, लायक। मिस—बहाने। अनदोषे—निर्दोष, बेकसूर। दई—दैव, विधाता। याकी—इसकी। बेग—शीघ्र। ह्याँ—यहाँ। पत्याहु—विश्वास करो। निहारि—देखकर। नैकुँ—तनिक भी। बरजौ—रोको। महरि—रानी (यशोदा)।

राधा-कृष्ण शृंगार

१. जब तैं प्रीति स्याम सौं कीन्हीं···। तैं—से। ता—उस। नैंकहुँ—तनिक भी। चाक—चक्र। सुहाइ—अच्छा लगता है। अचेत—बुद्धिहीन, अज्ञानी।

वेदन—वेदना, पीड़ा।

२. अद्‌भुत एक अनूपम बाग…। अनूपम—अनोखा। जुगल—दो। कमल (प्रतीकार्थ) चरण। गज—हाथी (प्रतीकार्थ—जंघा)। सिंह—(प्रतीकार्थ), कटि, क़मर। तापर—उस पर। हरि—सिंह। सरवर—तालाब (प्रतीकार्थ—नाभि)। सर—सरोवर। गिरिवर—पहाड़ (प्रतीकार्थ—स्तन, वक्ष) गिर—गिरि, पहाड़। कंज पराग—कमल-केशर। रुचिर—सुन्दर। कपोत—कबूतर (प्रतीकार्थ—गर्दन)। ता—उस। अमृत फल—(प्रतीकार्थ) चिबुक, ठोडी। पुहुप—पुष्प, फूल (प्रतीकार्थ—नीचे का होंठ)। पल्लव—पत्ता (प्रतीकार्थ—ऊपर का होंठ) सुक—शुक, तोता (प्रतीकार्थ—नासिका)। पिक—कोकिल (प्रतीकार्थ—वाणी)। मृगमद—कस्तूरी (प्रतीकार्थ—बिंदी, तिलक)। काग—कौआ (प्रतीकार्थ—पलकें)। खंजन—(प्रतीकार्थ) नेत्र। धनुष—(प्रतीकार्थ)—भौहें। चन्द्रमा—(प्रतीकार्थ)—मस्तक। मनिधर नाग—मणि वाला सर्प (प्रतीकार्थ—बालों की लट)। सुधा—अमृत। अधरनि—होंठों के।

३. यह ऋतु रूसिबे की नाहीं…। रूसिबे—रूठने। बरसत—वर्षा कर रहे हैं। मेघ—बादल। मेदिनी—पृथ्वी। जेती—जितनी, जो। बेलि—बेलें, लताएँ। डाहीं—सूख जाती हैं। ते—वे। तरवर—वृक्ष। लपटाहीं—लिपटती हैं। जे—जो। सरिता—नदी। समुद्रहिं—सागर को। जाहीं—जाती हैं। बदरी—बेर। दंपति—पति-पत्नी। दै बाहीं—सहारा दे, स्वीकृति दे, कहना मान। पाहीं—पास।

वृन्दावन-लीला

१. नटवर वेल धरे ब्रज आवत…। नटवर—छैल छबीला। मकराकृत—मछली की आकृति वाले। कुंडल—कानों की बालियाँ। कुटिल—तिरछी, घुँघराली। अलक—केशों की लट। छवि—शोभा। भृकुटी—भौंह। विकट—तिरछी। उड़िबै—उड़ने को। अकुलावत—बेचैन है। अधर—होंठ। सुर—स्वर। पूरित—परिपूर्ण, भरा हुआ। गौरी—एक राग का नाम। अलापि—ऊँचे स्वर में। सुरभी वृंद—गौओं का समूह। कनक मेखला—सोने की बनी तगड़ी (कमर-पट्टी)। कटि—कमर। पीतांबर—पीला वस्त्र। निर्तत—नाचते हुए। निरखत—देखने पर। भावत—आधे लगते हैं।

२. उपमा हरि तनु देखि लजाती...। तनु—शरीर। लजाती—लज्जित हुईं, मंद पड़ गईं। बननि—जंगल में। दुरि—छुप कर। गगन—आकाश। समानी—समा गई, चली गई। निरखत—देखते ही। ससि—शशि, चन्द्र। अम्बर—आकाश। तड़ित—बिजली। दसन—दशनु, दाँत। छवि—शोभा। हेरि—देखकर। मीन—मछली। बसेरि—बसेरा, निवास। अहिराज—सर्पराज, शेषनाग। बिवरन—बिल में। पैठे—घुस गए। धाह—दौड़कर। कटि-कमर। निरखत—देखते ही। केहरि—सिंह। दुराइ—छुपकर। श्री अंग—शोभायमान श्रीकृष्ण का शरीर। पटतर—समता, उपमा। सरमावत—लज्जित करते हैं।

३. नैना घूंघट में न समात...। समात—स्थिर नहीं रहते। वदन—मुख। नंदनंदन—नंद के पुत्र श्रीकृष्ण। निरखि—देख कर। अघात—तृप्त होते। लुब्ध—लोभी। लम्पट—लालची। माते—मस्त हो रहे। ओट—ओझल। अकुलात—व्याकुल हो जाते हैं। बरजत—रोकते हुए। हौं—मैं। टेव—आदत। पलक—पल भर। कलप—कल्प, बहुत लम्बा समय, अनेक युग।

विरह (भ्रमरगीत)

१. ऊधौ हम आज भई बड़भागी...। भई—हो गईं। बड़भागी—सौभाग्यशालिनी। अँखियन—आँखों से। बिलोके—देखे। हम लागीं—हम पर टिकी हुई हैं। सुमन—फूल। बास—गंध। मधुप—भ्रमर। दरपन—दर्पण। बिथा, पीड़ा।

२. अँखियाँ हरि दरसन की प्यासी...। अँखियाँ—आँखें। दरसन—दर्शन। प्यासी—इच्छुक। कमल नैन—कमल जैसे नेत्रों वाले श्रीकृष्ण। निसि—निशि, रात। गर—गले में। काहू—किसी। दरस—दर्शन।

करवट...कासी—पुरानी परम्परा के अनुसार ऐसा विश्वास है कि काशी में मृत्यु होने पर अवश्य मोक्ष मिलता है, इसीलिए भक्त लोग वृद्धावस्था में काशी जाकर, स्वयं को आरे से चिरवा देते थे ताकि मुक्ति मिले। यहाँ यही अभिप्राय है कि 'यदि कृष्ण के दर्शन न हुए तो गोपियाँ काशी जाकर प्राण त्याग देंगी।'

३. ऊधौ अँखियाँ अति अनुरागी...इकटक—टकटकी बाँधकर, लगातार।

मग—मार्ग । जोवतिं—देखती हैं ।

मग जोवतिं—राह देखती हैं, प्रतीक्षा करती हैं । अरु—और । रोवति—रोती हैं । भूलेहुँ—भूलकर भी, कभी भी । पलक न लागी—नींद नहीं आई । पावस—वर्षा ऋतु ।

बिनु पावस पावस करि राखी—वर्षा ऋतु के बिना ही इन आँखों ने बरसात का मौसम बना रखा है, अर्थात् सदा अश्रुजल बरसाती रहती हैं । बिदमान—विद्वान । अब धौं—भला अब फिर । निरगुन ज्ञान—ईश्वर के निराकार रूप की उपासना करने का उपदेश । सुभाई—स्वभाव ।

४. आए जोग सिखावन पाँड़े···। जोग—योग-साधना । पाँड़े—पंडित जी महाराज (व्यंग्य), ऊधो । गति—लक्ष्य । पति—लाज-मर्यादा । कमल नयन—कमल जैसे नेत्रों वाले श्रीकृष्ण । सिखैं—सीखते हैं । ते—वे । राँड़े—पतिहीन या पत्नीहीन । मधुप—भ्रमर (व्यंग्यार्थ—उद्धव) । समाहिंगे—समायेंगे । खाँड़े—खड्ग, तलवारें । षट्पद—भ्रमर (भँवरे के छः पैर होते हैं), यहाँ प्रतीकार्थ उद्धव । खैयतु—खाए जाते हैं । गाँड़े—गन्ने, ईख । काकी—किसकी । बयारि—हवा । भषि—खाकर । घृत—घी । माँड़े—पकवान, पराँठे ।

५. ऊधौ हमारी सौं तुम जाहु···। सौं—सौगन्ध, शपथ । जाहु—चले जाओ । पूनौ—पूर्णिमा । ह्वै—होकर । ग्रसे—ढक लिया । गुसा—गुस्सा । परकास्यो—प्रकट किया । अब लौं—अभी तक । करि निरबाहु—निर्वाह कर रहे हो, निभा रहे हो ।

चंदा-राहु-ग्रह···।—चंद्रग्रहण के अवसर पर राहु नक्षत्र चंद्रमा को जैसे ढककर, ओझल करके उसके प्रकाश को तिरोहित कर देता है उसी प्रकार हे ऊधो, तुम गोकुल रूपी पूर्णिमा के चांद का राहु बनकर ढकने आते हो ।

पठए—भेजे । बड़े-बड़े । साहु—शाह, सेठ (व्यंग्यार्थ) । जोग—योग-साधना । तंदुल—चावल, भात आदि । बीच बसेरे खाहु—सराय में बैठकर खाते हो, बीच में अपनी दलाली खाते हो । उठि जैहौ—उठकर चले जाओगे । दाहु—ताप, ज्वलन, दुःख ।

६. आयौ घोष बड़ौ ब्यौपारी···। घोष—बनिया, सेठ । खेप—सामग्री का बोरा, थैला । आनि—आकर, लाकर । फाटक—फोका, थोथा भूसा । हाटक—सोना, स्वर्ण ।

फाटक दैकर…—(प्रतीकार्थ—)थोथे ज्ञान की व्यर्थ बातें सुनाकर, स्वर्ण-सा मूल्यवान हृदय अथवा प्रेम त्यागने को कहता है।

भोरौ—भोला। निपट—सर्वथा, बिल्कुल। धुरहीं तैं—आरम्भ से ही। खोटौ—बेईमानी की कमाई। उहकावैं—भटके, बहकावे में आए। अनारी—अनाड़ी, मूर्ख। कूप—कुआँ। बारी—पानी। सबारैं—तुरन्त, अभी। ह्याँ तैं—यहाँ से। बेगि—शीघ्र। गहरु—विलम्ब, जनि—मत। लावहु—लगाओ। पैहौ—पाओगे। साहुहिं—शाह (हमारे स्वामी श्रीकृष्ण) को। आनि—लाकर।

७. ऊधौ मोहिं ब्रज बिसरत माहीं…। मोहिं—मुझे। बिसरत—भूलता। सघन—घनी, गहरी। कुंज—वृक्षों का झुरमुट। छाहीं—छाया। दह्यौ—दही। सजायौ—ताजा। हित—प्यार। खवावत—खिलाते। सिरात—व्यतीत होते। धनि—धन्य। जदुनाथ—यदुवंश के स्वामी श्रीकृष्ण।

तुलसीदास

विनय-पत्रिका

१. कबहुँक अम्ब अवसर पाइ…। अम्ब—माता। मेरिऔ—मेरी भी। सुधि—याद। द्याइबी—दिलाइयेगा। छीन—क्षीण। मलीन—तुच्छ। अघी अघाई—पापियों में पापी। उदर—पेट। बूझिहैं—पूछेंगे। कहिबी—कहियेगा। दसा—दशा, हालत। जनाई—समझाकर, स्पष्ट करके। बिगरिऔ—बिगड़ी, दुर्दशा। बलि जाइ—सुधर जाएगी। भव—संसार। तवनाथ तुम्हारे (सीता के) स्वामी श्रीराम।

२. राम जपु, राम जपु…। जपु—जाप कर, नाम स्मरण कर। बावरे—पगले। घोर—भीषण। भव—संसार। नीरनिधि—समुद्र। निज—अपनी। रिद्धि-सिद्धि—सभी प्रकार की सम्पत्ति और सफलताएँ। ग्रसे—निगल लिए। कलिरोग—कलियुग रूपी रोग ने। जोग—यम, नियम, आसन, प्राणायाम आदि योग साधनाएँ हैं। समाधि—प्रभु ध्यान (सविकल्प और निर्विकल्प)। भलो—सज्जन। पोच—नीच, दुष्ट। दाहिनों—दायें, अनुकूल। बाम—बायाँ, प्रतिकूल। नभ वाटिका—आकाश वाटिका अर्थात् मिथ्या भ्रम। धौरहर—

बादल अथवा महल। छाँड़ि—छोड़कर। परोसो—सामने प्रस्तुत। कूर—कुत्ता, जूठा। कौर—ग्रास।

३. मेरो भलो कियो राम आपनी भलाई…। हौं—मैं। साईं—स्वामी। द्रोही—विरोधी, विश्वासघाती। पै—परन्तु। सेवकहित—सेवक का भला करने वाले। खरो—सच्चा, श्रेष्ठ। खोटो—नीच, दुष्ट। एतो—इतना। भौ—हो गया। बावों—वाम, तिरछा, विपरीत, नीच। पाथ—पानी। बोरत—डुबोता है। बारि—जल। ताहि—उसे। जानि—जानकर। आपु सींचो—अपने द्वारा सींचा हुआ।

४. जागु जागु जीव जड़…। जागु—जागो। जड़—मूर्ख, अज्ञानी। जोहै—देखे। जामिनी—यामिनी, रात्रि। देह—शरीर। गेह—घर। नेह—प्यार। घन—बादल। दामिनी—बिजली। सोवत—सोते समय। सपनेहुँ—स्वप्न में। सहै—सहन करता है। संसृति—सृष्टि, जगत्। संताप—दुःख, कष्ट। बूड्यो—डूबा है। मृगबारि—मृगतृष्णा का जल, प्यासा मृग दूर से चमकती रेत को भ्रमवश पानी समझकर भागता-भटकता है। जेवरी—रस्सी। जेवरी को साँप—रस्सी को साँप, मिथ्या को सत्य समझने की भाँति। बुध—बुद्धिमान, विद्वान। बूझि—समझ। ताप तिहूँ—तीनों प्रकार के दुःख—दैहिक, दैविक, भौतिक कष्ट। सुचि—शुचि, शुद्ध, पवित्र।

५. देव ! दीन को दयालु दानि…। कोऊ—कोई भी। जासों—जिससे। दीनता—लाचारी, विवशता। हौं—मैं। सोऊ—वही। सुर—देवता। तौलों—तब तक। जौलों—जब तक। रावरे—तुम्हारे। नेकु—तनिक। त्रिभुवन—तीनों लोक, धरती, आकाश-पाताल। तिहुँ काल—भूत, वर्तमान, भविष्य। विदित—ज्ञात, प्रसिद्ध। वदति—कहते हैं। चारी—चारों (वेद—ऋक्, यजु, अथर्व, साम)। साहबी—स्वामित्व, प्रभुता। सील—शील। सुजसु—सुयश। जाचन—याचना करने, माँगने। जन—सेवक। पाहन—पत्थर। पसु—पशु। बिटप—वृक्ष। बिहँग—पक्षी। रंक—दरिद्र, निर्धन। राय—राजा, धनवान। गरीब को निवाज—निर्धन पर कृपा करने वाले। बारक—बालक अथवा बार। इक—एक बार।

पाहन-पसु…। कवि ने यहाँ रामद्वार विभिन्न जीव-जन्तुओं के उद्धार का संकेत किया है। पाहन अर्थात् पत्थर का स्पर्श कर श्रीराम ने अहल्या का

उद्धार किया। वनवास में रीछ, भालू, वानर आदि पशुओं को अपना वनाया। कृष्ण-रूप में यमलार्जुन नामक वृक्षों को मोक्ष दिया। जटायु पक्षी को मुक्ति देकर, उसका कल्याण किया।

६. ऐसी मूढ़ता या मन की…। मूढ़ता—मूर्खता। या—इस। परिहरि—छोड़कर। सुरसरिता—गंगा। आस—आशा, चाह। ओसकन—ओसकण, ओस की बूंदें। [प्रतीकार्थ—महान् उपलब्धि (राम-भक्ति) छोड़कर तुच्छ सांसारिक सुखों की चाह)।]

धूम—धुआं। निरखि—देखकर। चातक—पपीहा। तृषित—प्यासा। घन—बादल। (चातक स्वाति नक्षत्र के बादल का ही जल पीता है। वह धुएँ को भ्रमवश बादल समझ कर प्यास बुझाने की आशा करता है।)

बारि—जल। लोचन—आँखें। गच—चमकदार फर्श। बिलोकि—देखकर। सेन—श्येन, बाज़। जड़—मूर्ख। टूटत—टूट पड़ता है, झपट्टा मारता है। आतुर—व्याकुल, बेचैन। अहार बस—भोजन की लालसा से। छति—क्षति, हानि, घाव। बिसारि—भूलकर। आनन—मुख। कहँ लौं—कहाँ तक। कुचाल—दुराचरण। गति—दशा। जन—सेवक। हरहु—हर लो, दूर करो। दुसह—असह्य, भयंकर। पन—प्रण, पापियों का उद्धार करना प्रभु का प्रण है।

७. बिरद गरीब निवाज राम को…। बिरद—यश, महिमा, बड़ाई। गरीब निवाज—निर्धनों पर कृपा। वेद—ऋक्, यजु, अथर्व, साम। पुरान—१८ पुराण संभु—शंभु, शिव। सुक—शुक (मुनि शुकदेव)। कपिपति—हनुमान। जड़—पत्थर आदि बेजान (अहल्या उद्धार का संकेत है)। पतंग—पक्षी (जटायु का संकेत है)। सुदाम—सुदामा (जिसे श्रीकृष्ण ने मित्र मानकर सहायता की थी)। सुजस—सुयश। सुगति—अच्छी गति, मोक्ष।

गनिका, कोल, किरात—ये सब उनके नाम हैं जिनका उद्धार प्रभु ने किया। गनिका—वेश्या, तोते के मुँह से राम-राम रटाते स्वयं भी मुक्त हो गई। कोल किरात—वनवासी गुरु निषाद आदि जिन्हें श्रीराम ने मित्र बना लिया। आदिकवि—वाल्मीकि जो पहले एक क्रूर हत्यारा दस्यु था, बाद में राम का उलटा नाम (मरा, मरा) जपते-जपते ऋषि बना।

बाम—नीच, दुष्ट। को—कौन। बाजिमेध—अश्वमेध यज्ञ। (प्राचीन

राजा अपना अश्व चारों ओर भेजकर, अपनी श्रेष्ठता की घोषणा करके, तदुपरान्त यज्ञ रचाते थे।)

अजामिल—एक क्रूर कसाई जिसने मरते समय एक बार अपने पुत्र 'नारायण' को पुकारा और मुक्त हो गया।

गज—एक हाथी को पानी पीते समय मगरमच्छ ने पकड़ लिया। उसने नदी-तट का फूल सूँड़ से तोड़कर, ऊपर आकाश की ओर करके चिंघाड़ की। उसकी पुकार सुन विष्णु स्वयं उसे बचाने आए।

साम—सामवेद। छीन—क्षीण। छाम—दुबला। चाम—चमड़ा।

८. जाऊँ कहाँ तजि चरन तुम्हारे···। तजि—छोड़कर। काको—किसका। पतित पावन—पापियों को पवित्र करने वाला। केहि—किसे। बराइ—चुन-चुन कर। बिरद हित—अपना गौरव बनाए रखने के लिए। हठि—हठ करके। अधम—नीच, पापी। उधारे—तारे, उद्धार कर दिया।

खग मृग···—यहाँ कवि ने प्रभु द्वारा मुक्त किए गए विभिन्न प्राणियों का संकेत किया है—खग—पक्षी जटायु। मृग—हरिण मारीच। व्याध—शिकारी अजामिल। पषान—पत्थर, अहल्या। बिटप—वृक्ष, यमलार्जुन। जवन—यवन, लेम्च्छ, राक्षस। कवन—कौन, किसने। दनुज—राक्षस। बिबस—विवश, वश में, लाचार। अपनपौ—अपनापन। हारे—गँवाए, समर्पित करे। अपनपौ हारे—अपने आपको सौंपे, शरण में जाए।

९. माधव ! महि फाँस क्यों टूटे···। फाँस—फंदा, बन्धन। क्यों—किस प्रकार। कोटि—करोड़ों। करिय—कीजिए। अभ्यन्तर—आन्तरिक। ग्रंथि—गाँठ, उलझन। घृतपूरन—घी से भरे हुए। कराह—कड़ाह, लोहे की विशाल-चौड़ी कड़ाही। ससि—शशि, चाँद। प्रतिबिम्ब—परछाईं। अनल—आग। कलप—कल्प, अनेक युग। सत—शत, सैकड़ों। औटत—औटाते हुए, काढ़ते हुए। तरु—वृक्ष। कोटर—घोंसला। महँ—मध्य, में। बिहंग—पक्षी। अन्तर—मन, हृदय। मलिन—पापी, गन्दा। बिषय—वासना आदि दोष। पावन—पवित्र। पखारे—धोकर। मरइ—मरता है। उरग—साँप। बलमीकि—बिल। बिमल—पवित्र, शुद्ध। बिवेक—ज्ञान। घोर—भयंकर। निधि—सागर।

कवितावली (केवट-प्रसंग)

१. नाम अजामिल से···। अजामिल—एक क्रूर शिकारी जो मृत्यु से पूर्व एक बार अपने पुत्र 'नारायण' का नाम पुकारने पर ही मुक्त हो गया।

खल—दुष्ट, पापी। कोटि—करोड़ों। बूड़त—डूबते हुए। काढ़े—निकाले, बचाए, मुक्त कर दिए। गिरि—पर्वत। मेरु—सुमेरु पर्वत। सिलाकन—शिला कण, पत्थर का टुकड़ा। अजा—बकरी। खुर—पैर के तलवे की साधारण गहराई। अजाखुर—बकरी के खुर जैसा चुल्लू भर पानी। बारिधि—समुद्र। जेटि—जिस। पदपंकज—चरणरूपी कमल। तें—से। तरिनी—नदी (गंगा)। अघ—पाप। गाढ़े—गहरे भारी। स्वैं—स्वयं, आप। सरिता—नदी। तरिबे कहै—पार करने को। करारे—किनारे। ह्वै—होकर। ठाड़े—खड़े हुए।

२. एहि घाट तें थोरिक···। एहि—इस। तें—से। थोरिक—थोड़ी सी। अहै—है। कटि—कमर। लौं—तक। जलघात—पानी की गहराई। देखाइहौं—दिखाता हूँ। परसे—स्पर्श करने, छूने पर। पगधूरि—पैरों की धूल। तरै—तर जाएगी, अपना यह रूप छोड़कर बैकुण्ठ चली जाएगी। तरनी—नौका। घरनी—गृहिणी, पत्नी। अवलम्ब—सहारा। लरिका—बालक, सन्तान। जिआइहौं—जीवित रखूँगा। बरु—चाहे। हौं—मैं।

३. रावरे रोक न पायँन को···। रावरे—तुम्हारे। पायँन—पैरों, चरणों। पगधूरी—चरणों की धूल। भूरि—अत्यन्त अधिक। प्रभाउ—प्रभाव। पाहन—पत्थर (यहाँ अहल्या-उद्धार का संकेत है)। बन बाहन—वन (जल नदी आदि में) वाहन (सवारी) का काम देने वाली। पावन—पवित्र। पायँ—पैर, चरण। पखारि—धोकर। आयसु—आज्ञा। कहा—क्या। वर—सुन्दर। बैन—वचन।

४. पात भरी सहरी···। पात—पत्ते। सहरी—शकरी, मछली, अथवा झोंपड़ी, कुटिया। सकल—सभी। सुत—बच्चे। बारे-बारे— छोटे-छोटे भारत। पढ़ाइहौं—पढ़ाऊँगा। याही—इसी। लागि—निर्भर। हौं—मैं। दीन—दरिद्र। बित्तहीन—धनहीन। गढ़ाइहौं—बनवाऊँगा।

गौतम की घरनी—ऋषि गौतम की पत्नी अहल्या, जो शापवश पत्थर बन गई और राम के चरण स्पर्श से पुनः नारी-रूप को प्राप्त हुई।

तरनी—नौका। निषाद—एक जंगली जाति। बाद—विवाद, बहस। बढ़ाइहौं—बढ़ाऊँगा। पग—पैर।

५. जिनको पुनीत बारि···। पुनीत—पवित्र। बारि—जल। पुरारि—शिव। त्रिपथगामिनी—तीनों मार्गों (धरती, आकाश, पाताल) में जाने (बहनें) में समर्थ (गंगा)। जसु—यश। देह दमि—शरीर का दमन—(संयम, समाधि आदि द्वारा) करने। बिराग—वैराग्य। जोग—योग साधना। लाइकै—लगाकर, धूरि—धूल। परसि—छूकर। पायँ—पैर, चरण। पाइ—प्राप्त। ख्वैहौं—खोऊँगा, गँवाऊँगा। पहावनी—नदी पार कराने की मजदूरी। ह्वैहौं—होऊँगा।

६. प्रभु रुख पाइ कै···। रुख—संकेत। पाइ—प्राप्त। बोलाइ—बुलाकर। बाल—बच्चे। घरनिहिं—गृहिणी (पत्नी) को। बन्दि—वन्दना करके, प्रणाम करके। चहुँदिसि—चारों ओर। घेरि—घेरकर, दायरा बनाकर। कठौता—लकड़ी का पात्र। भरि—भरकर। आनि—लाकर पुनीत—पवित्र। बारि—जल। फेरि—पुनः, बारम्बार। सराहैं—सराहना (प्रशंसा) करते हैं। ताको—उसका। भाग—भाग्य। सानुराग—प्रेम सहित। सुर—देवता। बरषैं—बरसाते हैं। सुमन—फूल। टेरि—ऊँचे स्वर से पुकारकर। विबुध—देवता। सनेहसानी—स्नेह से सनी हुई। आसमानी—सीधी-सहज। सूनी—सुनि, सुनकर। राघौ—राघव, श्रीराम। तन—और। हेरि—देखकर।

बिहारी

भक्ति

१. मेरी भव-बाधा हरौ···। भव—संसार। बाधा—कष्ट, दुःख। नागरि—चतुर, सुन्दरी। झाँई—झलक, परछाईं। जा—जिस। स्यामु—श्याम (कृष्ण), साँवला, नीला। हरित—हरा, मन्द हरा-भरा (आनन्दित)।

२. तजि तीरथ, हरि राधिका···। तजि—छोड़कर। तनदुति—शरीर की कांति। जिहि—जिससे। केलि—क्रीड़ा। निकुंज—झुरमुट। मग—मार्ग। पग—कदम। प्रयाग—तीर्थराज, गंगा (राधा के चरण), यमुना (कृष्ण के चरण), यमुना (दोनों के चरणों के तलवों) का संगम।

३. सीस मुकुट कटि···। सीस—शीश, सिर। कटि—कमर। काँछनी—कमरबन्द, दुपट्टा, पीताम्बर। कर—हाथ। मुरली—बाँसुरी। उर—हृदय, कंठ। बानक—रूप, बानगी, छवि। मो मेरे। बसौ—निवास करो। बिहारी लाल—श्रीकृष्ण, कवि का नाम।

४. या अनुरागी चित्त की···। या—इस। अनुरागी—प्रेमभरे। गति—दशा। बूड़ै—डूबता है। स्याम—श्याम कृष्ण, साँवला—नीला रंग। उज्जलु—उज्ज्वल—पवित्र, श्वेत।

५. जपमाला, छापैं, तिलक···। जपमाला—मन्त्र या प्रभु नाम जपने की माला। छापैं—मस्तक पर चन्दन आदि के चिह्न। सरै—सिद्ध होता है। काँचै—काँच (शीशे) के समान कच्चा। साँचै—सच्चा।

६. करौ कुबत जग, कुटिलता···। कुबत—बुरी बातें, निन्दा। कुटिलता—तिरछापन, दुष्टता, नीचता। तजौं—छोड़ूँगा। हिय—हृदय। त्रिभंगी—तीन जगह से टेढ़े—वंशी बजाते समय श्रीकृष्ण के हाथ, उनका सिर और उनकी कमर मुड़ जाने के कारण उन्हें त्रिभंगी कहा गया है। लाल—प्रिय।

७. दूर भजत प्रभु पीठि दै···। भजत—भागते हैं। पीठि दै—पीठ देकर, विमुख होकर। गुन—गुण, डोरी। विस्तारन—फैलाव। निर्गुन—गुणों से अतीत निराकार, अथवा डोरी से रहित। चंग—पतंग।

८. गिरि तें ऊँचे रसिक मन···। गिरि—पर्वत। रसिक—प्रेम-रस में डूबे हुए। बूड़े—डूब गए। पसुनरन—पशु जैसे अविवेकी या नीरस मनुष्य। पयोधि—सागर। पगारु—खाई, खड्ड, गड्ढा।

९. मैं समुझ्यौ निरधार···। समुझ्यौ—समझ लिया। निरधार—निश्चय करके। काँचो—थच्चा, अस्थिर। काँच—शीशा। सौ—समान। एकै—एक ही। लखियतु—दिखाई देता है।

१०. मोहनि मूरति स्याम की···। मोहनि—मुग्ध कर लेने वाली। गति—दशा। जोइ—दिखाई देती है। बसतु—निवास करती है। अन्तर—भीतर, अन्दर। तऊ—तो भी।

११. जम-करि-मुँह-तरहरि पर्‍यौ···। जम—यमराज, मृत्यु। करि—हाथी। तरहरि—नीचे। पर्‍यौ—पड़ा है। इहिं—यह, इस बात को। धर—धारण करके, सोचकर। लाउ—लगाओ। विषय तृषा—वासना और कुप्रवृत्तियों

की आस। परिहरि—छोड़कर। अजौं—अब भी। नरहरि—प्रभु-रूप मनुष्य अर्थात् श्रीकृष्ण अथवा नृसिंह भगवान।

शृंगार (षट्ऋतु-वर्णन)

१. कहलाने एकत बसत…। कहलाने—व्याकुल होकर। एकत—एकत्र, एक स्थान पर। बसत—रहते हैं। अहि—सर्प। मयूर—मोर। मृग—हरिण। दीरघ—भीषण। दाघ—दाह, ताप, गर्मी। निदाघ—ग्रीष्म ऋतु।

२. बैठि रही अति सघन बन…। सघन—घने। पैठि—प्रविष्ट होकर, घुसकर। सदन—घर। माँह—मध्य, में। निरखि—देखकर। छाँहौं—छाया भी।

३. नाहिन ये पावक प्रबल…। नाहिन—नहीं हैं। पावक—आग। प्रबल—तीक्ष्ण। लुवें—लूएँ, ग्रीष्म ऋतु की गर्म वायु के झोंके। उसाँस—आहें, गर्म निःश्वास।

४. पावस घन अँधियार में…। पावस—वर्षा ऋतु। घन—बादल, घना गहरा। अँधियार—अन्धकार। आन—अन्य। द्यौस—दिन। जान्यों—मालूम, ज्ञात। लखि—देखकर। परत—पड़ता है।

चकवी चकवान…—ऐसी किंवदन्ती है कि चकवी और चकवा दिन में ही मिल जाते हैं, रात में शापवश एक-दूसरे से बिछुड़े रहते हैं। बरसात के मौसम घने बादलों के अँधेरे के कारण, उन्हें दिन भी रात-सा प्रतीत होता है, अर्थात् उन्हें दिन और रात का अन्तर ही ज्ञात नहीं होता।

५. धुरवा होंहि न आती इहैं…। धुरवा—बादल। होंहि—हो सकते। अलि—सखी। धरनि—धरणी, धरती। चहुँ—चारों। कोर—दिशाओं में। जारत—जलाता। आवत—आता। पावस—वर्षा ऋतु का। पयोद—बादल।

जारत आवत…। वर्षा ऋतु में वियोगीजन अधिक वेदना अनुभव करते हैं, अतः आकाश पर बादल नहीं, मानो वर्षा के पहले बादल द्वारा वियोग में जलने वाले विरहियों की जलन का धुआं चारों ओर छा रहा है।

६. उठि ठकु ठकु एतो कहा…। ठकु ठकु—तर्क-वितर्क, वाद विवाद। एतो—इतना। कहा—क्यों। पावस—वर्षा ऋतु। अभिसार—प्रिय-मिलन

को घर से बाहर जाना। देखियौ—देखने पर भी। घन—बादल। दामिनी—बिजली।

७. प्रलय करन बरषन लगे…। करन—करने वाले। प्रलय—विनाश, सर्वत्र जल भर जाना। जुरि—इकट्ठे होकर। जलधर—बादल। सुरपति—इन्द्र। हरषि—प्रसन्नतापूर्वक। गिरिधर—पर्वत (गोवर्धन) को धारण करने वाले श्रीकृष्ण। गिरि—पर्वत। धरि—धारण करके।

८. घन घेरौ छुटिगो…। घन—बादल, घना गहरा। घेरौ—घेरा, मंडल। छुटिगो—छूट गया, हट गया। हरषि—प्रसन्न होकर। चली—खुल गई, चलने लगी। दिसि—दिशाओं में। सुचैनो—आनन्ददायक शान्ति। सरद—शरद् ऋतु। सूर—सूर्य, शूरवीर। नरनाह—राजा।

९. अरुन सरोरुह कर चरन…। अरुन—लाल। सरोरुह—कमल। कर—हाथ। दृग—आँखें। सरद—शरद् ऋतु। काहि—किसे। अनन्द—आनन्दित।

१०. आड़े दै आले बसन…। आड़ै दै—आड़ (ओट) में करके। आले—गीले। बसन—वस्त्र। जाड़े हू—सर्दियों की भी। साहसु—साहस। ककै—कर करके। ढिग—समीप। जाति—जाती हैं।

११. मिलि विहरत बिछरत मरत…। मिलि—मिलकर। विहरत—विहार करते हैं, घूमते हैं। बिछरत—बिछुड़ते हैं। जुराफा—जिराफ नामक जंगली जन्तु जो अफ्रीका में पाया जाता है और सदा जोड़ा बनाकर रहता है, अकेला होते ही मर जाता है।

१२. कियौ सबै जग काम बस…। जिते—जितने। अजेय—किसी से न जीते जा सकने वाले। कुसुमसरहिं—फूलों रूपी शर (वाण) वाले, कामदेव को, सर—शर, बाण। कर—हाथ। अगहन—मार्गशीर्ष महीना। गहन—पकड़ते।

१३. रहि न सकी सब जगत में…। सिसिर—शिशिर ऋतु। सीत—शीत, सर्दी। त्रास—भय, आतंक। भजि—भागकर। गढ़वै—गढ़ (दुर्ग) में रहने वाली। तिय—स्त्री। कुच—स्तन, वक्ष। अचल—पर्वत। मवास—दुर्गम स्थल।

१४. तपन-तेज तापन-तपन…। तपन—सूर्य। तापन-तपन—आग की गरमी। तूल तुलाई—रूई का लिहाफ। माँह—में। नाह-नाथ।

१५. फिर घर कों नूतन पथिक···। नूतन—नये। पथिक—मुसाफिर। पलास—ढाक (के लाल फूल)। फूल्यौ—खिला हुआ। समुहैं—सामने। दवागि—दावाग्नि, जंगल की आग।

१६. छकि रसाल सौरभ सने···। छकि—तृप्त होकर। रसाल—आम। सौरभ—सुगन्ध। माधवी—वसन्त की। झँपत—मस्ती में आँखें आधी मूंद, आधी खोले। झौर—झुण्ड। मधुअंध—वासन्ती सौन्दर्य या मधु (रस) के मद में अन्धे (लीन)।

१७. कुंज भवनु तजि भवन कौं ··। कुंज—वृक्षों-लताओं का झुरमुट। तजि—छोड़कर। भवन—घर। फूलति—विकसित हो रही है। चटकाहट—कली के चटककर फूल बनते समय होने वाली मधुर आवाज।

नीति

१. तन्त्री नाद कवित्त रस···। तन्त्री—वीणा। नाद—स्वर। कवित्त—काव्य। रतिरंग—अनुराग और काम की मस्ती। अनबूड़े—बिना डूबे। बूड़े—डूब गए (असफल हुए)। तिरे—तर गए (सफल हो गए)। जे—जो। बूड़े—डूब गए (लीन हो गए)।

२. दुसह दुराज प्रजानि कौं···। दुसह—असह्य, भीषण। दुराज—दोहरा शासन प्रणाली। दंद—द्वन्द्व, दुविधा, कष्ट। मावस—अमावस्या।

मिलि मावस···—आकाशीय ग्रह स्थिति के अनुसार, ऐसी मान्यता है कि अमावस्या तिथि को सूर्य और चन्द्र एक ही राशि में होते हैं। उस रात को विशेषता अधिक अँधेरा होता है।

३. नहिं परागु नहिं मधुर मधु···। परागु—सुगन्धित केशर। मधु—रस। अली—भँवर। बंध्यौं—बँध गया, मुग्ध हो गया। कौन—क्या। हवाल—दशा, हालत, हाल।

४. कनक कनक ते सौ गुनी···। कनक—स्वर्ण, धतूरा। मादकता—मस्ती, नशा। उहिं—उसे। बौराता—मस्त हो जाता है, पागल हो जाता है। इहिं—इसे।

५. दृग उरझत टूटत कुटुम···। दृग—नेत्र। उलझत—उलझते, मिलते, टकराते। टूटत—टूट जाते हैं। कुटुम—परिवार। जुरत—जुड़ जाती है, दृढ

हो जाती है। परित—पड़ जाती है। दुरजन—दुष्ट, नीच। दई—दैव, भाग्य।

६. अति अगाध अति औथरौ…। अगाध—गहरा। औथरौ—उथला, कम गहरा। कूप—कुआँ। सरु—तालब। बाह—बावड़ी। सो—वही। ताकौ—इसका। जाको—जिसकी।

नायिका-वर्णन

१. पाँइ महावरु दैन कौं…। पाँइ—पैरों। महावर—मेंहदी जैसा पदार्थ जो स्त्रियाँ पैरों के किनारों में लगाती हैं। मींड़ति—मसलती, रगड़ती।

२. पत्रा हीं तिथि पाइयैं…। पत्र—पंचांग, ज्योतिष के अनुसार तिथि-वार-मुहूर्त आदि बताने बाली जंत्री। वा—उस। पाइयैं—पा सकते हैं। पून्यौं—पूर्णिमा। आनन—मुख। ओप—छवि, ज्योति। उजास—दीप्ति, उजाला।

३. कहत नटत रीझत खिझत…। नटत—नाँह (इन्कार) करते हैं। रीझत—मुग्ध होते हैं। खिझत—खीझते, रूठते हैं। खिलत—उत्फुल्ल, प्रसन्न होते हैं। लजियात—लजाते, शर्माते हैं। भरे भौंन—भरे पूरे (संयुक्त) परिवार। नैननु—नेत्रों ही नेत्रों में।

४. रस-सिगारु मंजनु किए…। सिंगार—शृंगार। मंजनु—निमग्न। कंजनु—कमल। भंजनु—भग्न, निंदित। अंजनु—काजल। रंजनु—रँगना। गंजनु—तिरस्कार।

५. झीनें पट में झुलमुली…। झीनें—सूक्ष्म, बारीक, महीन। पट—वस्त्र, घूंघट। झुलमुली—कानों की झुमकी। ओप—दीप्ति, चमक। सुरतरु—देव-वृक्ष, कल्प वृक्ष। मनु—मानो। लसति—सुशोभित होती है। सपल्लव—पत्तों सहित। डार—डाली, शाखा, टहनी।

विरह

१. प्रजर्‌यौ आगि बियोग की…। प्रजर्‌यौ—प्रज्वलित, जलता, झुलसता हुआ। बह्यौ—बहा। बिलोचन—नेत्र। नीर—जल। आठौं जाम—दिन और रात के आठ याम (प्रहर), अर्थात् दिन-रात। हियैं—हृदय। उड़यौ—उड़ता। उसाँस—निःश्वास, आहें। समीर—वायु।

२. दुसह बिरह दारुन दसा…। दुसह—असह्य, भीषण। दारुण—भयं-

कर । दसा—दशा । जात—जाते हुए । प्यौ—प्रिय । नाँउ—नाम ।

३. करके मीड़े कुसुम लौं···। कर—हाथ । मीड़े—मसलो । कुसुम—फूल । लौं—समान । समी पिनि—पास रहने वाली । सखिनु हूँ—सखियों को भी । नीठि—कठिनाई से । पिछानि—पहचानी ।

४. लाल तिहारे विरह की···। लाल—प्रिय । तिहारे—तुम्हारे । अगनि—आग । अनूप—अनोखी । सरसैं—सींचने पर । बरसैं—बरसने पर । नीर—जल । झर—झड़ी, मूसलाधार । झार— जलन, दाह ।

५. कागद पर लिखत न बनत···। कागद—कागज । लिखत—लिखते हुए । कहत—कहते हुए । लजात—लज्जा का अनुभव होता है । कहिहैं—कह देगा । हियो—हृदय ।

६. बिरह बिकल बिनुही···। बिकल—व्याकुल । बिरह—वियोग । बिनुही—बिना ही । पाती—पत्री, चिट्ठी । दई—दी । पठाई—भेज । आँक—अंक, अक्षर । बिहूनीयौ—बिना होने पर ही । सूचित—प्रेम भरा हृदय । सूनैं—सूने (एकान्त) में । बाँचत—पढ़ता ।

७. तर झुरसी, ऊपर गरी···। तर—नीचे से । झुरसी—झुलसी, जली । गरी—गली हुई । कज्जल—काजल । छिरकाई—छिड़का हुआ । बाँची—बढ़ी । बिरह—वियोग । बलाइ—रोग, व्यथा ।

८. कर लै, चूमि, चढ़ाइ सिर···। कर—हाथ । चूमि—चूमकर । उर—हृदया । भुज—बाँहें । भेरि—लगाकर, लपेट कर । लहि—लेकर । पाती—चिट्ठी । लखति—देखती । बाँचति—पढ़ति । धरति—रखती ।

९. लाज लगाम न मानहीं···। लाज—लज्जा, हया, शर्म । लगाम—घोड़ों को वश में रखने वाली बाग । मानहीं—मानते । नैंना—नेत्र । मो—मेरे । बस—वश मं । ए—ये । मुंहजोर—उद्दंड । तुरंग—घोड़े । ऐंचत हूँ—खींचने (रोकने) पर भी । चलि जाहिं—चले जाते हैं ।

१०. फिरि फिरि बूझात···। फिरि—पुनः, बारम्बार । कहि—बता । कह्यौ—कहा है । साँवरे—साँवले । गात—शरीर । साँवरे गात—साँवले शरीर वाले कृष्ण । अली—सखी । क्यौं—किस प्रकार ।

११. दुखहाइनु चरचा नहीं···। दुखहाइनु—दुःख देने वाली । आनन—

अन्य, मुख। आन—अन्य। ढँका—घात लगाकर, मौका देखकर। कानन—वन, कान (श्रवण)।

१२. अधर धरत हरि कैं परत···। अधर—होंठ। धरत—रखते ही। हरि—कृष्ण। परत—पड़ती है। डीठि—दृष्टि। पटु—वस्त्र, पीताम्बर। जोति—ज्योति, दीप्ति। हरित—हरे।

भूषण

१. पैज प्रतिपाल भूमिभार को हमाल···। पैज—प्रतिज्ञा, प्रण। प्रतिपाल—पालन करने वाला। भार—बोझ। हमाल—हम्माल, धारण करने वाला। चहौं—चारों (दिशाएँ)। चक्क—चक्र, दिशाएँ। अमाल—शासन। दंडत—दण्ड दिया। जिहान—जहान, संसार। साहन—शाहों, बादशाहों, शासकों। साल—शल्य, हृदय में गड़ने वाला। ज्वारी—जावली। जवाल—जवाल, दुखदायक। हर—महादेव। हार—माला (मुण्डमाल)। विधान—रीति। ख्याल—विचार। सिवराज—शिवाजी। भुअपाल—भुवपाल, राजा। तुअ—तेरे। करवार—खड्ग, तलवार। ढाल—रक्षक। हिंद—भारत। दिवाला—मर्यादा बचाने वाला। काल—मृत्यु। तुरकान—तुर्कों।

२. साजि चतुरंग सैन वीर रंग में···। साजि—सजाकर, तैयार करके। चतुरंग—चारों प्रकार की। तुरंग—घोड़ा। सरजा—शेर के समान वीर। जंग—युद्ध। जीतन—विजय करने के लिए। भनत—कहता है। नाद—स्वर, आवाज। बिहद—बेहद, अत्यधिक। नद—दरिया, बड़ी नदी। मद—हाथी की कनपटी से बहने वाला नशीला पदार्थ। गैबरन—गजवर, श्रेष्ठ हाथियों। रलत—प्रवाहित। ऐल—समूह, सेना। फैल—विस्तार। खैलभैल—खलबली। खलक—सृष्टि, जगत। गैल—मार्ग। गजन—हाथियों। ढैलपैल—धक्कमधक्का। सैल—शैल, पहाड़। उलसत—उखड़ते, हिल जाते। सो—समान। तरनि—सूर्य। धूरिधारा—धूल-समूह। थारा—थाल। पारावार—समुद्र।

३. ऊँचे घोर मंदर के अंदर···। घोर—डरावने, भयंकर। मंदर—महल। पहाड़। कंद—मिश्री, जड़ें। मूल—बढ़िया (पकवान)। बेर—बार, दफा, एक जंगली फल। भूषन—गहने, कवि का नाम। भूखन—भूख से। बिजन—सुन-

सान जंगल। व्यजन—पंखा। त्रास—भय। नगन—नग, हीरे आदि; नग्न—नंगी। जड़ाती—नग लगवाती हैं, जाड़े में ठिठुरती हैं।

४. मुण्ड कटत कहुँ रुण्ड...। मुण्ड—सिर, खोपड़ी। करत—कर रहे हैं। रुण्ड—धड़, सिर से नीचे का शरीर। नटत—नाचते हैं। सुण्ड—सूँड। परत—भर रही हैं। घन—बहुत अधिक। गिद्ध—गीध। लसत—प्रसन्न हो रहे हैं। सिद्ध—कापालिक, जोगी आदि। रसत—आनंदित होते हैं। बूत—जोर, बल। भिरत—भिड़ते, टकराते, लड़ते हैं। सुरदूत—देवदूत (योद्धाओं को सुरलोक ले जाने वाले)। घिरत—इकट्ठे होते हैं। चंडि—काली। गन—गण, सेवक। मंडि—मंडित, सुशोभित, घिरकर। डुन्डि—द्वन्द्व, झगड़ा। इसि—इस प्रकार। ठानि—ठानकर। घोर—भयंकर। घमसान—युद्ध। साहिसुव—शाहजी के पुत्र। खग्गबल—खड्ग (तलवार) के जोर से। दलि—कुचलकर। अडोल—अटल। बहलोल—एक तुर्क जाति।

५. दिल्लिय दलन दबाय...। दिल्लिय—दिल्ली की। दलन—सेना को। गजाइ—गंजन (परास्त) करके। निरसंक—निश्शंक, निर्भय। सूरति—सूरत नामक (गुजरात) नगर। सहर—शहर। बंकक्करि—टेढ़ा, जोर का। डंक्कक्करि—डंका बजाकर। अस—ऐसा। संकक्करि—शंकित, भयभीत। खल—दुष्ट, शत्रु। सोचच्चकित—हैरान होकर सोचते हैं। भरोचच्चलिय—भरोच (भड़ोच) नगर (गुजरात) की ओर चले। विमोचच्चख जल—चख-चक्षु-आँखों से जल (आँसू) विमोच: होने लगा (बहने लगा)। तट्ठट्ठइ—इस (बात) को ठान कर। कट्ठट्टिक—कठिनाईपूर्वक उसे ठीक करके। इट्ठट्टिठ-ल्लिय—ठट्ठ (भीड़) को ठेल (धकेल) दिया। सद्ददिद्दसि—तभी सब दिशाओं में। मद्ददद्दवि—मद से दब गई। रद्ददिद्दल्लिय—दिल्ली रद्द अर्थात् बरबाद हो गई।

६. क्रुद्ध फिरत अति जुद्ध...। क्रुद्ध—क्रोधित होकर। फुरत—चंचल होते हैं। जुद्ध—युद्ध। जुरत एकत्रित होते हैं। रुद्ध—रोके (घेरे) हुए। मुरत—मुड़ते, पीठ फेरते हैं। भट—योद्धा। खग्ग—खड्ग, तलवारें। बजत—बजती, टकराती हैं। अरि—शत्रु। बग्ग—बाग, लगाम (घोड़े की)। तजत—छोड़ते। तनु—शरीर। सग्ग—स्वर्ग। सजत—सुशोभित होते हैं। ठट—समूह। झुक्कि—क्रुद्ध होकर। झिरत—झर रहा है। मद—हाथी की कनपटी से बहने वाला

नशीला पदार्थ। धुक्कि—धक्कमधक्का होकर। कटि—कट कर। कुक्कि—कूकं (चीख) मार कर। रंग—रँग जाते हैं। रकत—रक्त, लहू। हर—महादेव। छकत—तृप्त होते हैं। चतुरंग—चारों प्रकार की सेना, पैदल, घुड़सवार, हाथी और रथ। इमि—इस प्रकार। ठानि—ठानकर। घोर—भयंकर। घमसान—युद्ध। घन—घना, गहरा। साहिसुअ—शाहजी के पुत्र। खग्ग—खड्ग तलवार। दलि—कुचल कर। अदोल—अटल। बहलोल—कए तुर्क जाति।

७. सबन के ऊपर ही ठाढ़ो रहिबे…। सबन—सभी। ठाढ़ो—खड़ा। रहिबे—रहने, करने। जोग—योग्य। ताहि—उसे। खरो कियो—खड़ा किया।

छ हजारिन—छः हजारी सरदार (मुगल-शासन में सरदारों, राजाओं, नवाबों, सेनापतियों आदि का पद 'हजारी' के रूप में निश्चित होता था। जिसकी सेना पाँच हजार थी, वह पंच हजारी, जिसकी छः हजार सेना थी वह छः हजारी कहलाता था। इसी के अनुसार उन्हें मुगल दरबार में बैठने का नीचा या ऊँचा स्थान दिया जाता था। शिवाजी छत्रपति थे, उनके पास अपार सेना थी। औरंगज़ेब ने उन्हें छः हजारी सरदारों की पंक्ति में स्थान देकर अपमानित किया।)

नियरे—निकट। जानि—जानकर। गैर मिसिल—अनुचित, रीति। गुसीले—क्रोधी। गुसा—गुस्सा, क्रोध। धारि—धारण कर। सियरे—शीतल, नम्र। बलकन—तमतमाने लगा। उड़ाय गए जियरे—जी उड़ गए, दिल घबरा गए। तमक—क्रोध। सिवा—शिवाजी। निरखि—देखकर। स्याह—काले। नौरंग—औरंगज़ेब। सिपाह—सैन्य। पियरे—पीले। (सिपाहियों के चेहरे भय से पीले पड़ गए।)

८. कामिनि कंत सों जामिनि चंद सों…। कामिनि—स्त्री। कंत—प्रिय, पति। जामिनि—यामिनी, रात। दामिनि—बिजली। पावस—वर्षा ऋतु। कीरति—कीर्ति, यश। सूरति—सूरत, रूपाकृति। भूषन—गहने, कवि का नाम। नलिनी—कमलिनी। नव पूषनदेव-प्रभा—नये उदय हुए सूर्य देवता की लाली। जाहिर—प्रकट, स्पष्ट। जहान—संसार। लसै—शोभा पाता है। हिन्दुआन—हिन्दू समुदाय, अथवा हिन्दुस्तान। खुमान—धर्मवीर। सिवा—शिवाजी।

मैथिलीशरण गुप्त

वेदने, तू भी भली बनी

हीर-कनी—हीरे के चूर्ण का एक कण। साल—चुभती रह। विशिख—वाण। अनी—नोक। दृगम्बु—आँसू (दृगों का पानी)। तपन-मनी—सदा गर्म रखने वाली मणि। आत्मजे—पुत्री। अदृष्ट—भाग्य। जनी—जन्मी। उपमोचितस्तनी—स्तनों से उपमा देने योग्य, अर्थात् माँ की ममता से युक्त। ठनी—स्थिर। खिचीतनी—रूठी हुई, असंतुष्ट। मानिक—मोती। उपलखनी—खान से निकलने वाले हीरे का पत्थर। प्राणधनी—पतिदेव।

दोनों ओर प्रेम पलता है

वृथा—व्यर्थ। दहता—जलता। विह्वलता—व्याकुलता, विवशता। शरण—किसी की शरण में आना। छलता—धोखा देता। आली—सखी। भाग्य-लिपि—भाग्य की लिखावट। वणिग्वृत्ति—व्यापारियों जैसा स्वभाव, लाभ पाने की लालसा, लोभ की आदत। निरखती—देखती। खलता—बुरा लगता।

दरसो परसो घन, बरसो

दरसो—दर्शन दो, दिखाई दो, आओ। परसो—स्पर्श करो। घन—बादल। सरसो—हरा-भरा कर दो। जीर्ण-शीर्ण—रूखी-सूखी। पावन—पवित्र। भद्र—सज्जन। भाद्र—आश्विन-चित्रा-हस्ति-स्वाति—ये उन नक्षत्रों के नाम हैं जिनमें वर्षा ऋतु होती है। सृष्टि-दृष्टि—सृष्टि की आँखें। अंजन—काजल। रंजन—रँगने वाला, सुन्दर। ताप—गर्मी, कष्ट। विभंजन—नष्ट करने वाला। व्यग्र—व्याकुल। उदग्र—ऊपर उठे हुए। अयि—अरे। अग्रस्तन—स्तन का ऊपरी भाग जो कुछ काला होता है, कवि ने बादलों को धरती माता के ऊपर उठे हुए स्तनों का वही भाग बतलाया है। गत—बीते हुए। सुकाल—समृद्धि। प्रत्यावर्तन—लौटकर आना। शिखि—मोर। नर्तन—नाच; वर्षा ऋतु में मोर नाचने लगते हैं। चिन्मय—चेतना-युक्त। मृण्मय—मिट्टी से भरे। पुलकांकुर—पुलक (हर्ष) रूपी अंकुर। मंत्र पढ़ो०—कवि ने यहाँ बादलों की गरज को मंत्र का पढ़ना और वर्षा की फुहार को छींटे देना बतलाया है। कट—कड़ा, मन। पूरो—पूर्ण कर दो, भर दो। त्रिभुवन—तीनों लोक (धरती, आकाश, पाताल)। कन—कण, बूंद।

मेरे चपल यौवन-बाल

अचल—स्थिर, शान्त। अंचल—गोद। साल—चुभ, दुःखी कर। रात—वियोग का अँधेरा। सुप्रभात—सुन्दर सुबह, मिलन का उजाला। सुरम्य—बहुत सुन्दर। रसाल—रसीले। काल—समय, अवधि।

शिक्षा की अवस्था

१. हा ? आज शिक्षा-मार्ग भी···। संकीर्ण—सीमित। क्लिष्ट—कठिन। कुलपति—प्राचीन समय के विद्यालयों के सर्वोच्च गुरु। अवशिष्ट—शेष। क्रय करो—खरीदो। शुल्क—फीस।

२. ऐसी असुविधा···। दीन—निर्धन। अकिंचन—दरिद्र, कंगाल।

३. वह आधुनिक शिक्षा···। किस विध—किस प्रकार।

४. अब नौकरी···। सोपान—सीढ़ी। समुन्नति—हर प्रकार की प्रगति।

५. शिक्षार्थ छात्र विदेश···। शिक्षार्थ—शिक्षा पाने के लिए। वक्तृता—भाषण, तकरीर, स्पीच। वाग्वीर—वाणी के बहादुर, बातों के शेर। बारिस्टर—बैरिस्टर, वकील।

६. वे वीर हाय!···। स्वदेश—अपने देश। आधार—कारण। अभियोग—मुकदमे। पौ बारह—लाभ ही लाभ।

७. जाकर विदेश अनेक···। वाणिज्य—व्यापार, व्यवसाय। हित—लिए। सु-फल—अच्छे परिणाम।

८. अमरीकनों के पात्र···। पात्र—बर्तन। मंडित—सुशोभित। 'बारह बरस दिल्ली'—लम्बे समय तक परदेस रहकर शिक्षा लेने पर भी केवल समय नष्ट किया।

९. दासत्व के परिणाम···। दासत्व—दासता, गुलामी। जीविकाएँ—रोजगार। भृत्यता—नौकरी। मुहर्रिर—मुंशी, क्लर्क।

१०. बिगड़े हमारे अब सभी···। स्वाधीन—स्वतन्त्र, आत्मनिर्भर। व्यवसाय—धन्धे, रोजगार। दुर्लभ—कठिन। पतन—गिरावट।

११. वह साम्प्रतिक शिक्षा···। साम्प्रतिक—आजकल की, इस समय की,

वर्तमान। द्वेषमति—वैर-विरोध जगाने वाली बुद्धि। मूल—कारण। संहार—नाश।

१२. होती नहीं उससे हमें···। निज—अपने। अनुरक्ति—अनुराग, आकर्षण। पूर्वजों—इतिहास पुरुषों, बुजुर्गों। दासत्व—दासता, गुलामी।

१३. हम मूर्ख और असभ्य···। विदित—ज्ञात, मालूम। मर्म—रहस्य। जगद्गुरु—संसार को शिक्षा देने वाले। फ्री थाट(Free Thought)—उन्मुक्त विचार, मनमानी बातें। असलियत—वास्तविकता।

१४. क्या लाभ है···। हिस्ट्रियों—इतिहासों। स्वेद—पसीना। रक्त—खून।

१५. दुर्भाग्य से अब एक···। ब्रह्मचर्याश्रम—ऐसे प्राचीन विद्या केन्द्र जहाँ ब्रह्मचारी(विद्यार्थी) रहकर ब्रह्मचर्य का पालन करते हुए शिक्षा पाते थे। चक्षु—नेत्र।चश्मा—ऐनक। रुग्ण—बीमार। आमरण—मृत्यु तक, जीवन भर।

१६. है व्यर्थ वह शिक्षा···। सूक्ति—सुन्दर कथन, अच्छी बात। बेलून—गुब्बारे।

१७. करके सु-शिक्षा की उपेक्षा···। पतित—अवनत। पशुता—पशुपन। मनुजत्व—मनुष्यता। आहार—भोजन। निद्रा—नींद। सम—एक समान।

१८. धर्मोपदेशक विश्व में···। धर्मोपदेशक—धर्म का उपदेश देने (प्रचार करने) वाले। शिक्षार्थ—शिक्षा पाने के लिए। सर्वदा—सदा। अनुचर—सेवक, गुलाम, दास।

१९. अपमान हाय! सरस्वती का···। सरस्वती—विद्या और कला की देवी। धृष्टता—ढीठता, अनुचित जिद। कोप—क्रोध। मोह-मुग्ध—मोह में फँसे हुए।

दुर्भिक्ष

१. दुर्भिक्ष मानो देह धर···। दुर्भिक्ष—अकाल, भुखमरी। रव—शोर। रण—युद्ध।

जन चौगुने।—इतिहास साक्षी है कि सारी उन्नीसवीं शताब्दी के सौ वर्षों में विश्वभर के युद्धों में केवल पचास लाख व्यक्ति मरे। जबकि भारत में,

अंग्रेजी शासन-काल में, १८९१ ई० से १९०१ ई० तक केवल दस वर्ष में लगभग दो करोड़ व्यक्ति मृत्यु का शिकार हुए।

२. उड़ते प्रभंजन से यथा…। प्रभंजन—आँधी। यथा—जैसे। पत्र—पत्ते। तप—गर्मी। सर्वत्र—सब जगह। विकल—व्याकुल, दुःखी।

३. आवास या विश्राम उसका…। आवास—ठिकाना, निवास, स्थान। तरुतल—वृक्ष की छाया। कृश—दुर्बल। गात्र—शरीर। हेमंत—सर्दी। तप—गर्मी। विषम—भीषण।

४. वह पेट उनका पीठ से…। शुष्क—सूखी।

५. अविराम आँखों से बरसता…। अविराम—लगातार। अनाथ—बेसहारा।

६. हैं एक मुट्ठी अन्न को…। कातर—घबराहट भरे, दीनतापूर्ण। पसारते—फैलाते।

७. कृमि कीट खग मृग आदि…। कृमि—नन्हे जीवाणु। कीट—कीड़े। खग—पक्षी। मृग—पशु, हरिण। सुप्त—सोये हुए। मृत—मरे हुए। मूर्च्छित—बेहोश। जड़ता—अचेतनता, बेहोशी।

८. है कांखता कोई कहीं…। कांखता—खाँसता। विलाप—रुदन। प्रलाप—बेकार बोलते रहना। रमणी—सुन्दरी। प्रणयि—प्रेमी। सम—समान। बुभुक्षा—भूख। कुट्टनी—डायन, चुड़ैल।

९. नारी-जनों की दुर्दशा…। दुर्दशा—बुरी हालत। जननी—माता।

१०. जो कुलवती हैं…। कुलवती—अच्छे कुल अथवा वंश वाली, खानदानी स्त्री।

११. है खोलती सरकार…। सत्र—लंगर। तदपि—फिर भी। त्राहि—हाय-पुकार। विषमता—भेदभाव।

१२. प्रायः सदा दुर्भिक्ष ऐसा…। सुत—पुत्र। उरगी—साँपिन। क्षुधा—भूख। आतुर—दुःखी, व्याकुल।

उरगी…—कहते हैं सर्पिणी एकसाथ सैकड़ों अंडे देती है किन्तु भूख के कारण उन सबको खा जाती है।

१३. शासक यहाँ जो रोधियों को…। साँकलों—जंजीरों। हेतु—कारण दुष्काल—बुरा समय, अकाल।

१४. कुल जाति-पाँति न चाहिए···। विधर्मी—दूसरों का धर्म अपनाने वाले। धर्म मानस—धर्म रूपी पवित्र मानसरोवर। अघ—पाप। पंक—कीचड़।

१५. जिन दूर देशों में···। झंडे उड़े—नाम हो, यश हो। तजना—छोड़ना। बुभुक्षा—भूख। दुष्कर्म—बुरा कार्य, पाप।

१६. हे धर्म्म और स्वदेश···। क्षुधावश—भूख के कारण विधर्म्मी—धर्म-भ्रष्ट, पर धर्म को मानने वाला।

१७. आनंद-नद में मग्न थे···। नद—दरिया, बड़ी नदी। मग्न—डूबे हुए, लीन, मस्त। सुर—देवता। सन्ताप—कष्ट, दु:ख। असुर—राक्षस।

कुन्ती और कर्ण

वंश-विग्रह—खानदान का झगड़ा। दारुण—भयंकर। उत्पात—मुसीबत। घात-प्रतिघात—विचारों के थपेड़े। विकल—व्याकुल, बेचैन। पृथा—कुन्ती। वृथा—व्यर्थ। निशाचरी—रात भर चलती रहने वाली, राक्षसी जैसी भयंकर। तम—अधिकार। सुरसरिता—गंगा। तीर—किनारे। गलित-सुवर्ण-ललित—पिघले हुए सोने जैसा सुन्दर। शुचि—निर्मल, स्वच्छ, पवित्र। नीर—पानी। सुकच—सुन्दर केशों वाला। आकंठ—गले तक। मृदु—कोमल, धीमे स्वर में। विकच—खिले हुए। अलिदल—भँवरों का समूह। रवि—सूर्य। मनस्वि—योगी (कर्ण) वासरमणि—सूर्य। कर—किरणें, हाथ। शर—बाण। शूल—काँटे। साल—चुभ। नित्य कृत्य—दैनिक (पूजा पाठ का) कार्य। ससम्भ्रम—आश्चर्य-युक्त। स्वेदार्द्र—पसीने से गीला। याचना—माँग, अनुरोध, प्रार्थना। रविनन्दन—सूर्य का पुत्र, कर्ण। अविजेय—किसी से पराजित न होने वाला। पद वंदन—चरण वंदना, नमस्कार।

राधेय—राधा का पुत्र, कर्ण को जब पैदा होते ही उसकी माँ कुन्ती ने नदी में बहा दिया तो एक सारथी की पत्नी राधा ने उसका पालन-पोषण किया, समाज में वह राधेय कहलाया। अनृत—झूठ, असत्य। कौन्तेय—कुंती का पुत्र, कर्ण। दुर्विध—उलझा हुआ। स्वगौरव—अपने गौरव। हननी—नष्ट करने वाली।

संदिग्ध जातता—जन्म के सम्बन्ध में सन्देह की बात, 'न जाने किसकी सन्तान है'—यह प्रवाद।

बजा चुकी अपनी भेरी—बिगुल की आवाज की तरह सब तक पहुँच चुकी। ज्ञात—पुत्र। उदित—सूर्य। त्राण-पथ—बचाव का रास्ता। धूमिल—धुँधला। महानल—बड़ी आग। बाष्प—भाप, ओस।

अंगराज—अंग देश का राजा कर्ण, दुर्योधन ने कर्ण को मित्र स्वीकार कर अंग देश का राजा बना दिया था। निरपराधिनी—निर्दोष, बेकसूर। कुल बाला —ऊँचे वंश की स्त्री। अभाजना—अयोग्य।

सूतपुत्र—सारथी का बेटा कर्ण, कुन्ती द्वारा शिशु कर्ण को त्याग दिए जाने के बाद उसे एक सारथी-परिवार ने पाला, अतः वह सूतपुत्र कहलाया। अनर्थ —अहित। याचिका—भिखारिन। कृतापराध—जिसने अपराध किया हो। क्रीत किया—खरीद लिया। चाप—धनुष। अनुग—सेवक। त्रस्त—भयभीत। विग्रह—युद्ध। वसुधा—धरती। तिर्यग्गति—तिरछी चाल, अनुचित नीति। सहोदरों—सगे भाइयों। स्वत्व—अधिकार। लोहा लेना—युद्ध करना। प्रसू —जन्म देने वाली, माता। उद्भूत—उत्पन्न। मिथ्यापवाद—झूठी बदनामी। अध-पाप। भीरु—डरपोक। दर्प— घमंड। स्दभ—अधिकार।

सुमित्रानन्दन पंत

परिवर्तन

पुरातन—प्राचीन। सुवर्ण का काल—स्वर्ण युग। भूतियों—समृद्धि। दिगन्त —दूर तक फैला हुआ। छविजाल—शोभा-समूह। ज्योति चुम्बित—आकाश की ज्योति को छूने वाला। भाल—मस्तक। राशि—अत्यधिक। विकसित—उन्नत। वसुधा—धरती।

सुषमा—सुन्दरता। धरा—धरती। अभिसार—प्रणय क्रीड़ा। प्रसूनों—फूलों। शाश्वत—अमर, चिरंतन। ऋद्धि—धन-वैभव। सिद्धि—सफलता। संसृति—सृष्टि।

दुरित—कष्ट। दैन्य—दीनता, दरिद्रता। ज्ञात—विदित। जरा—बुढ़ापा। भ्रूपात—भौंहों का गिरना। सौरभ—सुगंध। मधुमास—वसन्त। अकिंचनता—दरिद्रता।

पावस—वर्षाऋत। कराल—भयंकर। काल—मत्य. विनाश। ज्वाल—

आग। अखिल—सम्पूर्ण। कचों—केशों। व्याल—सर्प। सिवार—काइ।

गात—शरीर। जरा—बुढ़ापा। पात—पता। हिम जल—ओस। निःश्वास—आह। समीर—वायु। शरदाकाश—शरद् ऋतु का आकाश। घन—बादल। विधुर—विरहयुक्त। कल्प—अनेक युगों का समय।

अपलक—टकटकी बाँधे। चार नयन—प्रिय-प्रिया की आँखों का मिलना, आकर्षण, अनुराग। निरुपाय—लाचार, विवश। रोओं—रोमों, रोंगटों। कसक—चुभन।

विपुल—अत्यधिक। छटा—शोभा। विभव—वैभव-सम्पत्ति। बयार—वायु। लोचन—नेत्र। हास—हँसी-विनोद। हुलास—उल्लास, आनन्द। अवसाद—दुःख। उच्छ्वास—आहें। अचिरता—अस्थिरता। शून्य—आकाश, सूना। समीर—वायु। निःश्वास—आहें।

निष्ठुर—निर्दयी। तांडव—विनाशकारी, भयंकर। नर्तन—नृत्य। करुण दर्द भरा। विवर्तन—बदलाव। नयनोन्मीलन—आँखें खोलना। निखिल—सम्पूर्ण। उत्थान—उठना। पतन—गिरना। वासुकि—शेषनाग। सहस्र—हजार।

लक्ष—लाखों। अलक्षित—अदृश्य, दिखाई न देने वाले। विक्षत—घायल। वक्षस्थल—हृदय, छाती। शत—सैकड़ों। फेनोच्छ्वसित—झाग सहित, हुंकार से युक्त। स्फीत—लम्बी, फैली हुई। फूत्कार-फुंकार। घनाकार—बादलों की आकृति वाले। अम्बर—आकाश। गरल—विषैला। कंचुक—केंचुली। कल्पतर—कल्प (युगों) का बदलना, विवर-बिल। वक्र—तिरछा। दिङ्‌मंडल—दिशाओं का घेरा।

अहे— अरे। दुर्जेय—न जीते जा सकने वाले। विश्वजित्—संसार को जीतने वाले। नवाते—झुकाते। शत—सैकड़ों। सुरवर—महान देवता। माथ-मस्तक। सतत—सदा। नृशंस—क्रूर। नृप—राजा। अनियंत्रित—निरंकुश। उत्पीड़ित—दुःखी। पदमर्दित—पैरों से कुचले। भग्न—टूटे-फूटे। प्रतिमाएँ—मूर्तियाँ। खण्डित—टूटी-फूटी। विभव—वैभव। चिर संचित—बहुत समय से इकट्ठा किया हुआ। आधि—मानसिक दुःख। व्याधि—रोग। बहुवृष्टि—अधिक वर्षा। वात—आँधी। उत्पात—तूफान। अमंगल—विपत्ति। वह्नि—आग। भूकंप—भूचाल। बिपुल—बहुत। निरंकुश—स्वच्छन्द। वज्राघात—

पैरों की चोट । विह्वल—व्याकुल । पददलित—पैरों से कुचला हुआ ।

अविरल—लगातार । हृत्कंपन—हृदय की धड़कन । मौन—चुपचाप । पतन—गिरना । आमंत्रण—बुलावा । वासना—बुरी भावनाएँ । विकच—खिला हुआ । शतदल—कमल । छान रहे—खोखला कर रहे । कुटिल—क्रूर । काल—मृत्यु । कृमि-कीड़ा । स्वेदसिंचित—पसीने से एकत्रित । शस्य—अन्न । वर्षोपल—वर्षा के ओले ।

नैश—रात का । सकल—सारा । समाधिस्थल—लीन होने का स्थान । अकरुण—निर्दयी । भृकुटि विलास—भौंहें तिरछी करना । परिहास—मज़ाक । कटाक्ष—तिरछी दृष्टि । समर—युद्ध । प्रलयंकर—विनाश लाने वाला । निसर्ग—सम्पूर्ण । अभ्रध्वज—आकाश छूने वाले । सौध—महल । शृंगवर—ऊँची चोटियाँ । भूति—धन-वैभव । दिग्भूकंपन—दिशाओं और पृथ्वी का काँपना । भीत—डरे हुए । उडगन—नक्षत्र । आलोड़ित—हलचलपूर्ण । अम्बुधि—सागर । फेनोन्नत—झाग से ढंके हुए । कर—हाथ । मुग्ध—मस्त । भुजंगम—सर्प । इंगित—संकेत । नर्तन—नृत्य । दिक्पिंजर—दिशाओं का पिंजरा । गजाधिप—श्रेष्ठ हाथी । वनितानन—झुका हुआ चेहरा ।

वाताहत—तूफान से घायल । आर्त—दुखी । गुरु—भारी । कातर—व्याकुलता भरी । चीत्कार—चीख । बेधती—चीरती । बधिर—बहरे । उर पाषाण—पत्थर-सा कठोर हृदय । नश्वर—नष्ट हो जाने वाले, अस्थिर । विराम—आराम, शांति । असार—अस्थायी, मिथ्या । सृजन—रचना । संहार—विनाश ।

गर्वोन्नत—गर्व से ऊँचे । हर्म्य—महल । उलूकों—उल्लुओं । भग्न—टूटे-फूटे । मारुत—हवा । आभा—ज्योति । साकार—प्रत्यक्ष । दिगम्बर—नंगा । पयोधर—स्तन, वक्ष । उरोज—स्तन । कपोल—गाल । वातहत—आँधी से नष्ट । लतिका—लता, बेल । छिन्नाधार—टूटे हुए आधार वाली, वेसहारा ।

दैन्य—गरीबी । निरुपाय—लाचार । रज्जु—रस्सी । कृशकाय—दुर्बल शरीर वाला । सिड़ी—सड़ियल । श्वान—कुत्ता । वामन—छोटे । डग—कदम । लोहे के दंत—शस्त्रास्त्र । जिह्वा—जीभ । लोल—चंचल । भृकुटि—भौंहें । वक्र—तिरछे । मरोर—बल । फुहुँकता—फुंकारता । अंध—अंधा, बिना सोचे समझे । रोष—क्रोध । गात—शरीर । दुकाल—दुर्भिक्ष । अस्थि—हड्डी ।

शोषित—लहू। रुंड-खोपड़ी, सिर। मुंडों—धड़ों। भीमाकार—भयंकर शरीर वाले। दिगंत—दूर-दूर तक। जटित—जड़े हुए। कराल—भयकर। दिग्गज—दिशाओं के हाथी। रुधिर—रक्त। चितानल—चिता की आग। शून्य—सूची। निःश्वासों—आहों। सुख सरसों—सुख सरसों के दाने से साधारण हैं। शोक सुमेरु—दुःख पहाड़ की तरह विशाल है। वृथा—व्यर्थ। अरण्य—वन।

अनित्य—अस्थिर। विवर्तन—परिवर्तन। व्यवर्तन—बार-बार वही होना। अचिर—अस्थिर। चिर—स्थायी। अन्वेषण—खोज। अतल—गहराई। अकूल—विस्तृत (जिसका कोई किनारा नहीं)। तरल—चंचल। तरंग—चंचल। शत—सैकड़ों। बुद्बुद्—बुलबुले। बूड़—डूब। निस्सार—सारहीन।

सैकत—रेत। तट—किनारे। अतिवात—तेज़ हवा, आँधी। लोल—चंचल। छोर—किनारा। उभय—दोनों। निशि—रात। भोर—प्रातः। त्रिगुण—तीन गुण (रजस्, तमस्, सत्त्व)। सृजन—रचना। म्लान—उदास। मृदु—कोमल। अम्लान—प्रसन्न। महत्—महान। आदान-प्रदान—लेन-देन।

असीम—अनन्त। उल्लास—आनन्द। विविधाभास—अनेकता का बोध। हरित—हरा भरा। विलास—आनन्द। अम्बर—आकाश। प्रेमोच्छ्वास—प्रेम की साँसें। वास—गंध। अचल—स्थिर। तारक—पुतली। लास—नृत्य। प्रज्ञा—बुद्धि। प्रणय—प्रेम। लोचणों—नेत्र। लावण्य—सौन्दर्य। शिव—मंगलकारी। अविकार—शाश्वत। स्वीय—अपने। प्रहार—आक्रमण। स्फूर्ति—चुस्ती। पुलिन—किनारे। अपार—अनेक।

हास—मुस्काना। दृगों—नेत्रों। दमक—चमककर। स्वर्ण—सुनहरी। हुलास—उल्लास, आनन्द। याम—पहर। प्रकाम—इच्छित। अभिराम—सुन्दर। अलभ—अप्राप्त। इष्ट—लक्ष्य। आह्लाद—आनन्द। विषाद—दुःख। गतिक्रम—चलते रहने का सिलसिला। ह्रास—अन्त।

लांछन—कलंक, दोष। अवदात—प्रसिद्ध। नवलता—नवीनता। स्थविरता—संन्यास, वृद्धावस्था। नीरव—शान्त। विस्मय—आश्चर्य। साध—सिद्ध करके।

विश्वमय—सारे संसार में व्याप्त। अतल—गहराई। अकूल—विस्तृत। अपार—अनन्त। [illegible] भारी शरीर वाले। दिशावधि—दिशाओं तक

फैले। अविकार—बिना बदले।

अनिर्वचनीय—शब्दों द्वारा न कहे जा सकने वाले। भव्य—सुन्दर। भयंकर—डरावने। इन्द्रजाल—जादू। छा—बनाकर। ढा—गिराकर। भू—पृथ्वी। अम्बर—आकाश। अजस्र—निरंतर। उर्वर—उपजाऊ। इंद्रचाप—इंद्रधनुष। भीम—भयंकर। भृकुटि—भौंह।

अगणित—अनेक। नूतन—नये। मायाकर—जादूगर। अगोचर—अदृश्य। सुघर—सुन्दर। सूत्रधर—निर्देशक। निःश्वास—आहें। परिहास—विनोद। आश्वास—धैर्य।

अनन्त—सदा। हृत्कंप—हृदय की धड़कन। अविरत—निरंतर। स्पंदन—धड़कना काँपना। शिराओं—नसों, रगों, नाड़ियों। भेदन—चीरना। राजयष्टि—राजदण्ड। नत—झुका। त्रिभुवन—तीनों लोक (धरती, आकाश, पाताल)। भूप—राजा। अकिंचन—निर्धन, कंगाल। शास्ति—शासन, आज्ञा। अशेष—सम्पूर्ण। मिथ्याहंकार—झूठा घमंड। निराकार—लीन। साकार—प्रकट।

अहे—अरे। महांबुधि—विशाल सागर। शत—सैकड़ों। चराचर—चेतन जड़। सतत—सदा। स्फीत—फैले हुए। वक्ष—हृदय, सीने। तुंग—ऊँची। तरंगों—लहरों। महोदर—विशाल पेट। सत्वर—शीघ्र। स्फुलिंग—चिनगारी। तत्क्षण—तुरन्त। अचिर—अस्थिर। चिरंतन-सदा। विवर्तन—बदलाव।

द्रुत झरो

द्रुत—शीघ्र। झर—झड़ जाओ। जीर्ण—पुराने। पत्र—पत्ते। स्रस्त—ढीले, बिखरे। ध्वस्त—नष्ट। शुष्क—सूखे। शीर्ण—पुराने। हिम—सर्दी। ताप—गर्मी। पीत—पीले। मधुवात—वसन्त की हवा। भीत—डरे हुए वीतराग—वैरागी। जड़—बेजान। पुराचीन—पुरानेपन में ग्रस्त। विगत—बीता हुआ। मृत—मरा हुआ। विहंग—पक्षी। च्युत—गिरा हुआ। अस्त-व्यस्त—बिखरे हुए। अनन्त—अदृश्य आकाश।

कंकाल—हड्डियों का ढाँचा। नवल—नये। रुधिर—रक्त। पल्लव—पत्ते। मर्मर—मधुर स्वर। मुखरित—गूंजे। मांसल—आकर्षक। मंजरित—खिले हुए, सगंधित। पिक—कोयल।

ताज

अपार्थिव—आध्यात्मिक । विषण्ण—विषादग्रस्त, दुःखी । निर्जीव—प्राण-रहित । स्फटिक—संगमर्मर । सौध—महल । मरण—मृत्यु । शोभन—सुन्दर । क्षुधातुर—भूख से व्याकुल । वास विहीन—आवास (घर-मकान) रहित । विरक्ति—वैराग्य । रति—प्यार । अर्चना—पूजा । वरण—स्वीकार । कंकाल —हड्डियों के ढांचे । कुत्सित—घिनौना । शव—लाश । मृत—मर चुके । मोहान्ध—मोह से अन्धा । अनश्वर—स्थायी, शाश्वत ।

चींटी

सरल—सीधी । विरल—बिखरी, बीच से कटी हुई । रेखा—लकीर । तम—अँधेरा । लघु पद—छोटे-छोटे पैर । पिपीलिका—चींटी । पाँति—पंक्ति । सन्तत—सदा । कण—जर्रा । अविरत—लगातार ।

निगरानी—देखभाल । अरि—शत्रु । जनपथ—लोगों के आने-जाने का मार्ग । बुहारती—साफ करती । वल्मीकि—चींटी । सुघर—चतुर । दुर्ग—किला ।

निर्माण-कला—रचना की कारीगरी । शिल्पी—कारीगर । सौध—महल । धाम—घर । जनपथ—बड़े रास्ते । गोगृह—पशुशाला । अकथ—न कहे जा सकने वाले । डिम्ब—अण्डे । सद्म—घर । डिम्बसद्य—अण्डा रखने का स्थान । शिविर—तम्बू । बहु—बहुत । राजमार्ग—शाही रास्ता । श्रमजीवी—मेहनत के बल पर जीने वाला । सुनागरिक—सभ्य शहरी ।

जी—हृदय । निर्भय—निडर । श्रम—मेहनत । तन्मय—मस्त, लीन । चिनगी—चिनगारी (लक्ष्यार्थ—उमंग) । अक्षय—कभी क्षीण न होने वाली । अथक—बिना थके । चिर—सदा । सक्रिय—कार्य में लगी रहने वाली । स्थाणु —स्थिर, जड़, बेकार ।

निधि—रात । तिन—उन्हें । प्रवर—श्रेष्ठ । निछावर—बलिदान । अचिर —अस्थायी, नश्वर । मैथुनाहार—भोगविलास और भोजन आदि । लिप्साएं—इच्छाएँ, वृत्तियाँ । धिक्—धिक्कार । बालुका—रेत । भीतों—दीवारों । भव्य —सुन्दर । नव्य—आधुनिक । तंत्र—ढाँचा । क्षमता—योग्यता । समता—बराबरी ।

बाह्य—बाहरी। आन्तरिक—भीतरी। साम्य—बराबरी। प्रकाम्य—इच्छित, जिसकी कामना हो। आत्मोत्कर्ष—आत्मा की उन्नति। विधान—नियम। अन्तरतम—भीतरी। वाहक—ढोने वाली। स्व-तन्त्र—अपना नियंत्रण स्वयं करने वाला। आत्म-विधायक—आत्मा का विकास करने वाला। विधि—विधाता।

नव दृष्टि

छन्द—नियमबद्ध कविता। बन्ध—बन्धन। प्रास—अनुप्रास आदि अक्षर जोड़कर कविता रचना। रजत—रुपहले, (चाँदी से) चमकदार। पाश—बन्धन। मुक्त—स्वच्छन्द। अयास—बिना प्रयत्न के, स्वत:, स्वाभाविक। संघर्षण—परिश्रम और उधम। ललाम—सुन्दर।

शिव—मंगलकारी। कल्पित—केवल कल्पना में रहने वाले। माप-मान—नियम, सिद्धान्त। स्थूल—बाहरी, ऊपरी। सुकर—सहज।

वाणी

भास्वर—ज्योतियुक्त, उज्ज्वल, चमकदार। मौन—शान्त। गगन—आकाश। भेद—चीर। उडुचर—नक्षत्र अथवा जुगनू। नीरव—शान्त। गिरि—पर्वत। नि:सृत—निकले हुए। मुखरित—गूँजते। निर्झर—झरते। मेघ—बादल। दामिनी—बिजली। दमकती—चमकती।

वस्तु-वाणी—वास्तविक, यथार्थ स्वर। चिरन्तन—अमर, शाश्वत। मलयानिल—चन्दन से सुगन्धित वायु। पुलकों—खुशियों। मृदु—कोमल। कुसुम—फूल। नर्तन—नृत्य। अणु—कण, जर्रा। सुधा—भूख। तृषा—प्यास। कामदीप्त—कामवासना से पूर्ण।

अविनश्वर—कभी नष्ट न होने वाला, अमर। बहु—अनेक। वर्ण—रंग, अक्षर। सृजन—रचना। निखिल—सभी। चराचर—चेतन और जड़। तम—अन्धकार। पर—परे, रहित। शाश्वत—अमर। अक्षर—कभी क्षीण न होने वाला। घर—प्रत्येक प्राणी।

हरिवंशराय बच्चन

मधुशाला

१. मृदु भावों के···। मृदु—कोमल। हाला—मदिरा, शराब।

२. प्यास तुझे तो···। साकी—मदिरालय में मदिरा पिलाने वाली तरुणी, मधुबाला। एक पाँव पर—सेवा भाव से।

३. छक—तृप्त होकर।

४. भावुकता—अनुभूतिशीलता, संवेदनशीलता। साकी—पिलाने वाली तरुणी। कण भर—तनिक भी।

५. मधुर भावनाओं की···। सुमधुर—बहुत मीठी, आनन्ददायक।

६. चलने ही चलने में···। किंकर्त्तव्य-विमूढ़—उलझन में फँसा हुआ, 'क्या करूँ क्या न करूँ' में उलझा हुआ।

७. धर्मग्रन्थ सब जला···। धर्मग्रन्थ—वेद, पुराण, स्मृति आदि धार्मिक पुस्तकें। अन्तर—भीतर, हृदय। ज्वाला—आग। मोमिन—सच्चा मुसलमान (मौलवी)।

८. घड़ियाली—घण्टे-घण्टियाँ। मुअज़्ज़िन—अजान देने वाला मुल्ला। नरपतियों—राजाओं। मुबारक—चिरजीवी।

९. सूर्य बने मधु का···। मधु—मदिरा, शराब। विक्रेता—बेचने वाला। घट—घड़ा, पात्र, सुराही। बेलि—लताएँ। विटप—वृक्ष। तृण—तिनके।

१०. तारक मणियों से···। तारक—तारे, नक्षत्र। सज्जित—सजे हुए। मत्त—मस्त। समीरण—वायु। अधरों—होंठों।

निशा-निमन्त्रण

१. दिन जल्दी-जल्दी ढलता है···। पंथी—पथिक। प्रत्याशा—लौट आने की आशा। नीड़ों—घोंसलों। परों—पंखों। चंचलता—तेजी, फुर्ती, बेचैनी। विकल—व्याकुल। हित—लिए। शिथिल—ढीला, सुस्त। पद—पैर। उर—हृदय। विह्वलता—व्याकुलता।

२. साथी, अन्त दिवस का आया···। दिवस—दिन। तरु—वृक्ष। नभचर—पक्षी। नौकाएँ—किश्तियाँ। तट—किनारे। रवि—सूर्य। श्रान्त—थकी

हुई। आश्रय—सहारा। रजनी—रात। आलिंगन—मिलन। कान्त—प्रिय पत। गृहिणी—पत्नी।

३. गिरजे से घण्टे की टन-टन···। तानें—ऊँची लययुक्त आवाजें। पाबन्द—नियमित। अज़ान—ऊँचे स्वर से 'अल्लाह-हू-अकबार' कहना। आवाहन—बुलावा। निरभ्र—स्वच्छ, बादल रहित। पावन—पवित्र। ध्वनियाँ—आवाजें।

४. अब निशा देती निमंत्रण···। निशा—रात। निमंत्रण—बुलावा। तम—अन्धकार। विनिर्मित—रचा हुआ। ज्वलित—जलते, जगमगाते। अगणित—अनेक। शोभन—सुन्दर। अशोभन—असुन्दर, भद्दे।

५. बीते दिन कब आने वाले···। मधुमय—मिठास-युक्त, आनन्दपूर्ण। उर—हृदय। शीश—सिर। नवाकर—झुकाकर। प्रतीक्षा—इन्तजार। दुलराने—प्यार करने, पुचकारने।

प्रणय-पत्रिका

१. सुमुखि, कभी क्या मेरे···। सुमुखि—सुन्दरी। गिरि—पर्वत। गढ़—दुर्ग, किला। गुम्बद-भवन का ऊपरी कलश। मीनारों—ऊँचे खम्भों। मानचित्र—नक्शा। उर—हृदय।

बिम्बित—झलकता। झँपन—बन्द होकर खुलना। अन्तस्तल—हृदय। काल—समय। हित—लिए।

गरुड़—एक पक्षी, पक्षीराज। गगन—आकाश। महाकाव्य—विशाल कथा काव्य। सलिल—पानी। तिरता—तैरता। लघु—छोटी। लिपि—लिखावट। अंकित—लिखा हुआ। सहज—स्वाभाविक। अन्तर—हृदय। ध्वनित—गूँजना।

२. नयन तुम्हारे चरण-कमल में···। अर्घ्य—पूजा का जल। अवसन्न—निराश, दुःखी, उदास। मुद्रा—आकृति।

दावा—निश्चित मत। सुरुचि—अच्छी रुचि, सुलझे विचार। वंचित—रहित। दुर्गुण—दोष, बुराई।

जलकण माला—आँसुओं की धार। अनायास—अचानक। प्रयोजनहीन—बिना उद्देश्य। समर्पण—भेंट। अन्तर—हृदय। श्रम—थकान। हलकाते—

हल्के हो जाते, शांति पाते।

३. हर रात तुम्हारे पास…। घन—घना, गहरा। अंधियाला—अँधेरा। दर परदा—परदे से ढकी हुई, परदे के पीछे की। यंत्र सदृश—मशीन की तरह।

समतल—मैदान। पाँतों—पंक्तियों। सुप्त—सोया हुआ। अम्बर—आकाश। दर्पण—शीशा। सरवर—सरोवर, तालाब। मधुवन—खिले हुए उपवन। बंजर—ऊसर, सुनसान। हिम—ओस। मंडित—सजे हुए। तरु—वृक्ष मरुथल—रेगिस्तान। दलदल—कीचड़। दुर्गमता—जाने की कठिनाई।

डैने—पंख। उन्माद—नशा, मस्ती। हौसला—उत्साह। विज्ञानी—वैज्ञानिक। ईजाद—आविष्कार। वाहन—सवारियाँ. यात्री। भाव जलद—भाव रूपी बादल। सेतु—पुल।

लकड़ी का रावण

त्रिकोण—तिकोना। अनाम—नामहीन। अरूप—अदृश्य। अनाकार—आकारहीन। भस्मीला—भस्म जैसा। प्रसारों—फैलावों। ऊर्ध्वमुखी—ऊपर की ओर उठी हुई। समुत्तुंग—समान ऊँचाई वाली।

गजानन माधव मुक्तिबोध

दिमागी गुहान्धकार का ओरांग-उटांग!

गुहान्धकार—गुफा का अँधेरा। सघन—गहरी। प्रच्छन्न—छिपी हुई। कथ्य—कहने योग्य बात, प्रतिपाद्य। नेपथ्य—पर्दे के पीछे का।

कक्ष—कमरा। प्रकोष्ठ—कोठरी। यक्ष—एक पौराणिक वन्य जाति का कोई व्यक्ति।

करीने—सम्यक् विधि। संस्कृति-प्रभामय—संस्कृत के प्रकाश से युक्त। अध्ययन-गृह—पढने का कमरा (स्टडी-रूम—Study Room)। नाद—स्वर, ध्वनि। टुंकृति ध्वनियाँ—टुंकार की आवाजें। विद्रूप—भद्दा, घिनौना। प्रतिरूप—नकल, प्रतिबिम्ब।

ग्रीवा—गर्दन। अयाल—पशुओं जैसे लम्बे बाल।

बौना—छोटा-सा, कम ऊँचा । भाल—माथा । कपाल—खोपड़ी ।

रक्ताल—खूनी, खून से लथपथ ।

क्षारयुक्त—नमकीन, खारी । बाघनख—बाघ के नाखून ।

मुझे कदम-कदम पर

तजुर्बे—अनुभव । अजीब—अनोखी । अकुलाहट—बेचैनी ।

अधीरा—व्याकुल, बेचैन । सुस्मित—सुन्दर मुस्कान । सदानीरा—आँसुओं की धारा । महाकाव्य-पीड़ा—महाकाल में व्यक्त महान् वेदना । उर—हृदय । मत्त—मस्त । स्वायत्त—आत्मनिर्भर, पूर्णतः स्वतन्त्र ।

सूरे—कुरान के पद्यांश । आयतें—कुरान की पंक्तियाँ ।

प्रशाखाएँ—छोटी टहनियाँ, टहनियों में से निकले उपभाग । आधिक्य—अधिकता ।

निःसंग—वीतराग, मोहहीन । सुनील—गहरा नीला । शून्य—आकाश । रवि—सूर्य । द्युति—चमक, ज्योति । मंडप—घेरा । लहरीला—लहरता हुआ, हिलता हुआ । ओर-छोर हीन—जिसका किसी तरफ कोई किनारा दिखाई नहीं देता । कंदरा—खाई । गुहाओं—गुफाओं । तालों—तालाबों । प्रसार—फैलाव, विस्तार ।

कुहरीले—कुहरे जैसे अस्पष्ट, धुंधले। अशंक—शंका-चिन्ता रहित । लक्ष—लाखों । वक्ष—हृदय, सीना । शत—सैकड़ों । बाहु—भुजाएँ । स्थूल—मोटे । उत्तुग—ऊँचे ।

स्वर्णाभ—सुनहरो । डार्क मासेज (Dark Masses)—काले लोग, अंधी भीड़ । मॉब (Mob)—जन-समुदाय । श्याम वर्ण—काले रंग वाले । मूढ़ो—मूर्खो । शिखरस्थ—चोटी पर स्थित, ऊँचाई पर बैठे हुए ।

शमशीरो—तलवारो । विकृत—बिगड़े हुए, डरावने ।

नभचुम्बी—आकाश चूमने (छूने) वाले, बहुत ऊंचे । महाकाय—विशाल (भीषण) शरीर वाले । मंत्रकीलित—मंत्र की शक्ति से कील की तरह स्थिर गाड़ दिया गया ।

धूमिल

मोचीराम

राँपी—चमड़ा काटने की लोहे की छोटी-सी खुरपी। पतियाये—विश्वास-भरे। निगाह—दृष्टि। पेशेवर—रोजगार में लगे। अदद—नग। नवैयत—पहचान, हस्ती। शक्ल—आकृति। चकतियों—टाँकियों, थिगलियों। मसलन—उदाहरण के रूप में। यकीन—विश्वास।

नाँधकर—दाबते हुए घसीट कर। अकलमंद—बुद्धिमान। पाबन्द—नियमित। हड़बड़ी—बेचैनी, उतावली। बिसाती—मनियार बेचने वाला। रोब—शान।

हिटलर का नाती…। हिटलर—जर्मन का अधिनायक और शक्तिशाली प्रशासक था। इसमें शासन और सत्ता का मद था। दूसरा विश्वयुद्ध उसी के अहंकार के कारण लड़ा गया। यहाँ प्रतीकार्थ है—'अपने को बड़ा समझने वाला।'

इशे—इसे। उशे—उसे। हियाँ—यहाँ। घिश्शा—रगड़ाई। अइशा—ऐसा। ऐना—शीशा। बिसूरता—घूरता। गरज—अभिप्राय। खटवाता—परिश्रम कराता। नामा—रुपया-पैसा। नट जाता—इन्कार करता। गुर्राता—क्रोध से गरजना। चिहुँक—चटकीली आवाज करके।

पेशे—व्यवसाय। गलतफहमी—भ्रांति। खयाल—विचार। रामनाम—'राम' शब्द छपी हुई धोती। रंडियों—वेश्याओं। दलाली—सौदा कराने के बदले कुछ लाभ (कमीशन) लेना। ताँत—लम्बी बारीक तार। सीझने—पकने। असलियत—वास्तविकता। कमजात—अशुभ। दिलचस्प—रोचक। पेशा—व्यवसाय। किस्म—प्रकार। फर्ज—कर्त्तव्य।

प्रौढ़ शिक्षा

खड़िया—चाक। सहमति गान जागा। यातना—पीड़ा। खिलाफ—विरुद्ध।

सरहद—सीमा। शताब्दियों—सदियों, कई सौ सालों। कूप—कुआँ। मवेशीखाना—पशुशाला, जानवरों के बांधने का स्थान।

सबक—पाठ। शुरुआत—आरम्भ। शरीक—शामिल, सम्मिलित, जुड़ा हुआ। उघर—प्रकट होना।

सुराजिये—स्वराज्य का नारा लगाने वाले नेता। पुरखों—पूर्वजों, बुजुर्गों। दराजों—खानों।

'गर्म कुत्ता', 'सफेद घोड़ा'...—आधुनिक रेस्तराँ और होटलों में कुछ तले हुए खाद्य पदार्थों को अंग्रेजी ढंग पर 'हॉट डॉग' (Hot Dog) और 'व्हाइट हॉर्स' (White Horse) कहने की परम्परा है। कवि ने उसी पर व्यंग्य किया है।

'पृथ्वीपुत्र', 'अन्नदाता'...—नेताओं ने गरीब और लुटे हुए किसानों को 'धरती का लाल' और 'सबको अन्न देने वाला' आदि प्रशंसासूचक शब्दों से बहकाकर वोट प्राप्त किए।

डबरे—गन्दे पानी का गड्डा, पोखर, ग्रामीण तालाब। दुविधा—उलझन। सकारनी—स्वीकार करनी, माननी।

'सूरज...जेब घड़ी'—ग्रामीण किसान सूर्य की स्थिति देखकर ही समय का सही अनुमान लगा लेते हैं, इसीलिए उसे कवि ने उनकी जेबघड़ी कहा है।

हरकतों—चेष्टाओं। अमरबेलि—एक ऐसी लता जो तागे-तार के साथ बाँधने पर ही फैलती जाती है, उसकी कोई जड़ नहीं होती।

बलदेव वंशी

बच्चे और भेड़िये

ममना—भेड़ का शिशु। चंचल—नटखट। चुहल—सुन्दर आवाज करने वाला। चटकीले—चमकदार। पुचकारने—प्यार से हाथ फेरने। उमेठने—मरोड़कर खींचने।

चहकने—खुशी की आवाजें करने। हरियल—हरे-भरे। लहूलुहान—रक्त से लथपथ।

लंच पर झुकते हुए

उप-पत्तियाँ—छोटी-छोटी शकाएँ, उलझनें। बे-झिझक—बिना संकोच बे-तकल्लुफ—औपचारिक शिष्टता के बिना, खुलकर। बे-मौके—अवसर के

बिना अनुचित, समय पर। कत्लेआम—सामूहिक हत्याकाण्ड। वारदातें—घटनाएँ, दुर्घटनाएँ। स्थगित—रोक देना। फिक्र—चिन्ता। कमबख्त—अभागी। व्यग्रता—व्याकुलता, बेचैनी। केतली—चायदानी। पेंदे—तले। इंतजार—प्रतीक्षा। व्यस्त—कार्य में लीन। अंदाज़—ढंग।

नन्दकिशोर आचार्य

जल है जहाँ

पाट—नदी के बीच की चौड़ाई। खुद—स्वयं।

तुम्हारे और मेरे बीच

सेतु—पुल। शब्दसेतु—शब्दों का पुल, शब्दों से जुड़ने वाला सम्बन्ध। वहन करने—ढोने, अर्थ देने। असमर्थ—अयोग्य, अशक्त।

कपोत—कबूतर। राग-कपोत—प्रेम रूपी कबूतर। प्रेम हृदय को हृदय से मिलाने का साधन—कबूतर की तरह सन्देशवाहक—है)।

●●●